社会资本的网络呈现
——基于对大型多人在线角色扮演网络游戏玩家的考察

The Network Presentation of Social Capital —
Based on the Study of MMORPG Players

姜波 著

文化发展出版社
Cultural Development Press
·北京·

图书在版编目（CIP）数据

社会资本的网络呈现：基于对大型多人在线角色扮演网络游戏玩家的考察 / 姜波著 . -- 北京：文化发展出版社，2025.2. -- ISBN 978-7-5142-4515-8

Ⅰ . F014.391-39

中国国家版本馆 CIP 数据核字第 2024MT2954 号

社会资本的网络呈现——基于对大型多人在线角色扮演网络游戏玩家的考察

姜波 著

| 责任编辑： | 李 毅 雷大艳 | 责任校对： | 侯 娜 |
| 责任印制： | 邓辉明 | 封面设计： | 魏 来 |

出版发行　文化发展出版社（北京市翠微路 2 号 邮编：100036）
发行电话　010-88275993　010-88275711
网　　址　www.wenhuafazhan.com
经　　销　全国新华书店
印　　刷　北京九天鸿程印刷有限责任公司
开　　本：710mm×1000mm 1/16
字　　数：248 千字
印　　张：15.5
版　　次：2025 年 2 月第 1 版
印　　次：2025 年 2 月第 1 次印刷
定　　价：68.00 元
ＩＳＢＮ：978-7-5142-4515-8

◆ 如有印装质量问题，请与我社印制部联系。电话：010-88275720

序

　　笔者告诉我，她的博士学位论文即将出版，我由衷地为她感到高兴。笔者嘱我给她的新书写序，作为她的学位论文指导老师，我当然乐于接受这一任务。

　　记得当初笔者刚进入浙江大学攻读新闻传播学博士学位时，根据她的知识背景和学术兴趣，我和她商定将"新媒体与网络社会"作为她攻读学位期间的主要方向，希望她在传播学"媒介研究"与社会学"网络社会研究"之间做一些跨学科的研究工作。当时推荐给她的阅读书目，包含了不少社会学著作，如卡斯特的《网络社会的崛起》、吉登斯的《社会的构成》、布尔迪厄的《实践与反思》、米尔斯的《社会学的想象力》、费孝通的《江村经济》等。在学三年，笔者不仅阅读了大量社会学著作和论文，而且参与我的课题研究，学习深度访谈技巧和量表编制技术。正是在这一过程中，她逐步将毕业论文的选题方向，确定为从传播学和社会学交叉的跨学科视角研究网络游戏。即将付梓的《社会资本的网络呈现——基于对大型多人在线角色扮演网络游戏玩家的考察》一书，就是她在这一领域认真耕耘的初步成果。对网络游戏的跨学科研究是本书的一个重要特色。

　　在互联网的各种使用功能中，网络游戏是一种非常吸引互联网用户的功能，但也是争议最多、毁誉参半的一种互联网功能。在社会大众、媒体、专家和管理者眼里，网络游戏的形象一直"模糊暧昧"，从"玩物丧志"到"电子海洛因"到"娱乐新天地"到"新文化产业引擎"再到"中华文化国际传播媒介"，各种截然不同甚至自相矛盾的形象，都被加载到网络游戏上。网络游戏也因此成为媒介、资本、权力、算法、叙事、互动、交易、情感劳动、情感体验等各种理论视角的"演武场"。笔者在本书中选择以社会互动为切入点，通过研究

社会资本的网络呈现
——基于对大型多人在线角色扮演网络游戏玩家的考察

游戏玩家在大型角色扮演游戏中的社会互动，分析和梳理玩家在游戏空间中的社会资本形式、积累与转化，研究视角明确，理论归纳和阐述全面，分析论证深入，有助于我们理解为什么网络游戏是宣泄情绪、缓解压力、娱乐休闲、塑造形象、实现自我、获得成就感、拓展社交、积累社会资本的重要途径。

笔者在学位论文的写作过程中，收集和梳理了大量的文献资料，并对社会资本理论进行了全面系统的分析归纳，为开展深度访谈做了充分的理论准备。在本书中，她通过对深度访谈资料的类属分析，全面系统地从关系网络、信任、规范、社会支持（包括信息、物质、情感等）四个维度探讨了社会资本的构成和形式，资料挖掘深入，理论分析全面，对我们理解网络游戏对玩家的意义具有很好的启发。本书基于访谈材料发现，网络游戏对社会资本积累的影响，不仅局限在被学者广泛讨论的角色扮演和社会互动层面，玩家在网络游戏中的沉浸体验和对游戏内容的"二次创作"，也对社会资本积累有重要影响。这一研究发现，显然具有一定的创新性。当然，本书还存在有待进一步拓展和深化的理论空间。例如，对角色扮演、社会互动、沉浸体验和"二次创作"对社会资本积累的影响，分析尚显单薄。对不同形式的社会资本影响网络游戏行为机制的分析，也不够具体。但瑕不掩瑜，本书无疑深化了我们对网络游戏中社会资本的形式、积累和转化的理解。

我们欣喜地看到，经过多年的积累和努力，中国的网络游戏产业已经有了良好的发展，无论是游戏设计、游戏制作、游戏内容，还是借助网络游戏对传统文化进行创新性传播，都取得了不俗的成绩。最近几年，《原神》《黑神话·悟空》等爆款游戏的出现和成功便是例证。但是，相对于网络游戏产业的蓬勃发展、网络游戏玩家的庞大体量和网络游戏的巨大社会影响，学界对网络游戏的研究是严重滞后的。希望未来有更多不同学科背景的学者，加入网络游戏这一跨学科的研究领域，共同揭示网络游戏的秘密，在更好地发挥网络游戏的积极作用的同时，最大限度地减少网络游戏的消极影响。

是为序。

黄少华

2024 年 12 月于广州

前 言

互联网的崛起和迅速发展改变了传统的人际交往方式，越来越多的人开始在网络上交换信息、建立规范、发展友谊、信任甚至是亲密关系，建构着新型的社会关系。根据布尔迪厄、普特南等的界定，这些以关系网络、信任、社会支持等形式存在的资源属于社会资本，它们是社会关系建构的重要基础。在去地域、去中心化的网络空间，社会资本的形式有哪些，人们如何通过网络互动积累与转化社会资本，并在此过程中建构社会关系成为本文关注的重要议题。

本文以大型多人在线角色扮演网络游戏玩家为研究对象，通过对游戏玩家的深度访谈和对访谈资料的研读、整理和分析，从网络互动的角度深入考察和分析玩家社会资本的形式、积累与转化，以期明晰社会资本在网络空间的运作机制，揭示游戏玩家如何在关系网络、信任、规范、社会支持这些社会资本的积累与转化过程中建构社会关系。

本文共分为七章。

第一章概要介绍研究背景、研究问题、研究意义、研究架构，界定主要概念，并对本文的研究对象、场域和方法进行简要的讨论。

第二章通过梳理相关文献，建构从互动视角研究游戏玩家社会资本形式、积累与转化的合法性。

第三章至第五章是本文的主体部分。第三章从社会资本理论角度出发，描述和分析玩家在游戏互动中形成的关系网络、信任、规范和社会支持四种社会资本形式。第四章主要从玩家与玩家之间的互动、玩家与游戏内容之间的互动两个视角探析影响玩家社会资本积累的因素。其中，玩家的角色扮演、互动行为、互动方式、玩家对游戏的沉浸和"二度创作"都对他们社会资本的积累有深远影响。第五章探讨玩家社会资本转化的路径以及影响转化发生的因素。玩家可以直接将信任转化为经济资本，也可以采用性别策略和借助文化资本的中介作用实现社会资本向文化资本和经济资本的转化。

第六章探讨玩家的社会资本对其游戏参与行为的影响。玩家所拥有的关系网络、信任等社会资本既可以激发和鼓励他们的游戏参与行为，又可以抑制甚至终止他们的游戏参与行为，进而对游戏玩家的社会关系产生影响。

第七章是结语。在概要总结全文的基础上，进一步指出互联网的出现与发展不仅使人们的互动在一定程度上摆脱时间和空间的限制，而且在各个层面拓展着他们的社会关系。游戏玩家形成、积累与转化社会资本的过程也是他们社会关系建立、充实与再生产的过程。

目 录

1 研究问题、架构与方法 1
   1.1 研究问题与研究意义 2
      1.1.1 研究背景与研究问题 2
      1.1.2 研究价值与研究意义 5
   1.2 研究架构与概念界定 8
      1.2.1 研究架构 9
      1.2.2 概念界定 11
   1.3 研究对象与研究方法 35
      1.3.1 研究对象与场域 35
      1.3.2 研究方法 36
      1.3.3 资料收集 38

2 基于社会资本视角的网络游戏研究综述 45
   2.1 网络游戏玩家的社会资本形式 46
      2.1.1 社会资本形式的研究 46
      2.1.2 网络游戏玩家社会资本形式的研究 49
   2.2 网络游戏玩家社会资本的积累 53
      2.2.1 社会资本积累的研究 54
      2.2.2 网络游戏中玩家社会资本积累的研究 57
   2.3 网络游戏玩家社会资本的转化 60

1

2.3.1　社会资本转化的研究 62
　　　2.3.2　网络游戏玩家社会资本转化的研究 63

3　网络游戏玩家社会资本的形式 67
3.1　关系网络 68
　　　3.1.1　信息网络 71
　　　3.1.2　情感网络 76
3.2　信任 82
　　　3.2.1　人际信任 84
　　　3.2.2　团队信任 91
3.3　规范 97
　　　3.3.1　强制性规范 98
　　　3.3.2　契约性规范 102
　　　3.3.3　道德性规范 106
3.4　社会支持 111
　　　3.4.1　信息资源的共享 111
　　　3.4.2　虚拟物品的赠送 114
　　　3.4.3　情感的支持 116

4　网络游戏玩家社会资本的积累 123
4.1　玩家之间互动 124
　　　4.1.1　角色扮演 125
　　　4.1.2　互动行为 135
　　　4.1.3　互动方式 145
4.2　玩家与游戏内容互动 157
　　　4.2.1　游戏沉浸 157
　　　4.2.2　游戏"二度创作" 161

5　网络游戏玩家社会资本的转化 167
5.1　具有经济价值的信任 168

5.2 性别策略 171
　　　　5.2.1 性别转换策略 171
　　　　5.2.2 女性玩家策略 175
　　5.3 以文化资本为中介的转化 181
　　　　5.3.1 文化资本成为中介的依据 182
　　　　5.3.2 文化资本的中介作用 183

6 社会资本对玩家游戏参与行为的影响 189
　　6.1 激发与鼓励 190
　　　　6.1.1 情感的力量 190
　　　　6.1.2 弥补现实缺憾 198
　　6.2 抑制与终止 202
　　　　6.2.1 信任的代价 203
　　　　6.2.2 团队中派系和亲密关系的危害 205

7 结语 209

附录　访谈提纲 215

参考文献 218

研究问题、架构与方法

社会资本的网络呈现
——基于对大型多人在线角色扮演网络游戏玩家的考察

1.1 研究问题与研究意义

互联网的崛起被认为是20世纪下半叶一个重要的全球性事件。它不仅深刻影响着全球政治、经济、文化与社会生活的走向,而且已经完全融入人们的日常生活,变得无处不在、无时不在,成为人们日常生活与交往的无形背景。卡斯特(Manuel Castells)将这个由互联网络建构起来的新社会形态称为"网络社会(The Network Society)"[1],足见其对整个社会结构的渗透力量。今天,网络空间的流动性、对时间与空间的伸延和分离以及其既隔离又连接的媒介特性,使人们的社会生活不断重组,人类社会的面貌被全方位地改变,同时也为人与人的交往提供了新的时空维度和社交环境(卡斯特,2003;吉登斯,1998;黄厚铭,2001)。

"网络时代的到来,使传统的社会结构、人际交往模式等都发生了巨大变化。网络不断渗入人们的生活、工作、学习、娱乐等各个方面。其中,网络游戏作为一种娱乐方式也逐渐为广大网民所接受,并成为网络使用者参与度颇高的一种网络行为之一"[2]。与面对面的游戏有所不同,网络游戏是玩家在身体不在场的情况下通过设备与其他玩家展开互动,并在互动中建立和经营特殊的人际关系、体验各种真实的情感。网络游戏世界不是虚幻、缥缈的,而是和现实世界一样是真实的存在。甚至对于一些玩家而言,网络游戏世界才是真实的,网络空间的交往比现实世界的交往更加真实、可靠[3]。可以说,网络游戏不仅成为人们娱乐、交友的重要方式,还开创了人际互动的新模式。正因如此,网络游戏成为社会学、传播学、心理学等众多学科关注的焦点之一,逐渐成为一个多学科、跨学科的研究领域。

1.1.1 研究背景与研究问题

21世纪是互联网的时代,它的到来宣告着人类新纪元的开始。互联网不

---
[1] 曼纽尔·卡斯特. 网络社会的崛起 [M]. 夏铸九,等译. 北京:社会科学文献出版社,2003: 569.
[2] 黄少华,杨岚,梁梅明. 网络游戏中的角色扮演与人际互动——以《魔兽世界》为例 [J]. 兰州大学学报:社会科学版,2015,43(2): 93-103.
[3] 陈怡安. 线上游戏的魅力 [J]. 资讯社会研究,2002 (3): 183-214.

仅是传递信息的工具，为人类的交往提供了一个全新的开放式平台，并且极有可能导致人类社会在政治、经济、文化等多个层面的整体转型和重组。正如尼葛洛庞帝曾经预言的那样，"互联网络用户构成的社区将成为日常生活的主流，其人口结构将越来越接近世界本身的人口结构……网络真正的价值正越来越和信息无关，而和社区相关。信息高速公路不只代表了使用国会藏书的捷径，而且正创造着一个崭新的、全球性的社会结构"[①]。

网络时代的到来使人们的日常生活都不同程度地与网络发生联系，而且随着时间的流逝，这种联系愈加紧密。据中国互联网络信息中心（CNNIC）发布的《第52次中国互联网络发展状况统计报告》，截至2023年6月，我国总体的网民数量已经达到10.79亿人，较2022年12月新增网民1109万人，增长速度十分惊人。从该报告来看，我国互联网的普及率是76.4%，超过绝大多数国家。同时，手机网民规模也急速增长，其数量已经达到10.76亿人。网民中使用手机上网的人群占比提升到了99.8%。其中，我国网络游戏用户规模达到5.50亿人，占整体网民的51.0%，手机网民数量的增长使手机网络游戏用户规模不断扩大[②]。同时，PC端和移动端网络游戏表现都十分抢眼。一方面，由于手机具有移动、便携等特性，移动设备使用率逐年增加。预计未来随着移动端游戏品质的不断提升和玩法的不断拓展，移动端游戏用户规模将持续增长。另一方面，虽然PC端网络游戏玩家在逐渐向移动端分流，但PC端设备在人机交互方面的优势使其在玩家中仍占据明显的优势。网络游戏玩家数量的不断增加以及移动媒体为网络游戏带来的新变化充分证明网络游戏在中国网民中的重要影响。另外，在对网络游戏主力军——青少年的调查中发现，虽然网络游戏在青少年使用的所有网络应用中排名第五，落后于网络新闻、搜索引擎、即时通信和网络视频，但是，网络游戏的使用率仍远远高于网民总体水平，超出了9.6个百分点，是所有应用中差距最大的一个[③]。看来，网络游戏已经成为中国网民尤其是青少年网民的重要娱乐方式。

---

① 黄少华. 论网络社会的结构转型 [J]. 淮阴师范学院学报：哲学社会科学版, 2005 (27): 764-769.
② 中国互联网络信息中心. 第52次中国互联网络发展状况统计报告 [R/OL]. (2023-08-28) [2023-09-09]. https://www.cnnic.net.cn/n4/2023/0828/c88-10829.html.
③ 中国互联网络信息中心. 2015年中国青少年上网行为研究报告 [R/OL]. (2016-08-12) [2016-10-18]. https://www.cnnic.net.cn/n4/2022/0401/c116-1097.html.

社会资本的网络呈现
——基于对大型多人在线角色扮演网络游戏玩家的考察

从网络游戏产业在我国国民经济中的地位来看，它已经逐渐成为国民经济增长的重要引擎和新的经济增长点。据艾瑞咨询发布的数据，2023年中国网络游戏市场规模达到4150亿元，同比增长8.3%，首次突破4000亿元大关，创下历史新高①。据专家分析，尽管网络游戏市场用户规模已经触及天花板，前期由人口红利驱动的增长效应减弱，但网络游戏行业已经成为我国国民经济的重要组成部分。从玩家个人的游戏消费来看，玩家的消费意愿和消费能力逐年提高，游戏消费已经成为玩家日常消费的重要组成部分。相关报告显示，2023年全球近33.8亿人玩网络游戏，其中愿意付费的玩家达到14.7亿人②。笔者通过访谈也发现80%左右的玩家都有在游戏中购买点卡、游戏币、装备、宠物、皮肤、角色、书籍或者直接充值的经历。因此，网络游戏对拉动经济增长发挥着不容小觑的作用。

大型多人在线角色扮演游戏（Massive Multiple Online Role-Playing Game，MMORPG）是网络游戏的一个重要分类，也是为众多网络游戏玩家喜欢的游戏类型。据艾瑞咨询发布的数据，2013年中国热门网页游戏中大型多人在线角色扮演游戏所占比例高达84.4%，是最受玩家喜欢的网络游戏类型③。在接下来近十年的发展中，MMORPG一直是最受游戏玩家喜欢的游戏类型。2017年，艾瑞咨询发布的《中国网络游戏行业研究报告》中提及MMORPG的兴起真正将电子游戏的概念普及开来④。对于移动端角色扮演游戏而言情况亦是如此。通过对360游戏2016年上半年手游畅销榜的分析，发现角色扮演类游戏以29%的比例占据了"网络游戏下载榜TOP100"的首位⑤。MMORPG受到玩家热捧的一部分原因在于网络游戏本身的特性，即网络游戏的匿名性、开放性、虚拟性等特征使其成为人们放松身心、宣泄情绪、

---

① 中国网络游戏市场规模及发展趋势 [EB/OL].(2024-06-03) [2024-08-07]. https://news.iresearch.cn/content/202406/500400.shtml.

② 新浪发布2023年游戏人群报告：打游戏多为缓解压力 [R/OL]. (2023-11-23)[2023-08-18]. https://www.ali213.net/news/html/2023-11/797619.html.

③ 2013—2014年中国网页游戏行业研究报告简版 [R/OL]. (2016-10-07)[2018-09-19].http://www.iresearch.com.cn .

④ 中国网络游戏研究报告 2017年 [R/OL]. (2024-02-28)[2024-04-09]. https://max.book118.com/html/2024/0221/7156154004006043.shtm.

⑤ 360游戏《2016上半年中国手游行业绿皮书》RPG新王上位 [EB/OL]. (2016-10-18) [2021-04-23]. http://www.yxdown.com/olnews/308309_2.html.

塑造自我的重要方式。更重要的原因在于 MMORPG 允许玩家同时扮演一个或多个角色，并要求玩家积极参与游戏互动，在与其他玩家的交流与沟通中体验游戏快感、发展"战友"情谊与建立线上和线下的社会关系。既往的很多研究也认为玩家在 MMORPG 中获得新型的关系网络、信任、规范等资源，并利用这些资源换取更好的游戏装备甚至金钱。由此可见，在网络游戏空间中，玩家在充分互动的基础上建立了社会资本。那么，MMORPG 玩家所拥有的社会资本呈现哪些形态，与面对面交往形成的社会资本有何不同？关于资本的研究曾指出，资本"既是斗争的武器，又是争夺的关键"[①]，玩家通过自己掌握的资本对他人施加压力，产生影响，可以说资本是实实在在的力量，而不是无足轻重的东西。鉴于资本的重要性，在游戏中，玩家如何在互动中获得并积累社会资本？互动的哪些因素或特征影响社会资本的积累？按照布尔迪厄（Bourdieu）的观点，社会资本与经济资本和文化资本之间存在着转化关系，正是资本之间的转化才能维持社会的正常运行。在虚拟空间中，MMORPG 玩家又是怎样在游戏互动中将社会资本转化为经济资本和文化资本，进而充分享受游戏带来的快感与乐趣？另外，玩家的社会资本对其游戏参与行为有哪些影响？带着上述问题，本研究试图从传播学、社会学的学科背景出发，以 MMORPG、社会资本、网络互动等概念为基础，探讨网络游戏玩家的社会资本形式、积累与转化。

1.1.2 研究价值与研究意义

按照布尔迪厄的观点，任何一个场域里都存在社会资本的运作与竞争。在网络游戏这个虚拟空间中，社会资本也每时每刻存在并发挥着作用。MMORPG 与其他网络游戏的最大区别在于玩家为了完成任务、享受游戏带来的成就感必须与其他玩家展开合作。单纯的个人挑战、闯关、竞赛等不仅不能体现玩家的游戏水平，更无法让其获得竞争、欢愉等游戏体验。因此，在 MMORPG 中，每一个玩家都会通过自己所扮演的角色与其他角色进行即时的交谈、合作、对战、交易等互动。这些互动不仅强化了玩家之间的联系、拓展

---

① 布尔迪厄，华康德. 反思社会学导引 [M]. 李猛，李康，译. 北京：商务印书馆，2015: 124.

社会资本的网络呈现
——基于对大型多人在线角色扮演网络游戏玩家的考察

了关系网络、丰富了玩家的情感世界,还有助于玩家之间建立起充满信任与支持的深厚友谊。

社会资本不仅存在于MMORPG玩家之间,同时,社会资本对玩家的游戏行为有举足轻重的影响。首先,玩家通过关系网络与其他玩家建立的信任以及合作等关系被看作吸引玩家的主要动力。张玉佩认为,"对于很多玩家来说,吸引他们进行游戏的不是打倒敌人、累积晋级、眼见虚拟化身平地而起的成就感,真正令他们陶醉和沉迷的是与同侪好友分工合作、凝聚共识、相互扶持或嬉笑怒骂等情谊关系"[①]。由此不难看出,网络游戏玩家最享受的是游戏所带来的"社群感"和在互动中形成的"凝聚力"。而这种"社群感"和"凝聚力"的构建是以玩家在互动基础上建立的社会资本为基础的。其次,玩家生成和积累社会资本的过程被认为是网络游戏的魅力所在。"在虚拟网络空间,玩家可以像在现实空间一样经营特殊的人际关系,并在此过程中获得不同的需求和满足、体验真实的爱恨情仇、探寻并建构不一样的自我。在这里,玩家建构了一个梦寐以求的天堂,他们不仅可以和来自世界各地的玩家齐聚一堂,而且可以运用自己的想象力与他们展开互动。在游戏中,玩家可以通过角色扮演与其他玩家交流、合作甚至PK,他们摆脱了现实世界的羁绊与束缚,在宽广的网络空间尽情地演出、体验与感受"[②]。因此,网络游戏玩家社会资本不仅真实地存在,而且对玩家的游戏行为有重要的影响。

从目前对MMORPG的研究来看,研究焦点主要是玩家的游戏行为、游戏中的角色扮演、游戏中的暴力以及游戏上瘾等方面,即使是关于玩家社会资本的研究也只是从若干侧面展开,例如游戏玩家之间的信任、游戏中的规范以及亲密关系等。并且这些研究无论从方法上还是从理论视角上,都很难解释玩家社会资本的形式、积累与转化机制,很难为虚拟空间社会资本的研究提供必要的理论支撑。因此,本研究试图以MMORPG为例,对虚拟空间玩家社会资本的形式、积累与转化进行系统的分析和阐述。

为了达到这一目的,本研究以互动为切入点探究玩家社会资本的形式、积累以及转化。之所以以互动为切入点,主要基于以下两点原因:第一,网

[①] 张玉佩. 穿梭虚拟世界的游戏少年:他/她们的社会资本之累积与转换 [J]. 中华传播学刊, 2013, 23(6): 195-227.

[②] 陈怡安. 线上游戏的魅力 [J]. 资讯社会研究, 2002 (3): 183-214.

络游戏中的互动是虚拟世界成功的基本条件。这种互动的需求主要源于网络游戏角色的设置以及玩家互动的意愿。按照丹彻纽特（Ducheneaut）和摩尔（Moore）（2004）的观点，网络游戏的角色之间存在着相互依赖的特质。两人以角色扮演网络游戏《星球大战：星系》（*Star War Galxxies*）为研究对象，运用虚拟民族志的方法对其进行分析和考察，最后发现在此款游戏中，角色职业的设计理念除了与一般角色扮演游戏一样重视角色外观以及角色属性外，最大的区别在于每个职业之间是相互联结的（Interrelated）。也就是说，每个角色不能单独存在或者发挥作用，必须在与其他角色的互动中才能实现自己本身的价值。他们将角色之间这种互相依赖性（Interdependencies）看作形塑玩家间互动的重要架构。可以说，互动是MMORPG的灵魂，离开了互动，游戏就无法进行。第二，互动是社会资本生成、积累与转化的必要途径。社会资本这一理论从诞生之日起就与交往、联系、网络等概念密不可分。既往的社会资本研究已经清楚地指出，社会资本在个体、家庭、社会组织的相互交往过程中产生，随着相互接触和交往的增多而增多，并通过相应的交换等行为转化为其他形式的资本。总之，社会资本是互动的产物，离开了互动就无法讨论社会资本。基于以上因素，本研究认为互动是探讨MMORPG玩家社会资本形式、积累与转化的恰当且必要的切入点。

此外，爱德华（Evard）、丘吉尔（Churchill）和布莱（Bly）（2001）、曼尼宁（Manninen）（2003）、丹彻纽特和摩尔（2004）、赖黎捷和熊天越（2023）在对网络游戏的研究中都曾强调互动的重要性。而且他们也指出这种互动的丰富度不能单纯地通过界面来支持，这种技术的观点实质上忽略了社会与传播的面向。同时，现有的社会资本研究中，倾向于将社会资本看作结构性的产物，这就有意无意地忽视了互动中所蕴含的复杂的文化、技术以及心理因素。针对以上论述，本研究在以互动为切入点的同时，试图充分呈现网络游戏玩家的情感、心理等因素在社会资本形式、积累与转化中的作用。

总之，作为一个有着悠久历史的概念，社会资本已经被社会学、政治学、管理学、经济学等多学科所研究和应用。但在网络崛起、网民激增的今天，社会资本在网络空间将呈现怎样的样态、它与现实人际交往中的社会资本有何区别与相似之处、社会资本对网络空间社会关系的建立有何影响似乎还是尚待探讨的议题。因此，本研究试图以互动频繁的MMORPG为例，探讨玩家社会资本的形式、积累与转化，在丰富和拓展现有的社会资本理论的基础上，探索性地揭示玩家如何在社会资本的形成、积累与转化过程中建构他们之间的社会关系。同时，从现实层面，本研究借助社会资本、角色扮演、人际互动等理论描述和分析玩家社会资本的形式、积累与转化，以及玩家社会资本对他们游戏参与行为的影响，这对指导玩家理性、积极地游戏，帮助他们建立积极的社会关系，避免消极的社会关系有很大裨益，"从而帮助他们反省自己的游戏行为，使他们从积极的、健康的游戏行为中获得更多愉悦和成就感，保持身心的健康成长"[1]。

1.2 研究架构与概念界定

按照布尔迪厄的观点，场域是由不同的位置之间的客观关系构成的一个网络或者一个结构。"生活世界中存在着很多的场域，每个场域内部都充满着旨在维护或改变场域中的力量格局的斗争，每个场域都有自身的逻辑规则，每个场域都构成一个潜在开放的游戏空间。"[2]也就是说，场域的变化必然会带来对原有研究的冲击和改变。

社会资本自提出那天起，就受到诸多学者的关注和探讨。然而，他们的研究或以社区为场域、或以企业为场域、或以国家为场域。无论是对社会资本的起源、形式、积累还是对转化的研究，都是以现实情境为基础。而互联网的崛起和快速发展，使越来越多的人开始并习惯于网络空间的交往，这为从经验层面研究社会资本提供了一个全新的场景。可以说，"网络时代的到来，意味着传统社会科学所使用的基本概念和解释架构正面临着巨大挑战，为适应和面对互联网出现而逐步呈现的新社会现象和社会经验，社会科学必须尝试建构新的概念和思考方向，以拓展社会科学的思想空间，重建社会科学的想象力"[3]。

---

[1] 徐静. 权力·资本·认同：青少年网络游戏中的情感研究[D]. 杭州：浙江大学，2015：6.
[2] 宫留记. 布迪厄的社会实践理论[M]. 开封：河南大学出版社，2009：49-51.
[3] 黄少华. 网络空间的族群认同——以中穆BBS虚拟社区的族群认同实践为例[D]. 兰州：兰州大学，2008：30.

8

1.2.1 研究架构

在现实生活中，人们通过各种方式与他人进行交流与互动，借此实现信息的交换、情感的沟通，并在此过程中建立友谊与信任关系。可以说，人与人之间的交往与互动是人类最基本的生存方式与社会活动，是人具有社会性的体现，以及人区别于其他生物的根本原因。人与人之间的交往与互动被看作人类的内在需求，是人类社会存在的方式。"正是人类的交往与互动，带动了技术的扩散，生产力的提高，促进了社会规则与社会制度的产生与变革，推动了社会文明与文化的传播，并最终导致人类的繁衍和进化。"[①]

互联网的诞生为人们的交往和互动提供了新的场景。在这个经由互联网中介的全新沟通和互动场景中，人们可以跳脱现实生活中面对面的沟通方式，以一种"身体不在场"的方式进行互动。不仅如此，人们还可以隐匿自己在现实生活中的部分身份或全部身份，以自己喜欢的方式呈现自己。这种打破时空、地域、身份、性别等现实因素的网络互动特别适合弱关系的建立与发展，使原本素不相识的陌生人能够在网络空间自由地交谈、交往与互动。正是互联网的方便、快捷与高效使众多网民将网络交往看作自己生活的重要部分。正如特克所说，"网路空间已经成为日常生活中的例行公事之一。当我们通过电脑网路寄发电子邮件，在电子布告栏发表文章或预订机票，我们就身在网路空间。在网路空间中我们谈天说地、交换心得想法，并自创个性及身份。我们有机会建立新兴社区——虚拟社区，在那里，我们和来自世界各地从未谋面的网友一起聊天，甚至建立亲密关系，一同参与这个社区"[②]。

互联网的匿名性、去边界性、去地域性等特性使网络互动呈现出与面对面互动不同的特征，这种新特征就是上文提到的网络互动能够帮助人们发展多重的弱关系。而这种弱关系的发展在很大程度上促使具有不同社会特征的人群相互连接，并不断扩展交往范围，甚至将这种弱关系发展为强关系或带入线下的现实生活。然而，既有的网络互动方面的研究对其在人们交往中的作用持有两种截然不同的观点。一种观点认为，网络互动中的"身体不在场"使交往缺少

---

① 范晓屏. 基于虚拟社区的网络互动对网络购买行为的影响研究 [D]. 杭州：浙江大学，2007: 3-4.
② 雪莉·特克. 虚拟化身：网路世代的身份认同 [M]. 谭天，吴佳真，译. 中国台湾：远流出版事业股份有限公司，1998: 3-4.

社会资本的网络呈现
——基于对大型多人在线角色扮演网络游戏玩家的考察

必要的信息保证,难以促进可信、密切交往的发生。它只在"由次级关系构成的"虚拟社区中才有"用武之地",对于有意义的现实世界社区而言是一种损害。因此有学者强调,"人们的时间和精力是十分有限的,他们在网络空间与陌生人交流与互动、形成肤浅的关系的同时,会直接导致他们在现实生活中与朋友和家人面对面接触与沟通的时间减少,所以网络空间的交流与互动不利于社会资本的积累,反而会减少原有的社会资本"[①]。另一种观点则从网络互动的去地域性、去中心性等特点出发,认为网络空间的交往打破了传统面对面交往中的诸多限制,对于扩展和丰富人们的交际圈大有裨益。2002年凯茨和他的研究团队所做的研究就指出网络互动对于人们拓展朋友圈、交换信息,甚至建立信任与友谊等十分有利,因此他们得出这样的结论:网络互动有利于增加网民的社会资本。这种观点将网络空间的互动与现实生活中的互动等同起来,认为虚拟空间建立的关系网络同样能够使人们感觉到友谊、友情甚至是信任以及亲密关系。网络互动与现实互动一样,都能够为人们提供信息交换、情感支持、友谊甚至信任,能够增加人们的社会资本。

既往研究中涉及的网络互动对人们社会资本的影响为本研究提供了基础。MMORPG以玩家之间的充分互动为显著特点,这也是MMORPG风靡全球、让无数玩家沉迷其中的最大原因。玩家通过游戏互动相互交流游戏信息、分享游戏经验、一起攻城略地、并肩作战,他们在此过程中结下深厚的战友情谊、情感支持甚至亲密关系。也是在网络互动中,玩家将上述社会资本转化为文化资本和经济资本。因此,网络互动是探究玩家社会资本形式、积累与转化的重要社会建构因素。笔者将网络互动贯穿始终,考察和分析社会资本的形式、角色扮演、互动行为、互动方式、游戏参与行为等。需要强调的是,本研究试图在网络互动的基础上,建构一个综合性的分析框架,对这些因素进行综合性的研究。

本研究主要包括以下七个部分:

第一章概要介绍研究的背景、问题、意义、架构,界定本研究的主要概念,并对研究对象、场域和方法进行简要的讨论。

第二章通过梳理相关文献,建构从互动视角研究网络游戏玩家社会资本形

---

① 黄少华. 网络空间的族群认同——以中穆BBS虚拟社区的族群认同实践为例[D]. 兰州:兰州大学,2008:30.

式、积累与转化的合法性。

第三章从社会资本理论角度出发，描述和分析网络游戏玩家关系网络、信任、规范和社会支持四种社会资本形式。

第四章主要从玩家与玩家之间的互动、玩家与游戏之间的互动两个视角探析影响网络游戏玩家社会资本积累的因素。首先，玩家通过角色扮演、多样的互动行为与互动方式实现与其他玩家的互动，并在互动中建立关系网络、发展友谊、信任、社会支持规范等社会资本。其次，玩家在对游戏内容沉浸过程中的正面心理状态，以及对游戏"二度创作"过程中的合作与创新都影响着玩家社会资本的积累。

第五章探讨网络游戏玩家社会资本转化的路径以及影响转化发生的因素。在MMORPG中，玩家之间的信任具有直接的经济价值；男性玩家通过性别转换实现结交好友、建立关系网络或信任关系，从而获得游戏装备甚至经济利益；女性玩家本身的性别特征、性格特征使其更容易完成社会资本向文化资本和经济资本的转化。

第六章探讨玩家的社会资本对其游戏参与行为的影响。玩家所拥有的关系网络、信任等社会资本既可以激发和鼓励他们的游戏参与行为，又可以抑制甚至终止他们的游戏参与行为。

第七章是结语。在概要总结的基础上，进一步指出互联网的出现与发展不仅使人们的互动在一定程度上突破时间和空间的限制，而且在各个层面拓展着他们的社会关系。网络游戏玩家形成、积累与转化社会资本的过程也是他们社会关系建立、充实与再生产的过程。

1.2.2 概念界定

社会科学研究离开了概念就成了无源之水、无本之木。社会科学的概念"是对研究范围内同一类现象和过程的概括性表达"[①]。明晰概念以及概念的适用边界是进行社会科学研究的必要前提。因此，下文将对本研究涉及的重要概念分别进行界定，为研究的展开奠定坚实的基础。

[①] D. 波普诺. 社会学 [M]. 李强，等译. 北京：中国人民大学出版社，2000: 35.

社会资本的网络呈现
——基于对大型多人在线角色扮演网络游戏玩家的考察

1.2.2.1 资本、社会资本、文化资本与经济资本

资本和社会资本这两个概念都拥有悠久的历史和庞杂的学科背景，本研究不打算对其逐一进行梳理。本研究聚焦MMORPG玩家在游戏互动中呈现出的社会资本形式以及玩家如何通过互动获得、积累和转化社会资本。因此，从社会学的视角特别是围绕人际互动来界定资本和社会资本是本研究的重要任务。

马克思一直被奉为经济学中资本研究的鼻祖。实际上，其资本理论有深厚的社会学渊源，给社会学中的资本研究带来了深刻的启发。马克思的资本理论包含经济资本和社会关系资本两部分，但其更多体现为社会关系。他认为资本是在关系或者说是在社会关系中产生并发展的。正像他在《雇佣劳动与资本》中写道："个人借以进行生产的社会关系，即社会生产关系，是随着物质生产资料、生产力的变化和发展而变化和改变的。生产关系总和起来就构成所谓社会关系，构成所谓社会，并且是构成一个处于一定历史发展阶段上的社会，具备独有的特征的社会。"[①] 从上段话中不难看出，马克思认为资本的实质是人与人的社会关系。并且这种关系不是静止不变的。由于资本运动的逻辑就是要无限制地实现增值、生产剩余价值，因此这种社会关系必定处于恒久的运动之中。也就是说，只有将静态的经济资本纳入动态的社会关系之中才能实现资本的生产。可以这样说，马克思"把资本理解为现代社会一切现象的起因、动力和内在灵魂"[②]。

在批判地吸收和继承马克思主义、建构主义、黑格尔哲学等思想的基础上，布尔迪厄将非物质形式的资本——社会资本和文化资本引入资本这一概念，使资本这一概念的适用范围从经济学逐渐向社会学、哲学、教育学、文学等学科扩展，从而使资本理论变得具有了多学科整合和开放性交叉的性质。当然，此时的资本概念只是在语词上与传统经济学一致，其本质已经发生了巨大变化。正如布尔迪厄本人所言，"我与经济学正统性唯一相同的地方，只是一些语词的分享（通过这些语词，我指出了我们必须记住这一点：统治当今经济科学的、有许多组成部分的、多种多样的潮流本身，就是一个高度分化

---

① 中共中央马克思恩格斯列宁斯大林著作编译局. 马克思恩格斯选集第1卷[M]. 北京：人民出版社，1995: 345.

② 俞吾金. 传统重估与思想移位[M]. 哈尔滨：黑龙江大学出版社，2007: 451.

的场）"①。

布尔迪厄的资本可以表现为三种基本的形态：第一，经济资本，这种资本与经济学中所说的资本十分相似，它们可以直接转化为金钱；第二，文化资本，这种资本通常表现为以精神或肉体的持久的"性情"形式存在的身体化文化资本，以文化产品形式（如图片、图书、词典、工具、机械等）存在的客观化文化资本和以一种客观化的、必须加以区别对待的形式存在的制度化文化资本；第三，社会资本，它是现实存在的或潜在的、与对某种持久网络的占有相关的资源的集合体②。在布尔迪厄看来，资本是保障不同阶级实现阶级流动的必要元素。尤其是拥有文化资本和社会资本此类象征性资本较多的阶级更容易完成向更高阶级的流动。布尔迪厄第一次将经济学领域的"资本"概念移植到社会学领域，并用"资本"这一概念解释在社会结构中，不同的个人、阶层在不同场域之间资源分配的差异和权力的支配和再生产。从实质上说，布尔迪厄的资本概念是为了揭示以资本形式存在的权力在社会结构和社会阶级分化资源配置中的功能③。

同时，布尔迪厄的资本概念第一次将文化资本和社会资本提到了与经济资本相同的地位，尤其是他对文化资本概念的阐述对后来的社会学研究影响深远。虽然布尔迪厄的社会资本的概念没有像他的文化资本概念一样受到足够的重视，但在波茨（Portes）（1998）看来，布尔迪厄的社会资本概念是最精确的，并为未来的研究提供了框架。

其实，社会资本的概念早在布尔迪厄之前就已被提出并被广泛应用。1916年，汉尼芬在他的《乡村学校社区中心》（*The Rural School Community Center*）一文中开始正式使用社会资本一词。除了在词语表述上，他所使用的"社会资本"一词与传统意义的资本完全不同。这里的社会资本不是指具体的财产或现金，而是指人们日常生活中使这些有形资产变得有价值的东西，例如

---

① 布尔迪厄. 布尔迪厄访谈录：文化资本与社会炼金术 [M]. 包亚明, 译. 上海：上海人民出版社, 1997: 165.
② Bourdieu, P. The Forms of Capital [C]//J. Richardson. Handbook of Theory and Research for the Sociology of Education. New York: Greenwood, 1986: 241-258.
③ 牛宏宝. 文化资本与文化（创意）产业 [J]. 中国人民大学学报, 2010 (1): 145-153.

社会资本的网络呈现
——基于对大型多人在线角色扮演网络游戏玩家的考察

善意、友谊、同情以及个人或集体之间的社会交往[①]。汉尼芬的定义从根本上把社会资本从资本的概念中区分出来，指明社会资本是在人与人的互动中产生的，是个体和社区发展的重要资源。同时，他认为社会资本与其他形式的物质资本（经济资本）具有同等价值，并且正是社会资本的存在才使其他资本变得有意义。虽然这一概念已有一个世纪的历史，但是现在看来，它对今天的社会资本研究仍有现实的指导意义，为社会资本现代意义的确立和发展定了基调。

经过了汉尼芬的初创阶段，社会资本这一概念开始逐渐为各学科的学者所关注。因为虽然社会资本是无形的，但它具有联结关系网络、增进人际互动，进而促进经济和社会生活的巨大作用，所以，教育学、经济学、管理学、政治学、社会学等诸多学科都开始根据各自学科的特点引入社会资本这一概念。在很多领域，例如经济发展研究 [沃伦 (Warren)，2001]、健康研究 [河内 （Kawachi） & 伯克曼（Berkman），1999]、社区治理 [尤斯兰纳（Uslaner），2004] 等，社会资本都得到广泛应用，并显示了强大的解释力。

随着社会资本在诸多学科中的广泛应用，其内涵不断地多元化，概念界定也呈现多元化的趋势。但对于社会学的学者来说，关于社会资本的研究人们普遍认为布尔迪厄是第一个对社会资本概念做出系统阐述的人。他从社会关系的视角来理解社会资本，并阐述了资本的三种基本形态以及资本之间的转化。早在《区分：判断力的社会批判》(*Distinction:A Social Critique of the Judgement of Taste by Pierre Bourdieu*) 一书中，他就提出了社会资本的概念，认为社会资本是"社会联系、社会荣誉和社会尊敬的资本"[②]。1986 年，他发表的《资本的形式》(*The Forms of Capital*) 一文详细阐述了资本的三种基本形式以及社会资本的概念。基于社会关系网络的视角，他认为"社会资本是与群体成员相联系的实际的或潜在的资源的总和，这种资源与社会网络架构相关，并且这些网络的制度，或多或少建立在成员之间的互惠与互相认可的基础之上"[③]。

美国社会学家詹姆斯·科尔曼（James S. Coleman）被认为是从学理上对

[①] Hanifan, L. J. The Rural School Community Center [J]. Annuals of the American Academy of Political and Social Science, 1916 (67): 130-138.

[②] 吴军，夏建中. 国外社会资本理论：历史脉络与前沿动态 [J]. 学术界，2012 (8): 67-81.

[③] Bourdieu, P. The Forms of Capital [C]//J. Richardson. Handbook of Theory and Research for the Sociology of Education. New York: Greenwood, 1986: 241-258.

1 研究问题、架构与方法

社会资本给予了全面界定和分析的第一人。他的社会资本理论主要是基于个体层面，认为社会资本存在于个体行动者之间并可以积累和通过学习获得。1988年，詹姆斯·科尔曼在《人力资本创造中的社会资本》(Social Capital in the Creation of Human Capital)一文中基于社会资本的功能对社会资本进行了界定。他认为，社会资本不是一个单一体，而是由不同的集合体组成的变体，这个变体有两个共同之处：它们都包括社会结构的某些方面，而且有利于处于同一结构中的个人或组织行动者的某些行动。像其他形式的资本一样，社会资本也是生产性的，并且能使某些目的的实现成为可能，当缺少社会资本的时候，这些目的便不会实现[1]。在此基础上，詹姆斯·科尔曼于1990年出版了《社会理论的基础》(Foundations of Social Theory)，这本书对社会资本进行了更深入的阐述。他从理性行动论观点提出个人在现实生活中并非单独行动，个人追求的利益更不是完全以自我为中心。个体行动是一种理性行动，为了实现特定目的，个体必须充分利用自己所拥有的一切资源。其中，社会资本是重要的资源之一。在詹姆斯·科尔曼看来，"社会资本基本上是无形的，它表现为人与人的关系，像经济资本和文化资本一样，社会资本能够为个人行动提供便利"[2]。当然，在对社会资本的研究中，詹姆斯·科尔曼也逐渐意识到社会结构的重要作用。他指出，社会资本不只是个人所有，更重要的是它们由社会结构的各个要素组成。也就是说，詹姆斯·科尔曼将社会资本从以个人为中心转向了以社会为中心，从而将个人行动纳入社会结构加以考量。这也为普特南（Putnam）对社会资本理论的拓展奠定了理论基础。

从20世纪90年代起，社会资本概念引起了广泛的关注。这主要归功于普特南对社会资本概念的阐释与推广。普特南的社会资本概念是基于社会组织——社区而提出的，其强调社区居民之间互动的作用，并提出"公民参与""群体互动"这两个概念，是社会资本研究的新维度。其中，在《使民主运转起来：现代意大利的公民传统》(Making Democracy Work: Civic Traditions in Modern Italy)、《独自打保龄：美国社区的衰落与复兴》(Bowling Alone: The Collapse and Revival of American Community)以及一系列文章中，普特南

---

[1] James S. Coleman. Social Capital in the Creation of Human Capital [J]. American Journal of Sociology, 1988 (94): 95-120.
[2] 詹姆斯·科尔曼. 社会理论的基础（上）[M]. 邓方, 译. 北京：社会科学文献出版社, 1999: 356.

社会资本的网络呈现
——基于对大型多人在线角色扮演网络游戏玩家的考察

对社会资本与公民参与、社区发展等要素之间的关系进行了系统研究[1]。在《使民主运转起来：现代意大利的公民传统》中，普特南指出"社会资本是指社会组织的特征，诸如信任、规范以及网络，它们能够通过促进合作行为来提高社会的效率"[2]。在这里，他将社会资本视为一种生产性的资本，一种公共物品，并且它的产生与毁灭是一种良性循环和恶性循环的结果，即社会资本的存量，如信任、规范和网络往往具有自我增强性和可积累性。在《独自打保龄：美国社区的衰落与复兴》一书中，普特南进一步拓展了社会资本的内涵，并把它应用到对美国基层社区的人际关系考察之中。普特南在对美国社区的衰落的分析中发现，电视的出现剥夺了人们互动的时间与可能。美国民众的政治参与、公民参与、宗教参与、邻里间的交往等社会联系都逐步减少。进而，他为社会资本下了这样的定义："社会资本指社会上个人之间的相互联系——社会关系网络和由此产生的互利互惠和互相信赖的规范。"在他看来，社会资本与公民美德之间存在着密切联系。社会资本只有嵌入密集的社会关系，公民美德才能发挥最大作用。相反，即使一个社会的公民有着诸多美德，但个人和个人之间是隔绝的，社会资本就不一定大。也就是说，社会资本是公民美德发挥的前提条件。同时，社会资本对个人和群体的生产力也会产生影响，社会资本包含个人和群体的范围，既有益于大家，又有益于自己。他认为，作为社会关系的社会资本与公民美德、互惠信任、社会合作、集体归属感和集体行动有着密切联系。因此，在一定程度上，他将社会资本等同于乡镇、城市甚至国家中的"公民精神"，即信任、规范和网络要素等公民精神。总之，普特南的社会资本概念主要有两个特征：第一，他强调社会资本对社会组织的重要作用，认为大力发展社会资本是解决集体行动困境、推进民主的有效途径。第二，他将"公民参与""互动合作"的动态维度加入对社会资本的分析。

波茨受传统社会资本研究的影响，继续从个人角度定义社会资本。他认为，社会资本是个人通过他们所具有的成员资格身份在宽泛的社会结构（如网络等）中获取短缺的资源的能力。获取（社会资本）的能力不是个人固有

---

[1] 吴军，夏建中. 国外社会资本理论：历史脉络与前沿动态[J]. 学术界，2012 (8): 67-81.
[2] 罗伯特·普特南. 使民主运转起来：现代意大利的公民传统[M]. 王列，赖海榕，译. 南昌：江西人民出版社，2001: 195.

的，而是存在于个人与他人的关系中。实际上，社会资本是嵌入的结果[①]。简单来说，他将社会资本看作一种能力，通过这种能力，行动者可以从社会网络或其他社会结构中获得利益，从而为其行动提供更大的便利。他从完善性动机（Consummatary）和工具性（Instrumental）动机两个层面将社会资本分为四部分：第一，价值投入（Value Introjection），即行动者将团体内互助的规则内化为自我义务；第二，互惠交易（Reciprocity Exchanges），即行动者相信在其为他人付出之后，他人将来一定会有所回报；第三，限定式团结（Bounded Solidarity），共同的社会条件（阶级、信仰或种族）会促使行动者将社会资本投入特定团体；第四，强制信任（Enforceable Trust），互惠性的回馈是基于团体内部的地位、荣誉与认可，信任是集体性的而非个别产生[②]。

除此之外，林南、弗朗西斯·福山（Francis Fukuyama）、格伦·洛瑞（Glenn Loury）、罗纳德·伯特（Ronald Burt）、马克·格兰诺维特（Mark Granovetter）、迈克尔·伍考克（Michael Woolcock）、奥斯特罗姆（Ostrom）等人都从不同角度对社会资本作出了界定。为了分析的便利，表1.1 简要列举了近代以来重要的关于社会资本概念的界定。

表1.1 近代以来关于社会资本概念的界定[③]

序号	学者	社会资本定义的侧重点
1	布尔迪厄（Bourdieu）（1985）	社会资本与社会网络相联系，这一网络建立在个体之间的互惠、互信基础之上
2	詹姆斯·科尔曼（James S. Coleman）（1990）	社会资本由其功用所决定，与社会结构紧密联系

[①] Alejandro Portes. Economic Sociology and the Sociology of Immigration: A Conceptual Overview [C]//Alejandro Portes. Economic Sociology of Immigration: Essay on Networks, Ethnicity, and Entrepreneurship. New York: Russell Sage Foundation, 1995: 11-13.

[②] Portes, A. Social Capital: Its Origins and Applications in Modern Sociology [J]. Annual Review of Sociology, 1998 (24): 1-24.

[③] 资料来源：Paul S. Adler & Seok-Woo Kwon. Social Capital: Prospects for a New Concept [J]. Academy of Management Review, 2002, 27 (1): 17-40 以及其他相关资料。

社会资本的网络呈现
——基于对大型多人在线角色扮演网络游戏玩家的考察

（续表）

序号	学者	社会资本定义的侧重点
3	罗纳德·伯特（Ronald Burt）（1992）	社会资本是个体从朋友、同事以及其他社会关系网络中获得的机会，这种机会使个体能够使用其经济和人力资源
4	格伦·洛瑞（Glenn Loury）（1992）	社会资本是个体之间的社会联系，能够帮助个体提升或获得技能，与物质财产享有同等重要的地位
5	普特南（Putnam）（1995）	社会资本是一种公民精神，是个体之间的联系，以及在此之上形成的社会网络以及信任、互惠的价值规范
6	弗朗西斯·福山（Francis·Fukuyama）（1995）	社会资本是特定群体成员之间共享的非正式的价值观与行为规范
7	英格尔·哈特（Inglehart）（1997）	社会资本是信任与容忍的文化，其中有很多由自愿组合形成的互动网络
8	亚历杭德罗·波特（Alejandro·Portes）（1998）	社会资本是社会网络成员获得利益的一种能力
9	那哈皮特和戈沙尔（Nahapiet & Ghoshal）（1998）	社会资本是能获得的嵌入个人或社会群体拥有的关系网络中的现有和潜在的资源总和
10	迈克尔·伍考克（Michael Woolcock）（1998）	社会资本是在个体社会网络中的信息、信任、互惠原则
11	林南（Lin）（2001）	社会资本是嵌入社会关系网络的资源，有特殊功用
12	科恩和普鲁萨克（Cohen & Prusak）（2001）	社会资本是个体之间积极的联系、信任、理解以及共享的价值与行为
13	保罗·阿德勒和权锡宇（Paul S. Adler & Seok-Woo Kwon）（2002）	社会资本是存在于个体或群体社会网络中的善意，它可以帮助个体拓展和建立新的社会联系

通过以上梳理，可以发现社会资本这一概念尚未形成统一的界定，但各方基本上都认同普特南对社会资本的定义，即把它看作"能够通过推动协调行动

来提高社会效率的信任、规范和网络"[1]。本研究试图探讨游戏玩家在互动过程中形成的社会资本的形式、社会资本如何在互动中积累与转化以及玩家的社会资本对其游戏参与行为的影响。因此，本研究将社会资本看作动态的，这与普特南对社会资本的互动论基本一致。借鉴普特南的观点，结合 MMORPG 的特点，本研究将社会资本界定为"游戏玩家在虚拟社区中通过游戏互动所形成的各种资源，其中包括玩家建立的社会关系网络以及在此基础上形成的信任、规范以及社会支持等"。

由于本研究聚焦网络游戏玩家社会资本的形式、积累与转化，在转化部分将涉及玩家的文化资本和经济资本。因此，此处对文化资本和经济资本做简单介绍，并将概念进一步具体化，使其便于操作。

文化资本是布尔迪厄资本理论中的重要概念之一。在他看来，文化资本是社会场域中形成的经由实践操作和系列传递行动而积累、转换与传承的，以"教育资质的形式体制化的"资本形式。同时，他将文化资本分为三种形式，即身体化文化资本，以精神和身体的持久"性情"形式存在的资本；客观化文化资本，以文化商品的形式存在的资本；制度化文化资本，以一种必须加以区别对待的客观形式存在、能够赋予并保护文化资本原始性财富外衣的资本形式[2]。

由以上的划分可以看出，身体化文化资本被放在文化资本的首要位置。这是因为文化资本的基本形式都与身体有密切关系，它不是一种虚无缥缈的存在，而是以知识、文化、修养等形式具体化或实体化在人们的身体里。顺着这一逻辑，可以将这种具体形式作为身体化文化资本的操作化定义。实际上，对于这一操作化定义，中外学者已早有应用。在对上层和中层阶级的孩子进行分析时，布尔迪厄给出了文化资本的框架，将它定义为根植于社会结构中的知识、技能和能力，即对高雅文化的掌握程度[3]。后来的文化资本理论突破了高雅文化的局限，认为每个行动者拥有的知识、素养等都是他们的文化资本。鉴

---

[1] 罗伯特·普特南. 使民主运转起来：现代意大利的公民传统 [M]. 王列，赖海榕，译. 南昌：江西人民出版社, 2001: 195.

[2] Bourdieu, P. The Forms of Capital [C]//J. Richardson. Handbook of Theory and Research for the Sociology of Education. New York: Greenwood, 1986: 241-258.

[3] Bourdieu, P. Distinction: A Social Critique of the Judgment of Taste [M]. Cambridge: Harvard University Press, 1984.

社会资本的网络呈现
——基于对大型多人在线角色扮演网络游戏玩家的考察

于此,可以将身体化文化资本具体化为玩家所具有的游戏知识和游戏技能。客观化文化资本是那些外显而具体的、能够表征一个人教育水平或文化品位的有形文化资本,如书籍、绘画、古董、工具等。相对应地,网络游戏玩家拥有的客观化文化资本就是玩家在游戏中获得的金币、点券、水晶、装备、宠物、服装、护符等。制度化文化资本就是将行动者拥有的知识和技能以某种形式(通常是以考试的形式)正式予以承认并通过授予合格者文凭和资格认定证书等社会公认的方式使其制度化。在游戏中能够体现玩家能力的积分、生命值、奖品、徽章、特权等就成为玩家的制度化文化资本。

布尔迪厄认为,经济资本是基础性的资本类型,其他资本都可以在特定条件下转化为经济资本。对于经济资本的界定本研究采用布尔迪厄的说法,即经济资本是可以立即并且直接转化为金钱的资本,它是以财产权的形式被制度化的。本研究中的经济资本可以具体化为网络游戏中以物质或其他形式存在的、可以通过交易等形式转化为金钱的资本,如交易中的装备、点数等。

1.2.2.2 互动、网络互动与网络人际互动

互动是一个十分古老且重要的话题,自然科学以及人文社会科学都将互动作为基本的分析单位。社会学意义上的互动强调其作为人与群体/社会之间关系的桥梁,即自我和社会都是在互动中形成的。一方面,社会是由无数互动着的个体构成的;另一方面,个体的社会化离不开与他人的互动,个体只有在互动中才能发展出个体与自我。

马克思把社会看成一个交往互动的过程。他曾经指出,"社会——不管其形式如何——究竟是什么呢,是人们交互活动的产物"[①]。在这个意义上说,社会行动就是社会中人们之间的交往互动。被誉为德国三大社会学奠基人之一的齐美尔从关系的角度入手,把社会交往看作一场"陌生人之间的互动游戏",也正是这种陌生人之间的互动解决了"社会是如何可能的"这一基本问题。韦伯采用的是和齐美尔一样的关系视角,他认为人们的行为是与一定的社会关系时刻相连的,并且互动行为本身就是一种包含社会关系的行为。他将社会与行动者之间的关系看作不可分割的,因为社会是由行动者构成的,要想研究社会就要研究行动者。韦伯的"社会行动"的分析再次肯定了行动者之间的

---
① 中共中央马克思恩格斯列宁斯大林著作编译局. 马克思恩格斯选集第4卷[M]. 北京:人民出版社,1995: 532.

互动行为是社会之所以存在的基础。

当代传播学的互动理论深受帕森斯、米德（George Mead）、库利、哈贝马斯等的影响。如果将既往的互动理论做大致分类，可以将其分为微观互动、中观互动和宏观互动三个维度。第一，以布鲁默（Herbert Blumer）、米德为代表的符号互动论学派侧重的是微观的互动。20世纪30年代，美国的布鲁默和其弟子米德创立发展的符号互动论成为当时解释社会互动的最新理论。"符号互动"（Symbolic Interaction）一词最早出自布鲁默的《人与社会》（*Human Being and Society*）一书。符号互动论的基本观点强调人们在互动过程中可以借助象征符号（表情、手势、语言、文字等）来传达个人思想、情感和价值。通过各种象征符号的运用，个体得以在互动中实现自我。同时，自我也只有在互动过程中才能得以阐释。在米德看来，不仅个体是在社会的互动中实现的，社会也是通过个体的互动才得以存在的。因此从总体上说，符号互动论学派的互动更加强调自我是如何参与互动过程并在互动过程中建构自我的，所以可以称之为微观层面的互动。第二，与米德相同的是，芝加哥学派的库利也关心自我的形成，但不同点在于，米德的自我是符号互动的结果，而库利的自我是在与他人的互动中，通过他人的观点反观自身。他以"镜中我"（Looking-glass Self）来形容自我是与他人面对面互动的产物。他认为，人的行为在很大程度上取决于对自我的认识，而这种认识主要是通过与他人的社会互动而形成的。也就是说，自我把在与他人互动中所感、所察的评价、态度等看作一面"镜子"，并从中反观自己、认识自我。这种跳脱以自我为中心、而以与他人互动来反观自我的互动观点可以看作中观层面的互动。第三，以建构宏大的社会理论著称的帕森斯将互动扩展到作为个体的人与作为社会结构的系统之间的关系来思考，可以将其看作对互动理论宏观层面的探讨。帕森斯花费一生的时间和精力来思考人的行动与社会规范秩序之间的关系。他提出了著名的"模式变量"（Pattern Variables）作为制度化互动关系中行动者主观趋向的概念分析框架。帕森斯的行动系统包括文化系统、社会系统、人格系统和行为有机体四个附属系统。

20世纪中叶，互联网的出现不仅为人们带来了新的信息载体，还创造了全新的社会互动空间——网络社会。这一全新社会形态的出现彻底颠覆了传统的交往模式，网络购物、在网络上收发邮件、聊天、娱乐已经成为人们司空见

社会资本的网络呈现
——基于对大型多人在线角色扮演网络游戏玩家的考察

惯的事情,可以说网络互动已经成为现代社会人际交往的重要方式。

关于网络互动的界定,信息科学、传播学、工业设计等学科一直未达成一致,学者们使用不同的词来描述网络互动就是最好的例证,如网络沟通（Internet Communication）、网络互动（Internet Interaction）、计算机媒介沟通互动（Computer-mediated/Internet-based Communication/Interaction）。由此不难看出,虽然学术界对何为以计算机为中介的互动这个问题已经研究了20多年,但是距离形成统一的见解还需很长时间。为解决这一问题,麦克米伦（McMillan）（2005）将当前的互动性概念总结为三类：特征说（互动传播的特征）、过程说（互动的行为本身）和知觉说（使用者是否感觉到传播环境的互动性）。进而提出了三种类型的互动,即以计算机为媒介进行的人与人的互动,人与计算机的互动和人与内容的互动,如表1.2所示。

表1.2 网络互动的三种类型[1]

	人与人的互动	人与计算机的互动	人与内容的互动
特点	即时通信 邮件	导航工具,如菜单 搜索工具	促进个性化内容的工具 独特的内容形式
过程	参与即时通信聊天 发送或接收邮件	浏览网页 使用搜索引擎	创建个性化主页 寻找多种媒体形式的新闻
情感	相信即时通信和邮件能够促进交流 可能基于个人兴趣或交流的主题	找到一个易于操作且吸引人的网站 可能基于技术经验或交流的主题	相信定制化、深度化的内容是可交流的 可能基于时间来查看内容

按照麦克米伦的划分,人与计算机的互动,就是通常意义上的人机互动,是人与计算机、手机、游戏机之间的互动,是人与内容互动以及人与人互动的基础。也就是说,无法操作计算机、手机、游戏机等网络设备的人是无法进行网络互动的。典型的人机互动包括：由选单选择指令、做出按键动作、进行连接、键入搜寻字词在数据库进行搜索、在播放影音数据时调节音量或播放程序以及回答计算机屏幕对话栏所提出的问题或讯息等（李道明,2005）。

---

[1] Sally J. McMillan. TheResearchers and the Concept: Moving Beyond a Blind Examination of Interactivity [J]. Journal of Interactive Advertising, 2005, 5 (2): 1-4.

1 研究问题、架构与方法

人与内容的互动着重强调人与计算机所呈现的信息的互动。从本质上说，这与人们通过其他媒体，如报纸、电视、广播等获取信息类似，只不过信息的传递是通过计算机这一媒介而已。最早探讨以计算机为媒介进行互动的外国学者拉斐尔（Rafaeli）认为，互动性并非媒介的特征，而是与过程相关的信息传播结构，信息序列彼此相互关联，尤其是后面的信息详细描述与前面信息的相关性[1]。据此，拉斐尔与萨威克斯（Sudweeks）还一起绘制了单向传播、双向传播和互动传播的图示以描述信息互动的样态。在互动传播中，后面出现的信息总会在一定程度上具体再现与前面出现的信息之间的联系，对之前的信息做出具体的呈现。也就是说，这种类似于"滚雪球式"的信息累积方式使使用者能够更加便利地获取信息。

以计算机为媒介进行的人与人的互动是社会资本生成与转化的关键所在，也是本研究的重点。"互联网的迅速崛起和普及，改变和重塑着人类的生活方式，从而导致在社会层面上的结构变革与转型，这种变革与转型在微观层面就体现为互联网对人际互动模式的改变。"[2]在互联网所营造的空间中，人们可以不受时空的限制自由地游弋于世界各地。当今的网上购物、网上银行、视频聊天等交往方式都可以借助互联网完成，真正实现了"坐地日行八万里，巡天遥看一千河"。同时，互联网的匿名性使人们不用顾忌现实生活中的性别、地位、收入、职业等因素，得以在其中平等互动。可以说，互联网的去中心化在很大程度上突破了传统权力的压制，缩小了因权力分配不均而导致的信息、地位差距，从而有可能使人们在平等交往的基础上，重塑人与人之间的关系。因此，黄少华认为，网络空间的人际互动是一种经由网络中介所形成的人际沟通与互动关系。由于网络的特殊性，这种人际互动有了更多的自我再现的特质。因为在网络空间，"人际互动双方并不像在现实社会交往中那样必须面对面地亲身参与沟通，而能够以一种'身体不在场'的方式展开互动"[3]。

---

[1] Rafaeli. S. Interactivity: From New Media to Communication [C]//R. P. Hawkins, J. M. Wiemann & S. Pingree. Advancing Communication Science: Merging Mass and Interpersonal Process. Newbury Park, CA: Sage, 1988: 110-134.

[2] 黄少华，翟本瑞．网络社会学：学科定位与议题 [M]．北京：中国社会科学出版社，2006: 3-35.

[3] 黄少华．网络空间的社会行为——青少年网络行为研究 [M]．北京：人民出版社，2008: 127.

社会资本的网络呈现
——基于对大型多人在线角色扮演网络游戏玩家的考察

同时，有学者从网络空间的人际互动与现实生活中面对面人际互动的区别入手对网络人际互动进行界定。屈勇认为，与现实中的人际互动不同，网络空间的人际互动是发生在电子网络空间。网民只能以 ID 和化名或者匿名的形式与其他网民实现互动。ID 既是他们的"虚拟身份"，又是个体在网络交往中所扮演的重要角色[1]。孟威也曾根据网络互动的构成要素将其分为人际互动、群体组织互动、大众传播互动三种类型。赖黎捷和熊天越认为，玩家的互动有基于弱关系的松散互动也有积极的互助互动[2]。网络上的人际互动是指两个行为主体之间的信息传输活动，是传统意义上借助物质媒介（如信件、电话、电报等）而展开的人际传播方式的扩展。

人际互动是人区别于动物的基本特征，是人的社会存在方式和其本质的内在要求。互联网时代的到来对传统的人际互动提出了挑战并产生了冲击，这不仅体现在网络交往打破了时空、地域、社会分层等现实因素对交往的限制，而且体现在网络创造了一个全新的交往空间，形塑了一种全新的人际交往模式。然而，作为交往主体的人在网络人际交往中的重要地位是不可动摇的。刘丹鹤从人是网络互动的主体的角度对网络人际互动进行了界定。在他看来，网络互动是信息化网络化时代人与人之间以计算机为载体，通过网络的形式、借助虚拟空间相互作用的网上交往行为与方式[3]。霍夫曼（Hoffman）和诺瓦克（Novak）在对网络人际互动的界定中也强调人的主体性。他们认为，在计算机中介环境下的人际互动是指使用者彼此间以计算机为媒介来进行的沟通[4]。

综合以上定义，结合本研究的研究对象，本研究认为网络人际互动是网络游戏玩家在虚拟网络空间借助角色扮演与其他玩家展开的传递信息、沟通思想、交流情感以及交换资源的过程。

1.2.2.3　网络游戏与MMORPG

网络游戏（Online Game）是大陆学界和业界对多人联网游戏的统称，中

---

[1] 屈勇. 电子网络空间中人际互动的本质：角色与去角色 [J]. 社会心理科学, 2009 (1): 34-39.
[2] 赖黎捷, 熊天越. 从竞争到互助：单机游戏玩家互动探究 [J]. 青少年研究与实践, 2023(4): 89-99.
[3] 刘丹鹤. 赛博空间与网际互动 [M]. 长沙：湖南人民出版社, 2007: 59.
[4] Hoffman, D. L. & Novak, T. P. The Influence of Goal-Directed and Experiential Activities on Online Floe Experiences [J]. Journal of Consumer Psychology, 2002 (6): 44-50.

1 研究问题、架构与方法

国台湾的众多文献一般将网络游戏称作"线上游戏"[①]或者"数位游戏"[②]。另外,一些中国台湾和国外文献也用"电玩游戏"和"Video Game"指代网络游戏。其实,在柯舜智看来,"电玩游戏的指涉范畴包含公共领域随处可见的大型游戏机,家庭中的电视游戏机、拥有线上线下/真实虚拟等复杂属性的电脑游戏以及便携的掌上游戏等数种电子游戏的集合名词"[③]。James(2016)也将 Video Game 看作电子世界多种娱乐方式的集合体。所以,事实上,网络游戏是电玩游戏和 Video Game 的一个类型。出于研究的便利和概念的一致,本研究将线上游戏、数字游戏以及 Video Game 统称为网络游戏。

对于"网络游戏"的概念,一直存在多重看法,不同的研究机构以及学者尚未达成一致。总体来看,人们对网络游戏的定义有两种倾向:一种侧重于从技术或者科技层面对网络游戏进行界定。例如,艾瑞咨询给出的定义是,网络游戏又称"在线游戏",简称"网游",指以互联网为传输媒介,以游戏运营商服务器和用户计算机为处理终端,以游戏客户端软件为信息交互窗口的旨在实现娱乐、休闲、交流和取得虚拟成就的具有相当可持续性的个体性多人在线游戏[④]。文化和旅游部颁布的《网络游戏管理暂行办法》中将网络游戏界定为,由软件程序和信息数据构成,通过互联网、移动通信网等信息网

[①] 如林鹤龄,郑芳芳.线上游戏合作行为与社会组织:以青少年玩家之血盟参与为例[C/OL].2004[2016-06-21].http://tsa.sinica.edu.tw/Imforn/file1/2004meeting/paper/C4-1.pdf;骆少康,方文昌,魏志鸿,汪志坚.线上游戏使用者之实证人际关系与社交焦虑研究:台湾网际网路研讨会论文集[C/OL].2003[2016-06-21].http://www.ckitc.edu.tw/~net/tanet2003/pdf/G3/9740.PDF;陈怡安.线上游戏的魅力[J].资讯社会研究,2002(3):183-214;郑凯元.线上游戏与数位世界的实在与价值[J].新闻学研究,2011(108):41-50;林宇玲.线上游戏与性别建构[J].新闻学研究,2011(108):51-58;张玉佩.台湾线上游戏的在地情境与全球化文化流动[J].新闻学研究,2012(113):71-122;林日璇.社交媒体VS.线上游戏:台湾成人网路使用、媒介惯习与人际互动[J].中华传播学刊,2014(25):99-132;林雅容.自我认同形塑之初探:青少年、角色扮演与线上游戏[J].资讯社会研究,2009(16):197-229;钟智锦,刘可欣,乔玉为.为了部落:集体游戏行为与玩家公共参与研究[J].青年研究,2019(4):13-23.等都将网络游戏称为线上游戏.

[②] 如孙春在.当数位游戏进入校园[J].新闻学研究,2011(108):33-39;林鹤龄.从玩家到研究者、从研究者到玩家:游戏经验与游戏文化研究[J].新闻学研究,2011(108):19-25;张玉佩,邱馨玉.游戏媒体文化之男性气概探索文本结构与玩家诠释[J].传播与社会学刊,2010(12):111-146;游易霖.数位游戏艺术之文化现象探讨[J].广播与电视期刊,2011(32):1-22等都将网络游戏称为数位游戏.

[③] 柯舜智.传播研究转向:了解电玩游戏[J].新闻学研究,2010(102):365-372.

[④] 2011—2012年中国网络游戏行业年度监测报告简版[R/OL].(2016-10-07)[2018-10-23].http://www.iresearch.com.cn.

社会资本的网络呈现
——基于对大型多人在线角色扮演网络游戏玩家的考察

络提供的游戏产品和服务[①]。菲奇（Fitch）（2000）根据电脑传播游戏信息的方式将网络游戏分为点对点式（Peer to Peer）、主从式（Client/Server）、多服务器式（Multiserver）和分布式系统（Distributed System），并认为网络游戏尤其是多个玩家同时在线的网络游戏都是经由连线的计算机来处理玩家输入（User's Input）以及游戏模式（Game Model）这两类信息的传播[②]。另一种倾向于从网络游戏给玩家带来的全新体验——交流与互动的角度出发，对网络游戏进行界定。黄少华指出网络游戏是"以 TCP/IP 协议为基础，以网络空间为依托，既可以一人进行又可以多人同时参与的在线游戏，它使游戏从单一的休闲娱乐活动扩展为包括聊天、角色扮演、虚拟会议、虚拟社区等多种功能的综合性社会行为，人们能够在其中从事探险、交往、竞争、互动、建构认同等社会行为"[③]。马利根和帕德洛夫斯基（Mulligan & Patrovsky）（2003）认为网络游戏指的是在网络服务器及使用者端个人计算机共同完成的游戏架构中，玩家基于自身的需求与其他玩家持续地互动从而形成虚拟社区，借由产生的虚拟社区，玩家营造一种互相信赖与彼此了解的气氛。从上面的定义中，可以窥见网络游戏与传统游戏的两大区别：第一，网络游戏是在网络空间展开的游戏行为，它需要借助互联网技术才能得以实现。这种游戏基于互联网/服务器的模式，服务器运行于某台主机上，游戏玩家通过创造属于自己的 ID 和"化身"与身处任何地方的其他玩家一起探索游戏世界。第二，在网络游戏这一虚拟空间中，由于摆脱了身体在场的限制，因此玩家更倾向于大胆地表达自我，甚至与陌生人亲切地交流。在这样的空间中，玩家与玩家之间能够自由地交往、发展社会关系网络、进行团队合作、建立信任和亲密关系，享受与他人互动的乐趣。可见，互动是网络游戏的基本要义，也正是因为丰富且频繁的互动，才使玩家能够在虚拟网络空间建构、积累和转化他们的社会资本。

网络游戏包含的内容十分丰富，其中，角色扮演游戏是网络游戏的重

[①] 文化和旅游部.《网络游戏管理暂行办法》[R/OL].(2010-06-22)[2016-10-19]. http://www.gov.cn/flfg/2010-06/22/content_1633935.htm.

[②] Fitch. C. Cyberspace in the 21st Century: Mapping the Future of Massively Multiplayer Games. 转引自赖柏伟.虚拟社群：一个想象共同体的形成——以在线角色扮演游戏《网络创世纪》为例 [D]. 中国台北：世新大学传播研究所，2002: 10-11.

[③] 黄少华. 网络游戏意识对网络游戏行为的影响——以青少年网民为例 [J]. 新闻与传播研究，2009，16(2): 59-69.

要类型之一。很多研究者在对网络游戏进行分类时，将角色扮演网络游戏作为一个重要分类。Meuter 曾把网络游戏分为角色扮演游戏（Role-Playing Games, RPG）、策略游戏（Strategy Games）、益智游戏（Puzzle Games）、冒险游戏（Adventure Games）、模拟游戏（Simulation Games）、战争游戏（War Games）、动作游戏（Action Games）、运动游戏（Sport Games）、竞赛游戏（Racing Games）、教学游戏（Teaching Games）十种类型[1]。中国互联网络信息中心在 2010 年对中国网络游戏的分类中，采取复合分类法，将网络游戏划分为两大类、三小类：大类为大型多人在线游戏和多人在线游戏；小类为多人在线角色扮演游戏、在线休闲游戏和浏览器游戏[2]。随着网络游戏市场的发展，到了 2013 年，这一分类被逐渐细化，但角色扮演游戏仍是网络游戏的重要类别之一，如图 1.1 所示。

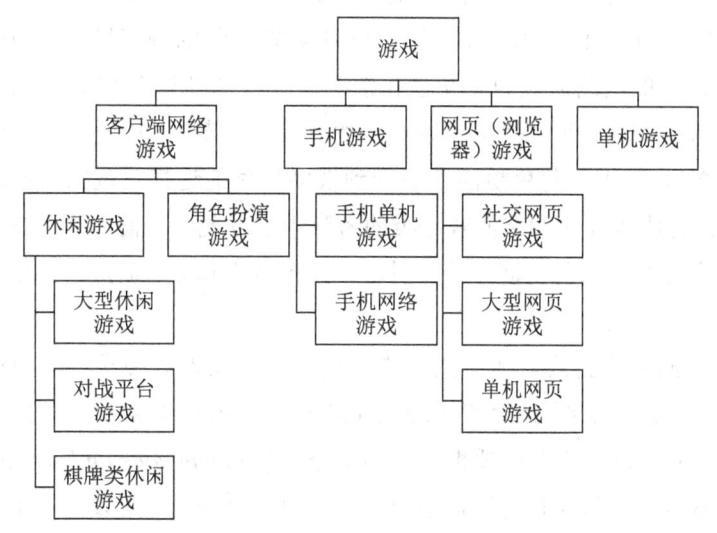

图 1.1 《2013 年中国网民游戏行为调查研究报告》对网络游戏的分类[3]

---

[1] 杨敏杰. 线上游戏之消费者行为研究：态度、主观规范、知觉行为控制、行为意图与沉迷行为之应用 [D]. 中国台湾：台湾中兴大学, 2006.

[2] 中国互联网络信息中心. 第 26 次中国互联网络发展状况统计报告 [R/OL]. (2010-07-15)[2016-10-19]. https://www.cnnic.net.cn/n4/2022/0401/c88-909.html.

[3] 中国互联网络信息中心. 2013 年中国网民游戏行为调查研究报告 [R/OL]. (2014-02-28)[2016-10-19]. https://www.cnnic.net.cn/n4/2022/0401/c121-1055.html.

社会资本的网络呈现
——基于对大型多人在线角色扮演网络游戏玩家的考察

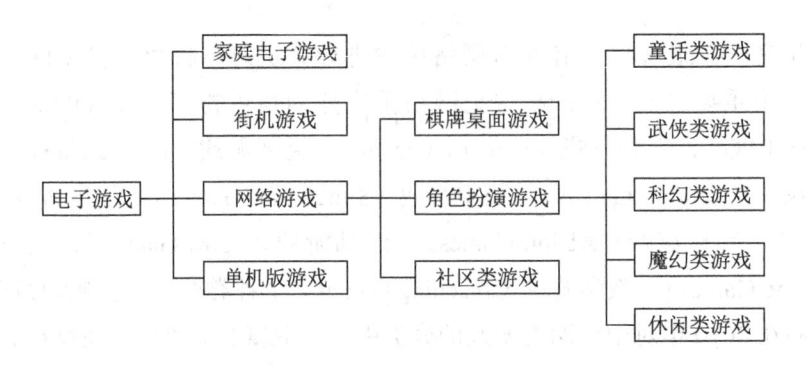

图 1.2　2013 年中国网络经济研究中心对电子游戏的分类

从图 1.1 和图 1.2 可以看出，无论在哪种分类中，角色扮演游戏都是热点游戏类型。不仅在网络游戏的理论分类中，角色扮演类游戏占有重要的位置，实证研究也指出，角色扮演游戏是最受广大玩家喜爱的游戏类型之一。黄少华（2008）对浙江、湖南和甘肃的 1633 名青少年的调查显示，他们在最近三个月内常玩的网络游戏包括角色扮演类游戏（如《传奇》）、休闲对战类游戏（如棋牌游戏）、即时战略类游戏（如《反恐精英》）以及模拟类游戏（如《大富翁》）。其中，角色扮演游戏受到很多玩家的追捧，玩家玩游戏的频率在 59.1%。林雅容在对网络游戏分类的考察中也发现，当前网络游戏一般可以区分为四个种类：角色扮演、动作射击、模拟战略和益智游戏，其中参与人数最多的类型当属角色扮演[①]。

角色扮演网络游戏起源于两种类型的多角色游戏。最早的、历史最悠久的角色扮演游戏是纸上游戏（Pen-and-Paper Game）[赫夫特（Hallford），2002]。其中，最受欢迎的要数《龙与地下城》（*Dungeons and Dragons*）[②]。在这个游戏当中，玩家们可以创造自己的角色，这些角色可以拥有不同的属性和特点。玩家通过掷骰子的方式不断提高自己的游戏技能。但是在由"城主"所设定的冒险过程中，玩家间必须相互合作[泰勒（Taylor），2006]。另外一种游戏就是 1970 年末由英国埃塞克斯大学学生所创造的冒险性游戏——多用

[①] 林雅容. 自我认同形塑之初探：青少年、角色扮演与线上游戏 [J]. 资讯社会研究, 2009 (16): 197-229.

[②] Yee. N. The Demographics, Motivations and Derived Experiences of Users of Massively-Multiuser Online Graphic Environments [J]. Presence: Teleoperators and Virtual Environments, 2006 (15): 309-329.

户地下城游戏（Multiple User Dungeon games，MUDs），根据其谐音，一般也将它叫作"泥巴"。在"泥巴"中，来自不同时区、不同地点的玩家可以在同一时间聚集在游戏的虚拟空间中，借助角色扮演和自己的想象力探索、解密游戏并与其他玩家进行充分的互动。

　　按照传统的角色扮演理论，个人都被看作社会结构的一部分，个人所扮演的角色由社会系统所限定，个人只能被动地适应社会。在乔纳森·特纳的《社会学理论的结构》（*The Structure of Sociological Theory*）一书中，结构角色理论和过程角色理论被分别阐述。结构角色理论源于帕克、齐美尔、林顿和米德的思想。在他们看来，"社会是一个由各种各样的相互联系的位置（Positions）或地位组成的网络，其中个体在这个系统中扮演各自的角色"[1]。简单来说，类似于演员在舞台上有明确的角色一样，社会中的行动者在社会结构中也有明确的地位；演员要听从导演的命令、按照剧本的要求去演戏，行动者在社会中也要服从权威、遵守相应的社会规范；演员要兼顾剧本期望、其他演员期望和观众期望，行动者也要以社会中的其他行动者为参照，使自己的行动适应这种角色的分配。无论个体如何富有创造力，他都无法脱离社会结构而单独存在，相反，他必须为了适应各种社会结构而努力调整自己的角色。总之，行动者要按照社会结构的要求扮演社会所期望的角色，并在社会结构中恰当行使自己的职能。结构角色理论对规范、地位和社会期望的强调使其成为很多社会学家批判和抨击的焦点。乔纳森·特纳认为，角色是人们在组成社会关系的过程中协商反映的一般构造。这些角色并不只是期望表现，而且也不总是固定在结构位置上。据此，他在继承米德、布鲁默的互动论的基础上，提出了过程角色理论。过程角色理论强调互动过程而不是社会结构对行动者行为的支配作用。在乔纳森·特纳看来，行动者运用自己的语言、动作以及其他身体语言将"自己置于他人角色上"，并且调整自己的行动路线以利于合作。同时，"人们并不是以是否服从社会结构中的规范和地位作为评价行为的标准，而是更重视行为的连贯性。人们试图把彼此的行为归入连贯的整体或格式塔中，这样他们就能理解彼此的行动，预期彼此的行为"[2]。如果这种连贯性无法达成或保持，那么行动者就会根据他人的角色调整自己的反应。归根

---

[1] 乔纳森·特纳. 社会学理论的结构 [M]. 吴曲辉, 等译. 杭州：浙江人民出版社, 1987: 431.
[2] 乔纳森·特纳. 社会学理论的结构 [M]. 吴曲辉, 等译. 杭州：浙江人民出版社, 1987: 453.

社会资本的网络呈现
——基于对大型多人在线角色扮演网络游戏玩家的考察

结底,乔纳森·特纳的过程角色理论认为个人扮演角色是适应他人与社会的要求,仍无法逃脱个人适应社会的"命运"。因此,尽管结构角色理论和过程角色理论的侧重点有所不同,然而它们对角色扮演的基本观点是一致的,即个人的角色是社会的产物,要适应社会结构的需求。

然而,随着网络社会的崛起,人们可以在虚拟的网络社区进行与现实生活中完全不同的角色扮演。黄少华认为,"网络空间的角色扮演是建立在身体不在场和匿名的基础上的,这使人们在网络中的角色扮演,能够摆脱现实社会利益和规则的约束,充分展示自己的真实情感,与他人展开充分的交往"[①]。在网络空间中,传统规范、地位和社会期望对网民的角色扮演不起作用。相反,人们在网络中的角色扮演是松散的、流动的和自由的过程。想象力是网络中角色扮演所受的唯一制约因素。"这里的所谓想象,简单地说,就是在身体不在场的匿名的网络空间,网络族依据自己对角色的期望,展开自己在网络空间中的生存和行动的过程,即自我重塑的过程。"[②]

正是网络中的角色扮演能够充分地与他人进行互动、最大限度地展现自我,角色扮演网络游戏才受到众多游戏玩家的热捧。因为在角色扮演网络游戏中,玩家不仅可以根据自己的需求在游戏中选择自己喜爱的角色,而且也能随意发挥自己的想象力,自由、大胆地塑造角色。网络游戏空间的角色扮演没有任何限制,玩家可以不受现实生活中地位、身份、性别等诸多因素的影响,每一位玩家可成为自己角色的最终决定者。同时,角色扮演游戏的互动特性决定了玩家在游戏中不只进行闯关、得分、竞赛等行为,玩家为完成任务,"也需要与其他玩家共同合作,网络游戏空间俨然成为一个情感交流、建立人际关系的场域"[③]。

RPG 可以按照不同的标准进行分类。一般来说,按照游戏载体可以将 RPG 分为桌上角色扮演游戏、计算机角色扮演游戏、手机角色扮演游戏和实演角色扮演游戏;按照国别可以将其分为美国角色扮演游戏和日式角色扮演游

---

① 黄少华,杨岚,梁梅明.网络游戏中的角色扮演与人际互动——以《魔兽世界》为例[J].兰州大学学报:社会科学版,2015,43(2): 93-103.

② 黄少华,陈文江.重塑自我的游戏——网络空间的人际交往[M].兰州:兰州大学出版社,2002: 140.

③ 李君如,杨棠安.线上游戏玩家表现与其人格特质之研究——以"天堂"为例[J].高雄师大学报,2005 (19): 85-104.

戏；按照游戏类别可以将其分为传统角色扮演游戏、动作角色扮演游戏、策略角色扮演游戏和模拟角色扮演游戏。目前，由多名玩家共同参与的在线角色扮演游戏，即 MMORPG 是 RPG 中最流行的。

MMORPG 是伴随着互联网技术和移动媒体技术的发展，逐渐兴起并为广大玩家所喜爱的角色扮演网络游戏类型之一。可以说，MMORPG 是当今发展迅速的多人游戏，它为玩家提供了多彩的三维世界，包括逼真、传神的视觉和听觉体验[1]。按照中国互联网络信息中心给出的定义，MMORPG 是指以互联网络为传输基础，能够使多个用户同时进入某个游戏场景，操作具有社会特性的游戏角色，并且能与其他游戏用户控制的角色实现实时互动的游戏产品[2]。根据尼古拉斯·叶（Nicholas Yee）（2004）对三种游戏范式的划分（见表1.3），MMORPG 是伴随互联网技术而兴起的一种全新的游戏范式。与单机游戏和局域网游戏不同，MMORPG 不仅营造了范围广大（全世界范围内成千上万的玩家可以同时在线）、形式多样的网络空间，更重要的是，网络空间内无时无刻不在发生着交往与互动。

表1.3　三种游戏范式的属性[3]

	单机游戏	局域网游戏	MMORPG
游戏举例	《单人纸牌》《泡泡怪》《模拟城市》	《暗黑破坏神》《帝国时代》	《无尽的任务》《星球大战》系列游戏
玩家的游戏成本	软件费用	软件费用	软件费用和游戏中其他花费
玩家数量	1人	1～16人	0～2000人

---

[1] Griffiths M. D., Davies M. N., Chappell D. Demographic Factors and Playing Variables in Online Computer Gaming [J]. Cyberpsychology & Behavior the Impact of the Internet Multimedia & Virtual Reality on Behavior & Society, 2004, 7(4): 479-487.

[2] 中国互联网络信息中心. 2015年中国青少年上网行为研究报告 [R/OL]. （2016-08-12）[2016-09-23]. https://www.cnnic.cn/n4/2022/0401/c85-5575.html.

[3] 根据 Yee. N. The Demographics, Motivations, and Derived Experiences of Users of Massively Multi-User Online Graphical Environments [J]. Presence: Teleoperators and Virtual Environments, 2006 (15): 309-329 中关于游戏范式的属性整理而成。

社会资本的网络呈现
——基于对大型多人在线角色扮演网络游戏玩家的考察

（续表）

	单机游戏	局域网游戏	MMORPG
是否创造了一个永恒世界	否	否	是
用户代理模式	直接控制	一个或几个角色	个性化的角色
游戏世界的大小/范围	抽象的游戏界面	抽象的或有限的游戏世界	自然的、非抽象的游戏世界
玩家之间的互动	无	任务驱动的互动	丰富的、合作性的社会互动

类似于 MUDs，在 MMORPG 中，成千上万个玩家可以同时进入游戏场景，并且每个玩家可以根据自己的喜爱与需求扮演一个甚至多个角色。"在角色扮演方面，玩家不受任何伦理、性别、身份等因素的限制。他们可以以现实中的自我为参照，也可以与之有天壤之别。对于游戏玩家而言，扮演好自己在游戏中的角色以及生活在虚拟网络游戏空间已经成为其日常生活的重要部分。"[1] 在扮演的基础上，玩家可以与其他角色进行互动，互动是游戏中最重要也是最吸引玩家的部分。

作为发展最为迅速的游戏类型，MMORPG 受到世界范围内玩家的追逐和热捧。在 2014 年第四年度中国手机网游榜单曝光率排行榜中，《刀塔传奇》[2]和《时空猎人》这两款 MMORPG 分别以 68.0% 和 63.6% 名列前两位[3]。同时，国内外学者们的研究也支持这一结论。尼古拉斯·叶在对玩家的游戏动机的分析中发现，玩家选择角色扮演类网络游戏主要是基于竞争带来的成就感、与其他玩家合作和建立关系的社交感以及角色扮演带来的沉浸感。特别是角色扮演带来的沉浸感使玩家能够摆脱现实利益和社会规则的束缚，全身心地沉浸

---

[1] 雪莉·特克.虚拟化身：网路世代的身份认同 [M]. 谭天，吴佳真，译. 中国台湾：远流出版事业股份有限公司，1998: 251.
[2] 该游戏 2016 年改为《小冰冰传奇》。
[3] 中国互联网络信息中心. 2014 中国手机游戏年度研究报告 [R/OL]. (2015-07-15)[2016-10-22]. https://www.cnnic.net.cn/n4/2022/0401/c118-1081.html.

在网络游戏带来的快感之中[①]。钟智锦在2011年对467名游戏玩家的调查中发现,绝大多数的玩家热衷于《魔兽世界》《大话西游》《梦幻西游》《传奇》《诛仙》以及《征途》等MMORPG[②]。格里菲斯(Griffiths)(2004)在对540名《无尽的任务》玩家的调查中发现,有超过75%的玩家为了玩这款游戏放弃与家人、朋友聚会,甚至自己休息的时间。由此可见,MMORPG对网络游戏玩家的巨大吸引力。

一般来说,MMORPG的发展历程被分为三代。第一代是以《网络创世纪》和《天堂》为代表。这一时期的MMORPG具有比较高的自由度,但游戏中单纯的反复比较多,缺乏必要的规则和引导。第二代是以经典的《魔兽世界》为代表。这一代产品在游戏系统和功能上趋于完善,但互动性较差,玩家只能被动地接受任务。第三代在前两代的基础上,鼓励玩家发挥自主性和创造性,玩家自己也能创造出内容和玩法,互动性和可玩性全面增强,《英雄联盟》就是其中最具代表性的游戏之一[③]。

本研究中的MMORPG主要以第三代的网络游戏为主,这一代的网络游戏更注重互动性。玩家不仅可以在游戏中选择一个或多个角色,通过角色扮演在网络虚拟空间中进行实时互动,而且玩家可建立一个自己的个人背景,成为网络社区的一分子,在与其他玩家的互动中建立自己的声誉。也就是说,第三代的MMORPG除了娱乐性以外,更注重利用互动行为的扩充和强化以凝聚社区感。玩家通过与其他玩家并肩作战、共同协作、互相支持以及实时聊天等方式,发展出同属于一个群体的意识形态。同时,玩家之间或因为有共同的游戏目标或因为情感的需求等而结成好友、联盟甚至亲密情侣等人际关系,加之MMORPG玩家普遍对游戏有较强的黏性,稳定性比较强,这就提高和增加了玩家之间互动的频率和时长,使玩家之间在游戏中更容易发展出战友情谊,进而去信任他人。可以说,MMORPG为研究虚拟网络空间社会资本提供了最佳样本。本研究中的网络游戏既包括传统的电脑版网络游戏,又包括手

[①] Yee N. Motivations for Play in Online Games [J]. Cyberpsychology & Behavior the Impact of the Internet Multimedia & Virtual Reality on Behavior & Society, 2006, 9(6): 772-775.
[②] 钟智锦. 网络游戏玩家的基本特征及游戏中的社会化行为 [J]. 现代传播, 2011 (1): 111-115.
[③] MMORPG网游发展历程 [EB/OL]. (2012-08-24)[2018-10-19]. http://age.uuu9.com/YXZL/201208/1072040.shtml.

社会资本的网络呈现
——基于对大型多人在线角色扮演网络游戏玩家的考察

机版网络游戏。这是因为随着智能手机的普及和宽带业务的发展，我国的手机网民和手机网络游戏玩家都逐渐增多。据《第 52 次中国互联网络发展状况统计报告》，中国手机网民已达 10.76 亿人，较 2022 年底增加了 1109 万人。与电脑版网络游戏用户下降的趋势相比，手机版网络游戏用户直线上升[1]。同时，相关数据也显示用户每天使用多次手机游戏的比例达到了 44.8%，表明手机游戏在手机游戏玩家的生活中的地位越来越重要。与玩电脑游戏的时空相对固定性相比，手机网络游戏玩家可以利用碎片化时间在任何地点进行操作，这也使部分电脑游戏玩家开始转向手机游戏。数据显示，25.3% 的玩家因为玩手机游戏而减少了其电脑游戏的使用。从全球范围来看，2015 年全球移动游戏玩家增至 15 亿人，而中国以平均每周游戏时间 4.3 小时列于榜首[2]。所以，手机版网络游戏玩家也属于本研究的研究对象。具体来说，本研究中的 MMORPG 主要包括：以《英雄联盟》[3]（*League of Legends*，LOL）、《魔兽世界》（*World of Warcraft*，WOW）、《天涯明月刀》（*Moonlight Blade*）、《剑侠情缘三》（剑三，JX3）、《仙剑奇侠传三》（*Chinese Paladin 3*）、《逆战》（*Against War*）、《怪物猎人》（*Monster Hunter*）、《QQ 三国》为代表的电脑版 MMORPG；以《部落冲突》（*Clash of Clans*）、《全民超神*》[4]（*We Moba*）、《全民突击》（*We Fire*）、《天天炫斗》、《守望先锋》（*Over Watch*）、《刀塔传奇》（*Dota*）、《时空猎人》（*Space Hunter*）、《地下城与勇士》（*Dungeon and Fighter*，DNF）为代表的手机版 MMORPG；《梦幻西游》（*Fantasy Westward Journey*）、《王者荣耀》[5]（*Glory of The King*）、《幻想三国》（*Fantasia Sanguo*）、《炉石传说》（*Hearth Stone*）这几款 MMORPG 既有电脑版又有手机版。

---

[1] 中国互联网络信息中心. 第 52 次中国互联网络发展状况统计报告 [R/OL]. (2024-07-22)[2024-08-01]. http://www.cnnic.net.cn/.

[2] 全国移动游戏玩家达 15 亿人 中国人耗时最长 [EB/OL]. (2015-11-17)[2019-10-23]. http://roll.sohu.com/20151117/n426746194.shtml.

[3] 2019 年 10 月 16 日，《英雄联盟》发布了手游。

[4] 该游戏 2019 年关服。

[5] 该款游戏没有电脑版，但玩家可以通过下载电脑端模拟器实现在电脑上操作。

1.3 研究对象与研究方法

1.3.1 研究对象与场域

既往关于网络游戏的研究基本以13～24岁的青少年为研究对象。这是因为，从历年的中国互联网络信息中心发布的报告来看，青少年都是中国网民和游戏玩家的主体。以《2015年中国青少年上网行为研究报告》为例，截至2015年12月，中国青少年网民规模达到2.87亿人，占中国青少年人口总体的85.3%。青少年参与网络游戏的占青少年总体的比例为66.5%，占网民总体的比例为56.9%。青少年网民网络游戏的参与程度高于网民总体水平9.6个百分点，在所有网络应用中名列第一[1]。由此不难看出，青少年是我国网络游戏群体的主力。然而，也应该看到，近几年中国网络游戏用户年龄有逐渐增大的趋势。以中国互联网络信息中心发布的《中国网络游戏市场研究报告》为例，2009年20～29岁以及30～39岁的网络游戏玩家比例分别为35.5%和13.6%，到了2010年，这两个数字分别增长到35.7%和15.9%[2]。另外，据艾瑞咨询发布的《2015年中国游戏用户行为研究报告》，19～25岁的年轻群体的游戏用户比例由2013年的25.5%下降到18.2%，而25～35岁的用户比例则从49.8%小幅上升到50.1%，36～45岁的用户比例也从16.6%上升到22.9%[3]。可见，25～45岁的游戏玩家比例占据了70%以上，并且呈逐年上升的趋势。分析其中的原因，一方面，随着时间的流逝，被称为"玩游戏长大的一代城市青年"的"80后"已经或者即将步入中年。而相对于其他游戏类型而言，角色扮演类网络游戏玩家具有一定的稳定性，所以这部分"80后"

---

[1] 中国互联网络信息中心.2015年中国青少年上网行为研究报告 [R/OL].(2016-08-12)[2016-09-23]. https://www.cnnic.cn/n4/2022/0401/c85-5575.html .

[2] 中国互联网络信息中心.2009年中国网络游戏市场研究报告 [R/OL].(2009-11-24) [2016-10-05]. https://www.cnnic.net.cn/n4/2022/0401/c121-868.html; 中国互联网络信息中心.2010年中国网络游戏市场研究报告 [R/OL].(2011-06-20)[2016-10-05]. https://www.cnnic.net.cn/n4/2022/0401/c121-844.html.

[3] 2015年中国游戏用户行为研究报告简版 [R/OL]. (2016-05-24)[2016-10-07]. http://www.iresearch.com.cn.

社会资本的网络呈现
——基于对大型多人在线角色扮演网络游戏玩家的考察

玩家提高了网络游戏玩家的平均年龄。另一方面，中青年群体有更加稳定的收入来源，这使生活压力带来的潜在需求都可以通过游戏这一途径得到一定程度的满足。综上，本研究对象的年龄界定为 18～40 岁。这主要基于以下两点：第一，青少年是网络游戏的主体，在将这一主体纳入研究对象的同时，为了丰富研究内容、保证研究样本的多元化，本研究亦将"80 后"网络游戏玩家作为研究对象。第二，本研究的主要议题是探究 MMORPG 玩家社会资本的形式、积累与转化，这需要玩家有十分丰富的网络经验和互动经历。而"80 后"网络游戏玩家是最早接触网络游戏的一代人，他们对网络游戏有着天然、深厚的感情和丰富的互动体验。因此，本研究以有较丰富游戏经验的 18～40 岁 MMORPG 玩家为研究对象。

本研究的研究场域为 MMORPG 玩家进行游戏和交流的各种类型的网络游戏社区，包括网络游戏空间、网络游戏公会、网络游戏论坛、网络游戏贴吧、网络游戏聊天室、网络游戏官方 QQ 群、网络游戏直播平台等。按照虚拟社区的分类，网络游戏社区是虚拟社区的一种[①]。虚拟社区是借助通信技术形成的网络社区。虽然与传统意义上的社区有所区别，但虚拟社区并非不真实，只不过与现实社区在不同的现实层面运作而已。"从本质上来说，虚拟社区也是一种社会关系网络社区，网络使用者可以在虚拟社区中进行持续的互动，虚拟社区同样能够为人们提供实质上和情感上的'互惠'与'支持'。"[②] 同样地，在互动性较强的角色扮演类网络游戏社区中，玩家不仅可以在游戏中进行交流与互动，还可以通过论坛、贴吧、QQ 群、直播平台等渠道建立关系网络、发展同侪情谊、提供社交和情感支持。因此，网络游戏虚拟社区成为研究玩家社会资本的形式、积累与转化的最佳场所。

1.3.2 研究方法

本研究的主要议题是分析网络游戏玩家所拥有的社会资本形式，以及他们

---

① 虚拟社区有很多种形式。其中，最主要的形式包括网络游戏社区、BBS、MUD、USENET、即时聊天室等。

② 黄少华. 网络空间的族群认同——以中穆 BBS 虚拟社区的族群认同实践为例 [D]. 兰州：兰州大学，2008: 30.

1 研究问题、架构与方法

如何在互动中积累和转化社会资本。为了实现这个目的，本研究采用质性研究的深度访谈方法。在对MMORPG玩家进行半结构式访谈的基础上，以玩家的个人陈述为出发点，深入分析访谈资料，力图深入事实内部以探讨玩家社会资本的形式、积累以及转化方式。

"深度访谈（In-Depth Interview）是社会科学质性研究的一种主要方法，它通过与被调查者深入交谈来了解某一社会群体的生活经历和生活方式，探讨特定社会现象的形成过程，并提出解决社会问题的思路和方法"[1]。传统的访谈通常将访谈对象视为提供资料的机器、将访谈者视为收集资料的机器，而深度访谈是通过半结构式的访谈，在与访谈对象的深度互动中探寻事件的意义。通过标准化的访谈过程，研究者可以接近真实[2]。根据文格拉芙（Wengraf）（2001）的研究，深度访谈具有两个基本特征。第一，访谈是半结构式的，即访谈问题虽然是事先准备好的，但需要在访谈过程中不断改进。这是因为，深度访谈作为一种研究方法，其本身就是建构的产物。米什勒（Mishler）（1986）曾经指出，深度访谈不仅是一种交谈行为，还是一种互动行为，是访谈者与访谈对象共同建构意义的过程。在这一过程中，访谈对象根据访谈者的提问，重新筛选、组织自己的记忆，并以他认为访谈者能够理解的方式去重构他的经验和历史。同时，访谈者在聆听访谈对象叙述的过程中，不断充实和调整自己的提问以探究意义和新出现的兴趣领域。访谈者和访谈对象就是在这样的沟通与反省中共同建构彼此能够理解的文本。所以，深度访谈是一个互动的过程，是一个不断在互动中创造新的意义的过程。第二，深度访谈要能够"深入事实内部"，即访谈要达到一定的深度，以探求现象背后的真相或意义为最终归宿。这里的"深度"有两层含义：一是"深度"了解某事就是要更多地获知这件事情的细节。二是了解那些表面看起来简单，实际上是非常复杂的事情，以及事情的表象是如何误导人们对"深度事实"的认识的[3]。

本研究的主旨就是要在倾听玩家对自己游戏互动描述的基础上，深入分析玩家在游戏互动过程中创造并调用了哪些社会资本，这些资本是如何积累并

---

[1] 孙晓娥. 深度访谈研究方法的实证论析 [J]. 西安交通大学学报：社会科学版, 2012 (3): 101-106.
[2] 胡幼慧. 质性研究：理论、方法及本土女性研究实例 [M]. 中国台北：巨流图书股份有限公司, 2009: 29.
[3] Wengraf T. Qualitative Research Interviewing: Biographic Narrative and Semi-structured Methods [M]. Sage Pubn Inc, 2001: 6.

转化为玩家的经济资本和文化资本，并且玩家的社会资本对他们的游戏参与行为有何影响。通过以上问题的阐述试图从社会结构层面解释网络空间社会关系的建立。首先，研究者对本研究只有一个大致的框架，仍然需要翔实的资料加以补充和拓展。因此，研究者在访谈过程中要不断调整和改变自己的提问，在与访谈对象的互动中创造新的意义。其次，获得的访谈资料并非可以直接拿来使用，访谈的目的是通过访谈对象对游戏互动现象的描述探析隐藏在现象背后的本质，还需要一个对访谈资料的理解和解释的过程，也就是文格拉芙所说的要"深入事实的内部"。综合以上分析，本研究立足于对意义的深入探究和分析，因此，深度访谈是获取研究资料的有效方法。

1.3.3 资料收集

本研究遵循"理论抽样"的原则，通过"滚雪球"的方式获取深度访谈对象，在此基础上，通过深度访谈完成资料收集。"滚雪球"是一种通过圈内人寻找更多访谈对象的有效方法。它的原理是："我们首先通过一定渠道寻找一位知情人士，然后通过这位知情人士的介绍找寻下一位知情人士，如此循环，样本像一个雪球一样越滚越大，直到收集到的信息达到饱和为止。"[①] 在本研究中，研究者通过自己的家人、同学、朋友、同事以及以前的学生获取第一层样本，然后用"滚雪球"的方法，通过第一层样本的介绍获取更多具有差异化的样本。

在获取样本的基础上，本研究采用深度访谈的方法收集资料。深度访谈主要包括面对面的访谈和网络访谈两种。需要指出的是，研究者在前期文献阅读的基础上已经积累了一定的游戏方面的知识。同时，研究者拥有两年以上的游戏经验（研究者曾玩过五款角色扮演类游戏，其中《全民超神》和《天天炫斗》玩的时间都在一年以上，每天在线时长都在两个小时左右，可以称得上是一个中重度玩家），但为了避免研究者以自身对事件的理解影响甚至取代访谈对象的观点，研究者必须采取悬置的态度，即暂时中止研究者原有的自然态度以及科学态度的判断，抛掉固有的"成见"从而全神贯注地去感受访谈对象的

---

① 陈向明. 质的研究方法与社会科学研究 [M]. 北京：教育科学出版社，2014: 109.

1 研究问题、架构与方法

各个侧面[①]。为了达到这一目的，本研究在访谈中具体采用的是阿科瑟和奈特（Arksey & Knight, 1999）提出的"渐进式聚焦法"（progressive focusing）。这种方法是从访谈对象感兴趣的领域入手，从简单的问题（如玩家的游戏史、个人生活等）开始，在拉近与访谈对象心理距离逐步获取信任的基础上逐渐深入，找到访谈对象的兴趣点，进而集中展开。这种方法有利于为访谈者与访谈对象的深入互动创造轻松、自然的环境，从而为意义的建构打下基础。因此，访谈内容的设置遵循由易到难、由简到繁的原则。访谈内容包括：①访谈对象网络使用及网络游戏参与的基本状况，如网络使用频率、时长、上网方式、上网地点、经常玩的游戏类型、游戏时长、游戏频率、游戏花费、与哪些人一起游戏，等等。②访谈对象游戏中的互动情况，包括游戏内部、公会内部、游戏中的交易，等等。③要求访谈对象围绕游戏中的借用行为、团结互助、亲密关系、规则等具体描述自己的网络游戏经历，并尽可能说出自己的感受。④访谈对象以上的互动经历对其游戏知识、游戏装备以及金钱花费是否有影响、有何影响。⑤访谈对象以上的互动经历是否对他们的游戏参与有影响、有何影响。

面对面访谈有三轮，对每位访谈对象的访谈时间大致控制在 90 ~ 150 分钟。在访谈开始前，会征求访谈对象同意对访谈过程全程录音。如果未得到录音许可，一般会采取现场笔录的形式对访谈的重点内容进行记录，并在当天将访谈记录输入计算机，整理为文字档案。除了访谈内容以外，访谈情境、访谈对象的衣着、神态、动作，包括访谈者的感受等也都被记录下来，一同输入计算机。网络访谈主要是通过即时聊天工具——QQ 和微信来进行，每次访谈的时间根据访谈对象的情况而定。由于网络访谈的时长无法保证，因此网络访谈的次数较多，基本在七次以上。本研究以网络访谈为主，这一方面是由于地区的限制，无法做到一一面访（本研究的访谈对象遍布全国各地，主要集中在杭州、上海、泉州、广州、丽水、沈阳、铁岭、阜阳等地）。另一方面也是更主要的原因是访谈对象的特殊性。一般而言，网络游戏玩家是长期寄居于网络空间的一群人，他们习惯以 ID 的身份示人，认为网聊更随意，更能充分、毫无顾忌地表达个人的观点。在现实中，人们习惯与陌生人保持一定的距离，甚至从小父母就会教育孩子不要和陌生人讲话。而在网络空间中，由于不需要面对

---

① 杨善华, 孙飞宇. 作为意义探究的深度访谈 [J]. 社会学研究, 2005 (5): 53-69.

社会资本的网络呈现
——基于对大型多人在线角色扮演网络游戏玩家的考察

面,"网络空间的互动更容易使互动的双方暂时摒弃现实的种种限制,因此更容易向'陌生人'敞开心扉,甚至将日常生活中难以启齿、私密的事情告诉网络空间的朋友"[1]。按照齐美尔(Simmel)对陌生人的分类,他认为陌生人有两种,一种是毫无关系的陌生人,一种是与他人发生接触,但同时保留离去自由的陌生人。前者因为和其他人不存在任何联系所以无法纳入人际关系的讨论范围,而后者正是虚拟空间中陌生人的写照。网络空间中的陌生人保留了随时离去的权利,他仍然是一个潜在的"流浪汉",因为他虽然没有离开,但也没有放弃去留的自由。陌生人是社会的一分子,且是一种特殊的互动方式[2]。齐美尔运用辩证法来对陌生人进行分析,他认为,在陌生人身上显示出来的,正是一种似近实远,又似远实近的社会关系。同时,"在网络空间的人际互动中,人们卸除了来自现实社会生活的身份、年龄、职业等因素的束缚,而只以ID形式出现,这与齐美尔所说的陌生人只以普遍人格姿态出现与他人互动的特征也非常契合"[3]。这种网络空间的交往在很大程度上保证人们在身体和心灵上免受伤害。换言之,网络空间对个人身份具有一定的形塑作用。虽然网络空间这一社会结构的构建依赖于现实社会,但它在很大程度上拓展了现实社会的广度。人们在网络空间的表现更接近人们想象中的自我,或者说是理想中的自我。脱离了现实的束缚,他们更倾向于畅所欲言,表达发自内心的声音。网络空间所拥有的形塑作用,为玩家提供了重新进行形象塑造和多样化发展的空间。因此,玩家更喜欢在网络空间与陌生人接触。所以,当我们提出面访的要求时,很多玩家就"面"露尴尬,觉得"还是网聊更合适"。

玩家之间的互动行为不仅体现在游戏空间内部,几乎所有玩家都有加入游戏公会、游戏QQ群,"逛"游戏贴吧、游戏论坛和游戏直播间的经历。因为在这些虚拟空间中,玩家不需要受游戏的限制,有足够的时间与其他玩家交流游戏经验、调侃或吐槽游戏或者其他玩家、抒发个人情感。因此,《魔兽世界》《英雄联盟》《全民超神》《部落冲突》《时空猎人》等几款主要角色扮演

---

[1] 黄厚铭. 网路人际关系的亲疏远近, 第三届资讯科技与社会转型研讨会论文[C]. 中国台北:中研院社会所, 1999.

[2] Georg Simmel. The Stranger [C]//Georg Simmel, Individual and Social Forms. Chicago: University of Chicago, 1971: 143.

[3] 黄少华. 网络空间的基本议题[M]. 杭州:浙江大学出版社, 2013: 71.

类游戏的百度贴吧、论坛、即时聊天群以及直播平台也成为研究者观察玩家互动的渠道,并将观察所得整理成为文字材料,作为深度访谈的补充材料。

从2015年12月开始,本研究开始招募访谈对象。按照布尔迪厄对社会资本的论述,社会资本的形成需要玩家投入一定的时间、精力甚至情感。因此,本研究在选取访谈对象时侧重于选取那些游戏经验丰富、参与游戏互动积极的玩家。具体来说,在选择访谈对象时,主要考虑以下两个因素:一是玩家的网络游戏年龄。玩电脑版角色扮演游戏的时间至少在一年以上,玩手机版角色扮演游戏至少在半年以上。二是每周游戏时长平均不少于15小时。最终,本研究共获得有效访谈对象52名,男性玩家41名,女性玩家11名。年龄从18岁到40岁,受教育程度包括初中、高中、大学专科、大学本科和研究生,如表1.4所示。

表1.4 访谈对象基本资料

编号	性别	年龄	网络游戏年龄	受教育程度	常玩游戏
M1	男	22	2年	专科	《部落冲突》《梦幻西游》
F1	女	25	1年	大学本科	《部落冲突》
M2	男	32	2年	研究生	《全民超神》
M3	男	40	16年	初中	《幻想三国》《QQ三国》
M4	男	22	3年	高中	《全民突击》
M5	男	21	2年	高中	《王者荣耀》
F2	女	25	4年	研究生	《英雄联盟》《剑三》《战国》
F3	女	33	2年	研究生	《天天炫斗》《全民超神》《英雄联盟》
M6	男	23	3年	大学本科	《英雄联盟》《穿越火线》
M7	男	22	3年	大学本科	《英雄联盟》《炉石传说》
M8	男	26	1年	高中	《英雄联盟》
M9	男	19	1年	高中	《英雄联盟》《穿越火线》

社会资本的网络呈现
——基于对大型多人在线角色扮演网络游戏玩家的考察

(续表)

编号	性别	年龄	网络游戏年龄	受教育程度	常玩游戏
M10	男	19	1年	初中	《英雄联盟》《魔兽世界》
F4	女	25	2年	大学本科	《英雄联盟》《剑网三》
M11	男	31	4年	高中	《魔兽世界》《魔兽争霸》
M12	男	20	2年	大学	《英雄联盟》
M13	男	20	1年	高中	《魔兽世界》《英雄联盟》
M14	男	24	2年	初中	《梦幻西游》《天涯明月刀》
M15	男	24	3年	研究生	《炉石传说》《DOTA》
M16	男	20	1年	专科	《全民超神》
M17	男	34	7年	研究生	《天天炫斗》《全民突击》
M18	男	29	6年	高中	《全民超神》《魔兽世界》
M19	男	21	1年	大学本科	《怪物猎人》《英雄联盟》《暗黑破坏神》《炉石传说》
M20	男	20	2年	大学本科	《炉石传说》
F5	女	21	2年	大学本科	《炉石传说》
F6	女	21	1年	专科	《英雄联盟》《炉石传说》
M21	男	24	3年	高中	《魔兽世界》
M22	男	30	4年	高中	《王者荣耀》《侠盗猎车手5》《部落冲突》
M23	男	27	2年	专科	《时空猎人》《部落冲突》
M24	男	20	2年	大学本科	《时空猎人》《地下城与勇士》
M25	男	25	4年	大学本科	《梦想世界》《剑三》
M26	男	23	5年	大学本科	《时空猎人》《英雄联盟》

（续表）

编号	性别	年龄	网络游戏年龄	受教育程度	常玩游戏
M27	男	22	3 年	大学本科	《英雄联盟》
F7	女	19	1 年	初中	《魔兽世界》
M28	男	23	3 年	大学本科	《英雄联盟》《暗黑破坏神》《全民超神》
M29	男	24	2 年	大学本科	《英雄联盟》《DOTA》《QQ三国》
M30	男	21	2 年	大学本科	《英雄联盟》
M31	男	19	1 年	大学本科	《地下城与勇士》《穿越火线》
M32	男	21	2 年	大学本科	《英雄联盟》《王者荣耀》
F8	女	26	2 年	高中	《英雄联盟》
M33	男	24	3 年	大学本科	《魔兽世界》《英雄联盟》
M34	男	25	4 年	大学本科	《英雄联盟》
M35	男	22	3 年	大学本科	《英雄联盟》
M36	男	25	3 年	大学本科	《时空猎人》《天堂》《英雄联盟》
F9	女	25	5 年	大学本科	《魔兽世界》
F10	女	19	1 年	专科	《怪物猎人》《天天炫斗》
F11	女	22	2 年	高中	《怪物猎人》
M37	男	28	4 年	大学本科	《王者荣耀》《守望先锋》
M38	男	22	2 年	大学本科	《王者荣耀》《英雄联盟》
M39	男	24	2 年	高中	《QQ三国》
M40	男	23	1 年	专科	《全民超神》
M41	男	28	6 年	大学本科	《魔兽世界》《逆战》

需要指出的是，表 1.4 中所列年龄是 2015 年 12 月本研究开始时被访谈者的年龄。由于本研究聚焦于玩家在游戏空间社会资本的积累与转化，需要对玩家的游戏行为进行较为长期的考察。因此，本研究在集中访谈（2016 年 3 月—2017 年 3 月）的基础上，每年的暑假还会对所有访谈对象进行回访，以获得更为充分的访谈资料。截至 2023 年 3 月，本研究完成所有访谈工作。

2

基于社会资本视角的
网络游戏研究综述

社会资本的网络呈现
——基于对大型多人在线角色扮演网络游戏玩家的考察

2.1 网络游戏玩家的社会资本形式

社会资本作为具有强大解释力的概念被社会学、经济学、政治学、管理学等多门学科广泛采用并进行了深入研究。仅就其形式而言,很多社会学文献对其进行了多方位的探讨。本文试图以传统的对社会资本形式的研究为基础,对网络游戏中社会资本形式的研究进行梳理,以厘清社会资本形式在既有研究中呈现出的基本样态。

2.1.1 社会资本形式的研究

社会资本被认为是对个人行动能力、生活质量、社区发展乃至社会结构有深刻影响的重要关系和资源。那么,什么样的关系或资源可以构成社会资本,即社会资本的形式有哪些呢?社会资本概念的创始人汉尼芬认为,社会资本是社区邻里之间的善意、友谊、关心等。布尔迪厄则更强调关系网络在帮助社会成员获取资源、赢得"声望"方面的重要作用。詹姆斯·科尔曼将社会资本详细区分为六种形式:"①义务与期望,即A为B做了某些事情,并且相信B日后会报答自己,A对B便有了期望,B对A承担一种义务;②信息网络,即社会个体可以从他的社会关系网络中获取对自己有用的信息,而这种社会关系网络就是个体的社会资本;③规范和有效惩罚,即社区内的规范和有效惩罚可以为某些行动提供便利,也可以限制某些犯罪活动,从而起到指导和制约人们行为的作用,成为影响个体行动的重要资本;④权威关系,权威关系是帮助人们解决共同问题的社会资本;⑤多功能社会组织,为某一目的建立的组织,可以服务于其他目的,因而形成了可以使用的社会资本;⑥有意创建的组织,这种组织不是别的目的从事活动的副产品,而是行动者投资的直接产物。"[①] 普特南关注的社会资本形式主要是社区成员之间的信任、规范和关系网络等。林南、马克·格兰诺维特等侧重将关系网络看作社会资本的主要形式。弗朗西斯·福山、肯尼斯·纽顿等倾向于从信任的角度研究社会资本。结合既往的研究成果以及本研究的特点,下文将从关系网络、规范和信任三个方

[①] 詹姆斯·科尔曼.社会理论的基础(上)[M].邓方,译.北京:社会科学文献出版社,1999: 357-367.

2 基于社会资本视角的网络游戏研究综述

面对社会资本的形式进行综述。

首先,关系网络是社会资本的重要形式,甚至有些学者直接将社会资本等同于关系网络。例如,作为对社会资本现代意义进行系统诠释的第一人,布尔迪厄就特别强调关系网络这一社会资本的重要形式。在他看来,"这一网络是大家共同熟悉的、得到公认的,而且是一种制度化的关系网络;换句话说,这一网络同某团体的会员制度相联系,它从集体性拥有资本的角度为每个成员提供支持,提供为他们赢得声望的'凭证'"[1]。汉尼芬作为提出"社会资本"这一专属名词的第一人,虽然没有明确指出关系网络是社会资本的重要形式,但他指出社区纽带以及纽带之间联系的紧密与否决定了社区居民社会资本的大小。可见,在汉尼芬那里,社区纽带就是布尔迪厄所发展的关系网络这一概念。基于布尔迪厄论证的严密性以及关系网络的重要性,后期的社会资本研究无一不将关系网络看作社会资本的重要形式之一。在詹姆斯·科尔曼那里,关系网络这一概念被具体化为信息网络,是指人们在社会关系网络的基础之上建立起来的信息传输渠道。同时,吴准焕(Joong-Hwan Oh)提出信息是社会资源的重要一部分[2],特别是生成于封闭网络中的信息是个体之间互动的社会资本。他对信息以及封闭网络的论述与詹姆斯·科尔曼提出的信息渠道和社会网络的"闭合性"比较相似。普特南、马克·格兰诺维特以及后起之秀迈克尔·伍考克等都将关系网络,特别是邻里网络作为社会资本分析的重点。林南的社会资本概念也是在关系网络的基础之上发展而来,他认为,"社会资本是嵌入在关系网中的资源,像个人资源一样,社会资源包括物质财富(如土地、房屋、汽车和金钱)和象征财富(如教育、俱乐部成员资格、受人尊敬的地位、贵族或组织头衔、姓氏、声望和名声)"[3]。

其次,与关系网络连在一起的是规范。奥斯特罗姆认为规范是社会资本的必要成分,"它界定了活动是怎样随着时间推移而重复进行的,承诺是如何监

---

[1] 布尔迪厄. 布尔迪厄访谈录:文化资本与社会炼金术 [M]. 包亚明,译. 上海:上海人民出版社,1997: 202.

[2] Oh J H. Immigration and Social Capital in a Korean-American Women's Online Community: Supporting Acculturation, Cultural Pluralism, and Transnationalism [J]. New Media & Society, 2016, 18(10): 2224-2241.

[3] 林南. 社会资本——关于社会结构与行动的理论 [M]. 张磊,译. 上海:上海人民出版社,2005: 42.

47

社会资本的网络呈现
——基于对大型多人在线角色扮演网络游戏玩家的考察

督的,以及违规行为是如何被制裁的"[1]。正是基于这些规范和规则的发展和建构,个体才能解决集体行动所带来的困境。詹姆斯·科尔曼强调有效规范是人们重要的社会资本,这是因为有效规范在两个方面发挥作用:第一,有效规范使人们更倾向于以集体利益为重,并且暂时放弃个人利益。第二,由于其普遍的认可度,有效规范能够在很大程度上限制某些行为,特别是伤害他人的越轨行为。在很多学者看来,"互惠是规范最为重要的一种"(普特南,2001),它"意味着在建立了长期互惠关系的人们中存在某种程度的对称性"(奥斯特罗姆,2003)。当然,也有学者指出并非所有的规范都是对称性的,例如惩罚和尊重权威的规范。

最后,在强调关系网络和规范重要性的基础上,信任也被很多学者看作社会资本不可缺少的一部分,甚至有时在狭义上,他们将信任等同于社会资本。詹姆斯·科尔曼认为信任使社会资本具有生产的特性,从而有利于促进某些目标实现。例如,对于一个社团内部的所有成员来说,广泛的信赖和互信能够帮助他们取得更大的成就。在詹姆斯·科尔曼看来,信任可以是口头的表述也可以是切实的行动,是委托人与受托人之间的彼此信赖的关系。普特南也特别强调信任这一社会资本。他以轮流信用组织为例,论述了组织成员在获得自己的那份钱以后不会退出组织,而是会继续交钱,直到所有成员都拿到钱,这是因为组织成员认为自己在获得别人帮助之后有义务去帮助别人,其他成员也相信别人在拿到自己的那份钱以后会继续尽义务。正是成员之间的信任使社会组织得以顺利运转。同时,普特南还注意到,信任这种社会资本的使用可以增加而不是减少自身的供给;"如果不使用它,它就会消失殆尽,也就是说,两个人之间互相展示的信任越多,他们的互相信任也就越大"[2]。肯尼斯·纽顿认为信任是一种心灵的习惯,"通过把个体从缺乏社会良心和社会责任感的、自利的和自我中心的算计者转变成具有共同利益的、对社会关系有共同假设和共同利益的共同体的一员,从而构成了将社会捆绑在一起的黏合剂"[3]。弗朗西

---

[1] 奥斯特罗姆·埃莉诺. 流行的狂热抑或基本概念 [C]// 曹荣湘. 走出囚徒困境——社会资本与制度分析. 上海:上海三联书店,2003:27-28.

[2] 罗伯特·普特南. 使民主运转起来:现代意大利的公民传统 [M]. 王列,赖海榕,译. 南昌:江西人民出版社,2001:199.

[3] 肯尼斯·纽顿. 社会资本与现代欧洲民主 [C]. 冯仕政,译 // 李惠斌、杨雪冬. 社会资本与社会发展. 北京:社会科学文献出版社,2000:381.

斯·福山则将信任看作现代经济繁荣的重要因素，是一个社团内成员对彼此诚实、合作行为的期待。无论怎样界定，都会发现信任代表着一种普遍化的社会关系，是个体重要的行动资源。

从以上分析中可以看出，学者对社会资本的形式尚未形成统一意见，但普遍赞同将关系网络、规范、信任看作社会资本的重要形式。本文的研究对象是游戏玩家，网络游戏的互动性以及角色之间的依赖性决定了玩家之间的互助合作行为十分普遍。因此，玩家之间的互助与支持是他们参与游戏、享受游戏的关键所在。在借鉴以往研究的基础上，本文从关系网络、信任、规范和社会支持四个方面对以往游戏中社会资本形式的研究进行梳理。

2.1.2 网络游戏玩家社会资本形式的研究

网络游戏是以玩家的参与及互动为主要特征的游戏形式。不论是出于任务的需要还是情感体验的需要，玩家都会与其他玩家进行聊天、合作、交易等社交活动。这些社会互动的开展有助于玩家建立社会资本。现有很多研究都关注网络游戏的社交性和互动性，并对网络游戏玩家的社会资本进行了多层面的分析。综合来看，现有研究主要关注玩家的关系网络、信任、规范和社会支持四种社会资本形式。

布尔迪厄的资本理论，乃至其总体的社会观都表明，社会是一个处于相互缠绕、不断互动的关系网络，各个个体以及组织之间围绕着各种有价值的资源展开协作与竞争。同样，网络游戏玩家在游戏中借由互动也编织着一个个关系网络。其中，情感网络是学者们研究的重点。在网络游戏中，玩家通过聊天室、专属频道以及线下讨论群等与其他玩家进行实时的人际互动，建立起似远实近，又似近实远的社会关系（黄厚铭，2001）。可以说，网络游戏已经成为游戏玩家交友的重要渠道。在游戏世界中，他们相互扶持、相互依赖，经过长时间的结伴同行建立深厚的友谊甚至恋情。

尼古拉斯·叶通过对 3000 名 MMORPG 玩家的调查发现，玩家进行游戏的动机有很多种，具体可将其归结为 10 种，例如与其他玩家竞争、团队合作、角色扮演等。其中，与其他玩家进行社会化交往（如愿意帮助其他玩家、与其他玩家聊天）、建立关系（如愿意与其他玩家建立长久的、有意义的关

社会资本的网络呈现
——基于对大型多人在线角色扮演网络游戏玩家的考察

系）是十分重要的方面[①]。此类因为社交因素参与网络游戏的玩家主要是为了在游戏中结交朋友，或者享受一种团队中的社交欲望。林盈廷在对游戏玩家的问卷调查中也发现，游戏玩家会主动添加游戏中的陌生人成为自己的好友，并与他们进行频繁的互动，从而扩大了自己的朋友圈[②]。

网络游戏玩家不仅可以在虚拟空间快速交友、建立同侪情谊，还可以在人际互动中发展网络恋情［帕克斯（Parks）& 佛洛依德（Floyd），1996］。雪莉·特克在《虚拟化身：网路时代的身份认同》（*Life on the Screen: Identity in the Age of Internet*）一书中曾经指出，爱情是网络世界中恒久不变的话题。网络游戏中也经常会上演情爱追逐的故事。陈佳靖在考察《天堂》玩家之间的互动时发现，一些玩家经过长久的交往不仅在网络上建立了"公婆"（老公、老婆）关系，而且将这种亲密关系延续到线下，成为完全不虚拟的爱情[③]。在一些学者看来，网络中的亲密关系不仅真实，而且由于虚拟空间去地域、去空间等特性，人们在互动强度和深度上反而可能比现实世界更加容易建立起完善的关系网络。学者陈怡安（2003）在对重度游戏玩家的考察中发现，他们不仅在网络游戏中建立了亲密关系，而且对于他们来说，网络游戏世界才是一个"真爱世界"。这是因为借助互联网技术，游戏玩家可以借助理想的外表、儒雅的言谈，努力向对方呈现自我的正面形象，这对玩家之间的互动和友谊等关系的发展都大有裨益。在很多玩家看来，网络上的亲密关系甚至优于面对面的亲密关系。学者吴伟华（Wu Weihua）等的研究专注于分析中国网络游戏空间的亲密关系。在他们看来，网络游戏中的亲密关系与现实中的结婚一样，有特定的结婚规则与流程，这使它具有可见性，非常形象和直观[④]。同时，这种线上婚姻已经成为网络游戏中一种有组织、自律性的行为。

如果说亲密关系是网络游戏玩家交往中的特殊现象，那么游戏中形成的友谊、战友情谊等情感则是普遍存在于玩家之间的。很多网络游戏的研究都指

[①] Yee N. Motivations for Play in Online Games [J]. Cyberpsychology & Behavior the Impact of the Internet Multimedia & Virtual Reality on Behavior & Society, 2006, 9(6): 772-775.

[②] 林盈廷. 社交网路游戏对使用者社会网络及线上人际互动之影响 [D]. 中国台北：台湾交通大学，2011: 79.

[③] 陈佳靖. 网路空间·人际关系：线上线下·生活世界 [J]. 资讯社会研究，2003 (4): 141-179.

[④] Wu, W. Fore, S. Wang, X. Ho, P. Beyond Virtual and Masquerade: In-Game Marriage on the Chinese Internet [J]. Games and Culture, 2007, 2 (1): 59-89.

出网络游戏中的互动能够促进玩家之间友谊的建立。iResearch 的调研数据显示，在游戏中结交志同道合的朋友是玩家玩网络游戏的主要目的，其比例高达59.6%[1]。可见，"玩家通过玩网络游戏，拉近彼此之间的距离、寻求认同、互相帮助、互谈心事，发展出同属于一个团体的认同意识，抑或因相同的目标而建立关系，借助频繁的互动，有充分的确定感去信任其他玩家，可以说，网络游戏已经成为一种新兴文化，玩家在其中可以找到情感宣泄的渠道，并产生归属感和安全感，与其他玩家建立起友谊关系"[2]。

尽管网络交往是以虚拟性和匿名性为特点的交往，在给人们创造自由交往空间的同时也为信任危机的产生埋下了隐患，但是游戏空间的互动无时无刻不在进行着，玩家之间的信任关系也在不断建立和发展。黄少华在对甘肃、湖南和浙江三省 1681 名青少年网民的问卷调查中发现，有 74.8% 的青少年网民认为网络交往不会暴露自己的真实身份，72.8% 的青少年网民认为网络交往比较容易保护自己的个人空间，70.0% 的青少年网民认为网上聊天比面对面聊天让他们更放松，69.6% 的青少年网民认为借助网络能结交到志同道合的朋友。可见，网络交往中的信任风险并没有让网民们在与陌生人的交往中止步[3]。同样地，信任关系也真实地存在于网络游戏玩家之间。

陈佳靖在对《天堂》的考察中发现，《天堂》是一款较早的有商业交易行为的网络游戏，且交易行为在这款游戏中十分普遍。因此，为了交易的顺利进行，真诚性是非常重要的。基本上交易是以信任为基础，为了取得信任，进行交易的玩家之间必须具有一定程度的真诚性[4]。同时，她也指出装备的借与不借是衡量人际信任的重要标准。艾哈迈德（Ahmad）以大型多人在线网络游戏（MMOG）为例研究玩家之间的信任。他认为信任是玩家的一种社会资本，并将信任细化为两人间的信任、三人间的信任、组内信任、组间信任，同时探讨了信任与其他社会现象之间的关系[5]。随着网络游戏互动中信任研究的兴

---

[1] 17173 第六届中国网络游戏市场调查报告 [R/OL]. （2017-02-14）[2022-09-12]. http:// report.Iresearch.cn//969.html.
[2] 黄少华. 互联网的社会意义：以网络参与和网络游戏为例 [M]. 杭州：浙江大学出版社，2015: 148.
[3] 黄少华. 网络空间的社会行为——青少年网络行为研究 [M]. 北京：人民出版社，2008: 158.
[4] 陈佳靖. 网路空间·人际关系：线上线下·生活世界 [J]. 资讯社会研究，2003 (4): 141-179.
[5] Ahmad M A. Computational Trust in Multiplayer Online Games [D]. Dissertations of the University of Minnesota, 2012.

社会资本的网络呈现
——基于对大型多人在线角色扮演网络游戏玩家的考察

起,玩家的互动行为与信任之间的关系也是部分学者关注的焦点。例如,贝斯特(Best)、克鲁格(Krueger)等在对美国游戏玩家的调查研究中发现,经常使用电子邮件、即时通信等与其他玩家进行互动的人更倾向于相信其他玩家。可见,玩家在网络空间的互动行为明显增强了他们之间的信任关系[1]。

和现实社会一样,为了保证游戏的顺利进行以及人际互动的顺利开展,在网络游戏世界中存在着一定的互动规范。很多研究也将规范看作玩家社会资本的一种重要形式,因为这些规范有利于降低交易成本,促进合作的展开。黄少华在对《魔兽世界》玩家的访谈中发现,玩家之间主要遵循三种互动规范:"一是有严格边界和制裁措施的游戏开发商和运营商制定的规范,如游戏官网公布的管理规则;二是约定俗成的规范,它们是人们在现实生活中遵循的社交礼仪在网络游戏行为中的投射和反映,如礼貌用语等;三是由玩家提议,其他玩家赞同并自觉遵从而确定下来的非正式的规范。"[2] 以上三种规范一方面保证了玩家有规可循,另一方面也惩戒了不法玩家,维护了正当玩家的利益。

除了关系网络、信任以及规范以外,玩家之间的互相帮助、互相支持也被看作是玩家重要的社会资本。这是因为网络游戏玩家跻身于网络社区,他们与同一社区内的其他玩家在信息、情感等方面存在着共享关系。在长期的交往互动过程中,社区"居民"之间由于彼此的需要很容易发展出社会支持这一重要的社会资本[莱茵戈德(Rheingold),2000;威尔曼(Wellman),2001]。Joong-Hwan 在对韩裔美国女性社区"MissyUSA"的考察中发现,社区中的韩裔美国女性通过在社区内"发帖子"的方式获取信息方面的社会支持。这种社会支持可以分为两类:第一类是回帖者对信息需求者进行工具性指导(包括信息传达和建议);第二类是社区"居民"会对信息需求者表达同情、理解等方面的情感支持[3]。在网络游戏的研究中,玩家之间的社会支持也是一个非常普遍的现象。陈怡安在对游戏《天堂》的研究中,将玩家间的社会支持视为助人

---

[1] Best S J, Krueger B S. Online Interactions and Social Capital [J]. Social Science Computer Review, 2006, 24(4): 395-410.

[2] 黄少华,杨岚,梁梅明. 网络游戏中的角色扮演与人际互动——以《魔兽世界》为例 [J]. 兰州大学学报:社会科学版, 2015, 43(2): 93-103.

[3] Oh J H. Immigration and Social Capital in a Korean-American Women's Online Community: Supporting Acculturation, Cultural Pluralism, and Transnationalism [J]. New Media & Society, 2016, 18(10): 2224-2241.

行为，并将这种助人行为具体区分为工具性助人行为和情感性助人行为。工具性助人行为包括讯息的支持、物质资源上的支持与需求服务的提供。其中，讯息的支持包括主动给其他玩家带路、询问或回复游戏相关咨询、在游戏网站或论坛为其他玩家提供打怪升级的秘籍、赚钱的方法等。物质资源上的支持和需求服务的提供包括主动借给其他玩家装备等。情感性助人行为指的是当玩家遇到困难或挫折时，其他玩家可以给予情感性的支持与社会性的陪伴及分享。他还指出，这些玩家的助人行为使游戏空间更加温馨，让不堪现实重负的玩家找到一隅"避风港"。也正因为如此，网络游戏更充满魅力[①]。在很多玩家看来，网络空间不仅为玩家发现自我提供了绝佳的场所，同时，多样的同盟社群组织会借由玩家共同的兴趣、任务而建立，他们在虚拟团体内部分享情感、经验，逐渐发展出友谊、伙伴等的人际关系，玩家从中获取"社会支持"和"归属感"（李君如、杨棠安，2005）。甚至很多玩家通过在游戏群体中的互动构建起稳定的且能介入现实生活的关系网络[②]。这些都被看作玩家游戏互动中重要的社会资本。

总体来看，现有文献中对网络游戏玩家的社会资本形式的研究很多，但相对较为分散，基本是关注社会资本的某一个侧面（如信任或者关系网络）。当然也有部分学者对玩家的社会资本进行了比较全面的分析，例如张玉佩就曾发表以《穿梭虚拟世界的游戏少年社会资本之累积与转换》为题的文章，论述玩家的社会资本包括关系网络、规范和资源三种形式。显然，对于系统区分网络游戏玩家的社会资本形式来说，以往的研究略显不足。因此，基于互动的视角对网络游戏玩家的社会资本形式进行描述和阐述具有重要的理论意义和现实意义。

2.2 网络游戏玩家社会资本的积累

无论是作为一种社会关系还是作为一种资源，社会资本都对个人和组织的发展有积极的促进作用，有利于其目标的实现。然而，目前关于社会资本的研

[①] 陈怡安. 线上游戏的魅力 [J]. 资讯社会研究, 2002 (3): 183-214.
[②] 钟智锦, 刘可欣, 乔玉为. 为了部落：集体游戏行为与玩家公共参与研究 [J]. 青年研究, 2019(4): 13-23.

社会资本的网络呈现
——基于对大型多人在线角色扮演网络游戏玩家的考察

究基本把它视为自变量来探讨其影响和功能，而将其作为因变量，考察它的生成和积累的研究相对较少。下文将对社会资本积累以及网络游戏中玩家社会资本积累的研究加以综述，以寻找本研究的切入点。

2.2.1 社会资本积累的研究

布尔迪厄在区分资本的三种基本形式以及界定社会资本的基础上，还指出社会资本是可以积累的并具有高度的生产性。因为在他看来资本是一种镶嵌在客体或主体的结构当中的力量，也是一种强调社会世界（Social World）内在规律的原则。布尔迪厄将社会世界描绘为"积累的历史"，他认为人们能够根据不同手段来分析各种形式的资本，因此这些资本可以被积累并传递给之后的世代。

对于社会资本的起源与生成，不同的学者从不同的角度给出了自己的观点。研究者在梳理文献的过程中发现，关于社会资本积累的研究大致可以分为个体行动者视角、社会制度文化视角、社会网络视角以及综合视角四个层面。

从个体行动者视角阐释社会资本生成的模型主要是理性选择模型。理性选择模型将社会行动者预设为理性的人，认为社会资本的形成和变化是行动者理性选择的结果。例如，有研究指出，"布尔迪厄的社会资本概念是一个自我中心的分析概念，它所关注的是个人通过参与团体活动不断增加的收益以及为了获取这种资源而对社会能力的精心建构"[1]。托克维尔早在其《论美国的民主》（*De la démocratie en Amérique*）一书中就曾指出，"美国拥有世界上最多的志愿性社团，而社团成员之间的互动以及由此所培养起来的信任机制成为社会资本的重要来源"[2]。在这个著名的托克维尔模型中，个体行动者在组成社团（或结社）的基础上通过彼此互动结成关系网络、创造社会资本。这一模型充分揭示了志愿性组织一旦启动，是如何有助于社会资本和支撑合作的。很多理论学家认为，托克维尔模型是基于经济学关于集体行动困境的研究，并可以在理性选择理论中寻找动力。但有学者认为，这种解释很容易陷入经济学狭隘

---

[1] 方亚琴，夏建中．社会资本的来源：因果解释模型及其理论争辩 [J]．学术交流，2013 (9): 131-136.

[2] 保罗·F.怀特利．社会资本的起源 [C]．冯仕政，译 // 李惠斌，杨雪冬．社会资本与社会发展．北京：社会科学文献出版社，2000: 45-76.

的"理性人"假设的桎梏中①。怀特利也认为,托克维尔模型只能解释已经具有一定社会资本基础的社会怎样进一步产生和积累社会资本,而不能解释社会资本是如何从非合作的原始状态中生发出来的。基于此,他在托克维尔模型的基础上引入心理变量,试图从心理层面探寻社会资本的起源。具体来说,他从心理层面给出的三种解释分别是:"第一种,社会资本是由个体的人格特征创造的;第二种,社会资本是由个体关于规则的信仰和道德密码创造的,尽管这些信仰和道德密码受到志愿性组织的影响,但从根本上说,它们是从早年生活中习得的一组内化了的价值观;第三种,社会资本是由'想象的'社群的成员身份创造的。"②然而,怀特利基于社会心理学模型给出的解释也是以个体行动者为基础,没有跳脱原有解释模型的预设。

与之相对,有学者认为个体和心理层面不足以解释社会资本的生成,而是要寻找社会资本生成背后的社会制度、文化等社会层面的因素。例如弗朗西斯·福山(1999)认为,文化是社会资本产生的先决条件,宗教和共享历史都可能成为社会资本的来源。肯尼斯·纽顿(2001)则认为,社会资本的起源只能在社会制度层面寻找答案,社会资本来源于制度,其由制度生成。诚然,两位学者的观点有一定的道理,都从宏观的国家制度层面揭示了社会资本的来源。然而,在研究者看来,社会资本的本质是一种社会关系与嵌入社会关系之中的社会资源构成的总和。也就是说,脱离了社会关系,社会资本就如无源之水,失去了载体。同时,这也导致两位学者对另外一个问题的忽视,即人的本质。按照马克思的观点,人的本质是一切社会关系的总和。社会资本的拥有者是人,是行动者在不断的社会实践中完成的资本积累。最后,社会资本的积累不是一蹴而就的,而是一个动态的、需要长时间积累的社会活动。综上所述,研究者认为,社会资本生产和积累的最重要路径应该是人际之间的交往与互动。

社会网络视角主要认为社会资本是处于某一群体中的个体通过彼此互动结成关系网,继而积累起来的资源的总和。也就是说,个体社会资本的占有量取决于他能有效动员的关系网络的规模,以及和他有联系的那些人的所有资本

---

① 翟学伟,薛天山. 社会信任:理论及其应用[M]. 北京:中国人民大学出版社,2014:220.
② 保罗·F. 怀特利. 社会资本的起源[C]. 冯仕政,译 // 李惠斌,杨雪冬. 社会资本与社会发展. 北京:社会科学文献出版社,2000:45-76.

社会资本的网络呈现
——基于对大型多人在线角色扮演网络游戏玩家的考察

的总量。要衡量个体的社会资本总量就要充分考虑他所在的关系网络内其他个体的资本占有量。在林南看来,大多数个体行动者的个人资源是有限的。个体行动者想要获得更多的资源只能依靠自己的社会关系网络。

从社会网络视角探讨社会资本积累的代表人物要数詹姆斯·科尔曼、马克·格兰诺维特和罗纳德·伯特。虽然他们的观点各不相同甚至有些是互相矛盾的,但都从不同侧面聚焦社会资本的积累。詹姆斯·科尔曼强调社会网络的"闭合性"是创造社会资本的重要条件。在他看来,如果所有参加者都处于一个相对闭合的社会网络中,那么他们将会不止在一个领域中互动,多层面、多方位互动的发生将有助于为社会资本的产生创造条件。同时,这种闭合网络保证了任何信息和资源都能在最短的时间内以最短的路径流向网络中的任何一个个体。因此,在很大程度上,"闭合系统扩大了系统的互动,从而有利于产生规范、规则和法律条款系统,体验信任的膨胀或紧缩"[1]。当然,有关网络结构对于社会资本的产生其他学者有不同的观点。其中,以马克·格兰诺维特的"弱关系"理论最有代表性。他认为,人们主要是通过与其他网络保持一定距离的节点的弱联系获得新信息。封闭网络中的信息是本地共享的,具有很大的重复性,因此,若想获得新的信息、增加个体的社会资本,就要到网络之外去探寻。继承了马克·格兰诺维特"弱关系"的假设,罗纳德·伯特借鉴交换理论、网络结构自主性等研究成果发展出了"结构洞"理论。他也认为,"那些同质的、重复的网络不会带来社会资本的增加,能够带来这种收益的关系网络应具有特殊的结构特征,这样的结构位置就是'结构洞',结构洞是建构有效率、非重复的网络结构的核心概念"[2]。在此基础上,他通过实证研究论证了通过网络约束可以实现减少结构洞,进而增加社会资本的积累。

除了以上三种视角以外,一些学者采用的是综合考察的手法,从微观、中观以及宏观多维度探讨社会资本的积累。李六在《社会资本:形成机制与作用机制研究》中指出,分析社会资本的形成与积累大致可以从微观和宏观两个层面进行探讨。具体来说,"在微观层面,可以将社会资本的形成问题抽象为个体行动策略的选择问题,在直接互惠理论框架下,利用博弈演化模型,对社

---

[1] 托马斯·福特·布朗. 社会资本理论综述[C]. 木子西, 译 // 李惠斌, 杨雪冬. 社会资本与社会发展. 北京:社会科学文献出版社, 2000: 77-100.

[2] 王旭辉. 结构洞:陷入与社会资本的运作[J]. 中国农业大学学报:社会科学版, 2007 (3): 188-193.

会资本的形成进行分析；在宏观层面，将社会资本纳入各国的政治、文化、经济、社会等因素中进行考量，利用多国数据实证检验这些因素在社会资本积累过程中的作用"[1]。乔纳森·特纳在《社会资本的形成》(*The Formation of Social Capital*) 一文中从更为普遍的社会学视角，从宏观、中观和微观三个层面对社会资本进行了详细的分析。他将社会资本界定为：那些在一个社会中通过创造、维持社会关系和社会组织模式来提升经济发展潜力的因素。这些因素发挥的作用可在宏观、中观、微观三个层次进行分析，也即社会资本形成于："①一定数量的人们组织起来满足生产、再生产、管理和协作中基本的和基础性的需要（宏观制度层面）；②社团单元组织人力资本以及组群单元促成决定一个社会成员待遇地位的社会差别（中观层面）；③以面对面互动形式包含在社团和组群单元中的各种社会交往（微观层面）。"[2]

不难看出，各个领域的学者已经从不同角度对社会资本的积累进行了考察。然而，也要注意到，从志愿性社团成员之间的互动到政府的制度性举措，这些社会资本积累的途径都是在面对面的现实生活中展开的。在互联网迅速普及和发展的当下，网络生存、网络空间的人际交往开始成为人们日常生活中的重要层面。人们在网络空间相识相知甚至相爱相恋，发展出各种各样的关系网络、行为规范和信任、支持等社会资本。但是，以虚拟性、"身体不在场"为特征的网络空间与现实社会空间存在本质区别，传统的社会资本积累理论不再适用于对网络空间社会资本积累的解释。因此，有必要对网络空间特别是网络游戏空间社会资本积累的相关研究进行梳理，并在现有研究的基础上提出游戏玩家进行社会资本积累的路径。

2.2.2 网络游戏中玩家社会资本积累的研究

目前，虽然对网络游戏中玩家社会资本的研究尚不成体系，但是已经有很多研究涉及这一点。通过对文献的梳理可知，学者们主要从以下五个方面展开探讨。

---

[1] 李六.社会资本：形成机制与作用机制研究[D].上海：复旦大学，2010.
[2] 乔纳森·特纳.社会资本的形成[M]// 帕萨·达斯古普特，伊斯梅尔·萨拉格尔丁.社会资本：一个多角度的观点.张慧东，等译.北京：中国人民大学出版社，2005: 123-124.

社会资本的网络呈现
——基于对大型多人在线角色扮演网络游戏玩家的考察

首先，由于网络空间的交往是"身体不在场"的匿名交往，玩家与玩家之间缺乏所谓的"真实"生活的交集，因此，交往时间的长度与互动的频繁程度成为积累信任关系的关键所在。陈佳靖指出，"在网络游戏中，刚刚认识的陌生人之间也可以产生彼此信赖的朋友情谊，但这需要经过长时间的、较为频繁的真诚交往才能达成。这是因为在判断陌生人'值得交往'以后，他们需要进一步考察以确定这种交往是否可以继续并向朋友关系转变"[1]。因为，对于大多数人来说，"眼见为实"的观念可谓根深蒂固。而网络空间物理线索的隐匿和缺乏是网络交往的一个很大的特点。在"看不到"对方的情况下，网络游戏玩家之间信任的形成需要依赖长期的互动和交往。同样，在网络空间中，亲密的网络关系形成也很少上演现实社会中"一见钟情"的桥段，通常都是在每天游戏的互动中逐渐积累起好感，随着好感一天一天的增加最终走入"婚姻"的殿堂。

其次，很多研究也指出玩家社会资本的积累与玩家现实关系网络介入虚拟的游戏网络有直接关系。无论是访谈还是既往研究都发现，独自一人驰骋游戏世界的玩家十分少见。他们或者是在现实中朋友的介绍下进入游戏世界，或者与现实中的朋友一起游戏。因此，有学者认为，"由于以现实关系为基础，他们在游戏世界里享受的不只是打倒敌人、累积晋级、眼见虚拟化身平地而起的成就感；他们更能体会到与同侪好友分工合作、凝集共识、相互扶持或嬉笑怒骂等情谊关系，以及寂寞无人能解时的漠然陪伴。这种情谊、信任以及相互支持的关系，多半复合着现实人际网络与虚拟游戏网络，单纯从游戏发展出来的人际网络几乎无法发挥此种功能"[2]。费舍尔（Fisher）在对英国电子游戏厅的实证研究中发现，玩家去游戏厅不见得一定是为了玩游戏，一个很重要的动机是他们可以暂时逃脱家长的监管，去游戏厅与朋友们见面，他们在乎的不是玩游戏而是与朋友一起玩游戏。因为在他们看来，现实中的朋友不仅是他们玩游戏的动力，还是获取朋友们支持和享受集体归属感的重要来源[3]。另外，网

---

[1] 陈佳靖. 网路空间·人际关系：线上线下·生活世界 [J]. 资讯社会研究, 2003 (4): 141-179.

[2] 张玉佩. 穿梭虚拟世界的游戏少年：他/她们的社会资本之累积与转换 [J]. 中华传播学刊, 2013, 23(6): 195-227.

[3] Fisher, S. The Amusement Arcade as a Social Space for Adolescents: An Empirical Study [J]. Journal of Adolescence, 1995, 18 (1): 71-86.

络空间的信任更体现出熟人与陌生人之间的差异。黄少华（2008）的统计数据显示，"从众值来看，青少年玩家对熟人的情感信任因子和工具信任因子分别高达87.386和85.39，说明青少年玩家对熟人的信任程度较高；而对陌生人的情感信任因子和工具信任因子都是1，说明他们对陌生人完全不信任"。

再次，在布尔迪厄看来，个体社会资本数量的多少与其能够有效运用的关系网络规模成正比（薛晓源、曹荣湘，2005）。也就是说，网络游戏玩家想要积累充足的社会资本，就要尽量扩大自己的网络，加强网络内部的联系，将网络关系看作一种投资策略，借此增加自己的社会资本。陈怡安（2003）在对重度网络游戏玩家的研究中发现，玩家进入游戏世界之后不是马上开始游戏，而是打开聊天工具看看哪些好友在线，邀请好友一起玩游戏。同时，在游戏中如果遇到志同道合的玩家，他们会将其添加为好友，很多玩家以自己的好友数量比其他人多而感到十分骄傲。

然后，玩家个人的人格特质也被看作影响玩家社会资本积累的重要因素。按照奥尔波特（Allport）对人格的界定，它是指存在于个体心理系统之内的动态组织，它决定着个人适应外在环境的独特形式。个体的人格特质对其社会行为的相关领域，例如学习、工作、娱乐等有非常重要的影响。同样，在网络游戏中，玩家的人格特质也在很大程度上影响着他们的关系网络、信任等社会资本的建立和积累。从广受学者们认可的五种人格特质来看，神经质型玩家通常能够自我知觉（Self-Consciousness），他们性格脆弱，容易焦虑。具有这种特质的玩家虽然有亦步亦趋之嫌，但他们不会轻易违背游戏内的规范。外向型玩家为人热情、乐观，表现出合群、积极主动等正面情绪。具有这种特质的玩家喜好和其他玩家交往，拥有比较广泛的朋友圈，深受其他玩家的欢迎。经验开放型玩家爱幻想，他们不受传统思想的束缚，情感丰富，具有丰富的想象力和创造力。具有这种特质的玩家不会循规蹈矩地按照游戏设置去玩游戏，而是喜欢探索、发现和发明新的玩法。这种对游戏内容的创新在丰富玩家游戏体验的同时，还有利于玩家之间分享行为和合作行为的发生。亲和型玩家为人坦率、谦逊，具有一颗慈悲的心，容易获得他人信赖。具有这种特质的玩家是游戏中的"万人迷"。他们拥有庞大的朋友圈，在付出爱心和利他精神的同时也会得到其他玩家的支持和信任。严谨型玩家自律性强，做事有条理，尽职尽责。具有这种特质的玩家会主动遵守游戏中的规范，并能够用自己的行动赢得他

社会资本的网络呈现
——基于对大型多人在线角色扮演网络游戏玩家的考察

人的信赖[①]。

最后,玩家社会资本的积累离不开他们之间的互动行为。通过对文献的梳理发现,很多学者从玩家的互动行为展开对社会资本的探讨。黄少华在对MMORPG玩家的深度访谈中发现,他们会借助聊天互动、虚拟交易和团队合作等互动行为与其他玩家交流信息、建立关系网络和友谊关系等[②]。雅各布森(Jakobsson)(2006)等在对大型多人在线游戏《无尽的任务》的研究中也发现,网络游戏世界与现实世界别无二致,玩家通过共同练功、相互交谈等行为相互联系、共享信息、分享游戏中和现实中的喜怒哀乐、相互帮助,甚至将网络关系带入现实生活。玩家在游戏中的互动行为直接影响着他们社会资本的积累,甚至有玩家认为不与其他玩家互动就像生活在与世隔绝的社会,根本无法生存。可见,互动行为对于玩家社会资本积累的重要性。

从以上的分析中不难看出,学者们对玩家社会资本积累的研究主要集中在玩家之间互动的时间和频率、玩家之间的熟识程度、玩家关系网络的规模、玩家个人的人格特质和玩家的互动行为五个方面。诚然,上述五个方面都会对玩家社会资本积累作出某种程度的解释,但它们隶属不同的维度和层面。因此,本研究试从网络互动的角度分析影响玩家社会资本积累的因素和特征,以及它们发生作用的机制,以期厘清网络空间社会资本形成和积累的路径。

2.3 网络游戏玩家社会资本的转化

早在布尔迪厄提出资本转化理论之前,他就强调资本概念以及资本之间的转化对社会世界的重要意义。在他看来,"我们所生活的社会世界是一个积累的历史画面,假如我们不想把它简单说成行为者之间短时机械平衡的非连续系列(Discontinuous Series of Instantaneous Mechanical Equilibria),假如我们不想把行为者只看成可以相互交换的单子(Particals)的话,我们就必须把资本的概念、这一概念的相应扩展及其全部效应都纳入对社会世界的考量之

---

① 李君如,杨棠安.线上游戏玩家表现与其人格特质之研究——以"天堂"为例[J].高雄师大学报,2005 (19): 85-104.
② 黄少华,刘赛.青少年网络游戏行为的结构[J].兰州大学学报:社会科学版,2013, 41(5): 55-62.

中"①。同时,他也指出,"在某一特定时刻,资本的不同类型和分布结构,在时间上体现了社会世界的内在结构,即包含了在这个现实世界中的一整套强制性因素,后者以一种持久的方式掌控了资本产生的影响,并决定了实践能否成功"②。

在强调资本概念以及不同形式资本之间转化的重要性的基础上,布尔迪厄还提出了经济资本、社会资本和文化资本三者之间转换的条件。也就是布尔迪厄指出的人们理解资本从一种类型向另一种类型转换、积累时,必须反对的两种既相对立又同样偏激的观点:"一种是经济主义的观点,这种观点在最后的分析中都会将每种类型的资本简化为经济资本,进而忽略了使其他类型资本产生特殊效果的东西;另一种观点是符号主义的观点(当前以结构主义、符号交互作用论和民族学为代表),这种观点总喜欢将社会交换简化为交往现象,因而忽略了一个严酷的事实,即所有的学科都有可能被简化为经济学。"③ 以上论述提供了资本转换的两个前提条件:第一,从经济主义的观点看,三种资本存在着本质的区别,这是转换能够发生的基础性条件;第二,从符号主义的观点看,三种资本之间又有某种共性和普遍联系,这种共性就是经济资本的基础性作用,正是这种共性为资本之间的转化提供了可能。

在此基础上,布尔迪厄提出了资本转化理论。他认为,尽管经济资本、社会资本和文化资本分别拥有各自的功能和制度化形式,但它们之间是彼此联系、相互转化的。这种转化就是一种形式的资本通过一定的途径与机制向另一种形式的资本变形的过程。其中,经济资本是所有形式资本的基础,没有经济资本,其他形式资本的生产就缺乏经济基础;文化资本和社会资本必须依赖经济资本发挥各自的功能,而经济资本通过文化资本和社会资本体现自身价值。涉及经济资本的转化相对明显一些,因为是以物质或金钱的形式呈现的;社会资本与文化资本之间的转化则要隐晦得多。然而,无论怎样,不同形式资本之间的转化都无时无刻不在进行。"因为它们之间的转化是某些策略的基础,这

---

① Bourdieu, P. The Forms of Capital [C]//J. Richardson. Handbook of Theory and Research for the Sociology of Education. New York: Greenwood, 1986: 241-258.

② 曹荣湘. 文化资本、文化产品与文化制度问题——布迪厄之后的文化资本理论 [C]// 薛晓源,曹荣湘. 全球化与文化资本. 北京:社会科学文献出版社,2005: 2.

③ Bourdieu, P. The Forms of Capital [C]//J. Richardson. Handbook of Theory and Research for the Sociology of Education. New York: Greenwood, 1986: 241-258.

些策略的目标，就是通过转化来保证资本的再生产和社会地位的再生产。"[①] 因此，个体的社会资本不是独立于其他资本存在的，而是彼此存在着转化与增值。

2.3.1 社会资本转化的研究

布尔迪厄的资本理论不仅阐述了资本的三种基本形式，而且指明了三者之间存在着互相转化的关系。社会资本可以在特定条件下转化为经济资本和文化资本。然而，由于不同学者对社会资本的理解不同，这种转化也表现出多种形态。对于布尔迪厄来说，社会资本是社会精英保存和转化其经济资本和文化资本的核心资源。因为所有形式的资本都可以转化为其他形式的资本，所以社会资本只是保存阶级优势的一种方法而已。例如，"通过社会资本，行为者可以直接获得经济资源（补助性贷款、投资窍门、保护性市场）；他们能够通过与专家或者有知识的个人接触提高自己的文化资本（即具体化的文化资本 Embodied Cultural Capital）；或者他们能够与授予有价值的信任机构建立密切联系（制度化文化资本 Institutionalized Cultural Capital）"[②]。然而，詹姆斯•科尔曼（1988）和普特南（2000）等社会学家将社会资本看作一种资源（通常是主要的资源），这种资源可以为所有的组织和团体甚至个人所拥有。舒勒（Schuller）（2007）认为并不是所有的资本最终都会简化为经济资本，实际上，它们是以复杂的方式在彼此进行着互动，而社会资本的价值可能取决于它与其他资本的联系，这些资本包括人力资本、金融资本、自然资本等。同时，在哈尔佩恩（Halpern）（2005）看来，社会资本不仅可以转化为经济资本，还可以提高人们的健康和生活水平。

此外，社会资本是提供人们"近用"（Accessible）经济资本和文化资本的重要渠道。也就是说，在一定情境下，社会资本可以转化为经济资本和文化资本。波茨的研究指出种族商业特区里的关系网络，例如在美国纽约的中国城

[①] Bourdieu, P. The Forms of Capital [C]//J. Richardson. Handbook of Theory and Research for the Sociology of Education. New York: Greenwood, 1986: 241-258.

[②] 亚历山德罗•波茨. 社会资本：在现代社会学中的缘起与应用 [C]. 杨雪冬, 译 // 李惠斌, 杨雪冬. 社会资本与社会发展. 北京：社会科学文献出版社，2000: 119.

（China Town）或洛杉矶的韩国城（Korean Town），人们雇用工人时都倾向于雇用与他们相同种族的员工。这是因为由地缘导致的天然的关系网络使他们更倾向于相信"自己人"。与此相对应的是，这些被雇用的员工相比相同年龄、受教育程度、职业的人能够获得更多的职业经验和经济收入。斯坦顿·萨拉扎尔和多恩布什（Stanton-Salazar）（1997）对旧金山地区的墨西哥高中生进行了调查，试图探究高中生的关系网络与学术成就之间的关系。他们发现在这些变量之间存在着正向关系，也就是说，高中生的关系网络规模越大，联系越紧密，其取得的学术成就越显著。这也证实了在社会资本与文化资本之间存在着一定的转化关系。

此外，一些研究还指出社会资本转化成经济资本的条件。例如，安力斯和伦纳德（Onyx & Leonard）对澳大利亚四个经济发展较落后的乡镇进行了详细考察，发现每个乡镇都存在不同形式的资本：自然资本、经济资本、人力资本以及社会资本，并且不同资本形式之间存在着特殊的互动关系。其中，最明显的是社会资本与经济资本之间的联系。研究发现，社会资本在特定情况下可以转化为经济资本。这种特定情况一般是当经济资本匮乏的时候，人们之间或者组织之间形成的社会资本充分发挥作用，帮助他们获得经济资本，进而促进地区经济的发展[①]。

现有很多研究都表明社会资本对特定地区的经济发展有很明显的正向影响。施塔贝尔（2007）曾指出社会资本对社会发展的促进与否取决于其发挥作用的情境。因此，对社会资本发挥作用的情境设定十分重要。本研究的总体情境是网络游戏玩家互动的线上和线下网络。在这样的研究情景中，社会资本转化的研究又将呈现怎样的样貌呢？这将在下文予以阐述。

2.3.2 网络游戏玩家社会资本转化的研究

现有关于网络游戏玩家社会资本的研究已经关注到玩家社会资本与经济资本、文化资本之间的转化。按照上文的概念界定，玩家的游戏知识和技能属于他们的文化资本。现有网络游戏的研究注意到玩家社会资本与此类文化资本

---

① Onyx J, Leonard R. The Conversion of Social Capital into Community Development: an Intervention in Australia's Outback [J]. International Journal of Urban & Regional Research, 2010, 34(2): 381–397.

社会资本的网络呈现
——基于对大型多人在线角色扮演网络游戏玩家的考察

之间的转化。早在《虚拟化身：网路世代的身份认同》一书中，雪莉·特克就发现在 MUD 中，玩家之间的浪漫关系、互相支持、友谊关系甚至婚姻关系都对玩家的游戏体验有很深影响，且有利于玩家加深对游戏的理解以及对游戏知识的掌握。同时，一些关于游戏规范的研究也注意到游戏规范对游戏知识和技能之间的转化。例如安妮（Anne）在文章中就曾提到，在网络游戏中，游戏程序系统设定了一定的规范以保障游戏的顺利进行，除此以外的规范都是由玩家自己定义。玩家不是规范的客体，而是作为活动的主体。玩家定义、重构规范的过程也是玩家积极参与游戏互动、创新游戏内容、发展自己游戏技能的过程[1]。赖柏伟（2002）在对《网络创世纪》游戏中虚拟社群的分析中指出，玩家在网络游戏这个虚拟社群中进行着经济活动、团队合作、建立行为规范和友谊关系，这些互动在构建"想象共同体"的同时，也丰富了玩家的游戏知识，提高了玩家的游戏能力。

游戏中的信息网络对于玩家丰富游戏知识至关重要。孔少华以《梦幻西游》为例，分析了网络游戏虚拟社区用户的信息需求、分享等行为。他指出，"网络游戏玩家在游戏中经常会登录各类游戏论坛，收集与游戏相关的知识，这些知识对于玩家而言是十分重要的。它们可以帮助玩家获得更多的优势，甚至获取更多的收益，因此玩家都会尽力收集这些游戏知识"[2]。同时，他还指出，有些关于游戏系统和游戏主题相关网站、经济类相关网站上的信息具有很高的经济价值，玩家会利用这些信息换取经济利益。另外，很多网络游戏研究中都有关于团队合作、友谊关系能够帮助玩家提升等级和战斗力的探讨。例如，张玉佩（2009）认为角色扮演类网络游戏的互动特性以及任务性质决定了同侪之间的合作是砍杀敌人、提高自己等级、成为高等级玩家的必由之路。玩家想要在短时间内通过个人的努力达到较高级别基本是不可能的，因此，必须与同侪共同合作才能享受升级带来的欢愉体验。

在网络游戏中，每个角色都有自己特定的装备、服装、面具、宝石等虚拟物品，这些虚拟物品对于玩家而言十分重要，它们也是玩家重要的文化资

---

[1] Thorhauge A M. The Rules of the Game--the Rules of the Player [J]. Games and Culture, 2013, 8 (6): 371-391.

[2] 孔少华. 大型多人在线网络游戏虚拟社区用户信息行为研究——以网易大型多人在线网络游戏梦幻西游为例 [J]. 情报科学, 2013 (1): 123-128.

本，所以很多玩家会在与其他玩家的交往互动中积累这些虚拟物品。陈怡安（2003）在对《天堂》玩家的深度访谈中发现，很多玩家都有经由朋友获取或购买装备的经历。他们借助自己的关系网络和对朋友的信任进行交换和交易互动，最终得到装备等文化资本。也就是说，玩家之间的关系网络、信任等社会资本可以转化为文化资本。著名游戏理论家尼古拉斯·叶的研究也支持这样的结论。在1997—2003年七年时间里，他对角色扮演游戏中的人际互动进行了理论探讨和实证分析。他以游戏玩家，特别是中重度游戏玩家为研究对象，通过线上调查的方法，对四万多名角色扮演游戏玩家进行了实证分析。研究成果涉及游戏者的态度、动机、偏好、价值取向、人际关系等多个维度。其中的一个研究成果认为游戏玩家在游戏互动中获取的游戏信息以及在团队合作过程中结下的深厚友谊有利于玩家获取装备、药水、水晶石等文化资本[1]。

对网络游戏中利用性别策略建立友谊或者亲密关系，进而换来文化资本甚至经济资本的相关研究也不在少数。李紫茵和王嵩音从性别转换的角度探讨了网络游戏中的性别转换行为。他们发现，"女性玩家或者扮演女性角色的玩家更容易获得其他男性玩家的关照和帮助，特别是在建立友谊甚至浪漫关系后，男性玩家更愿意帮助她们升级、赠送她们宝物"[2]。陈怡安（2003）的研究中也揭示了男女双方在建立亲密关系以后，男性玩家会主动帮助女性玩家打怪升级，并将自己的装备赠送给她。虽然这样的情节多以男性玩家受骗而告终，但女性玩家确实在亲密关系的基础上获得了文化资本甚至有些女性玩家能够直接获得经济资本。

张玉佩在对游戏玩家进行深入访谈的基础上发现，一些经济资源匮乏的玩家会用自己的社会资本换取经济资本或者文化资本。常见的方法包括："资深玩家依靠自己在网络游戏空间建立的'威名'和获取的信任，以向新手玩家传授攻略的方式收取经济报酬；女性玩家或者玩家通过扮演游戏中的女性角色与其他男性玩家建立亲密关系，进而获取装备等文化资本甚至金钱等经济资

---

[1] Yee, N. The Demographics, Motivations and Derived Experiences of Users of Massively-Multiuser Online Graphical Environments [J]. Teleoperators and Virtual Environments, 2006 (15): 309-329.

[2] 李紫茵，王嵩音. 线上游戏性别转换行为分析 [J]. 传播与社会学刊, 2011 (18): 45-78.

社会资本的网络呈现
——基于对大型多人在线角色扮演网络游戏玩家的考察

本。"[①] 同时,她还发现玩家社会资本的转化是双向的。特别是以资源形式存在的社会资本,可以经由现实生活中存储或累积的现实货币购买游戏中的虚拟资源;而当玩家的虚拟资源累积到一定程度,他们又可以以交易等方式将这些虚拟资源转化为现实货币。

从以上的分析中不难看出,目前关于玩家社会资本转化的研究在数量上比较少,最重要的是,现有研究不成体系。而且,很多研究没有指出社会资本转化为文化资本和经济资本的路径,只是在简单描述这种转化的现象。因此,本研究试图从游戏互动的角度探寻玩家社会资本转化的途径,以寻求网络空间社会资本转化的内在机制。

[①] 张玉佩. 穿梭虚拟世界的游戏少年:他/她们的社会资本之累积与转换[J]. 中华传播学刊, 2013, 23(6): 195-227.

3

网络游戏玩家社会资本的形式

社会资本的网络呈现
——基于对大型多人在线角色扮演网络游戏玩家的考察

"社会资本"的概念一经提出,就因其强大的解释力被广泛应用于政治学、经济学、哲学等诸多学科,社会资本的内涵也不断扩展。但正如相关研究所指出的那样,由于被应用于众多的情境,社会资本的内涵失去了确切的含义(波茨,1998;杨雪冬,2000)。也就是说,人们根据使用的情境,赋予社会资本以不同的内涵。政治学家普特南从公民社会的角度将社会资本看作信任、关系网络和规范等社会组织的特征,这些社会资本作为公民精神而存在,有利于促进公民社会的形成与发展;詹姆斯·科尔曼(1988)则从理性选择理论出发将社会资本区分为义务与期待、信息渠道和社会规范,认为它既是行动主体的能力和特征,又是社会结构资源的重要组成部分;除此之外,还有研究者从能力、关系、文化等角度对社会资本作出界定。总之,社会资本概念在不同的研究领域表现为不同的形式。

在角色扮演类网络游戏这一网络空间中,玩家依靠与其他玩家的互动形成自己的社会资本,同时,这些社会资本也促进了玩家之间的互动。那么,在角色扮演类网络游戏中,玩家的社会资本会呈现哪些形式?电脑版网络游戏玩家和手机版网络游戏玩家在社会资本呈现方面有何异同?

根据学者们对社会资本内涵的界定,特别是借鉴詹姆斯·科尔曼(1988)和普特南(2000)将资本分别界定为社会规范、互惠关系、信任关系、合作网络等具体层次,并结合角色扮演类网络游戏的特点和访谈材料,本研究将玩家的社会资本分为:关系网络、信任、规范和社会支持。

3.1 关系网络

在普特南看来,关系网络普遍存在于任何一种社会形态之中,"无论现代的或传统的,专制的或民主的,封建主义的或资本主义的,都是由人们之间互动与交流的关系网络所构成"[1]。人们生活在这些网络之中,并在互动中形成信任、合作、互惠等社会关系,也正因如此,关系网络被看作社会资本的基本组成部分。在布尔迪厄关于社会资本的界定中,关系网络是其中的核心要素。从性质上来说,关系网络可以是体制性的也可以是社会性的;从其拥有者来说,关系

---

[1] 罗伯特·普特南. 使民主运转起来:现代意大利的公民传统[M]. 王列,赖海榕,译. 南昌:江西人民出版社,2001:203.

3 网络游戏玩家社会资本的形式

网络可以是个人的,也可以是集体的;从其功能上来说,关系网络可以为行动者提供支持,也可以是赢得各种各样声誉的"凭证"。因此,在布尔迪厄最初的界定中,社会资本就与关系网络有着天然的联系,正是通过彼此互动结成的关系网络,行动者的社会资本才得以积累起来。在普特南对于社会资本的论述中更是将关系网络,特别是以社团为单位所形成的关系网络看作推动公民之间合作和促进民主参与的关键因素。普特南认为,关系网络是社会资本产生和存在的基础和载体,是一定的社会组织的特征,它与社会信任和规范有着天然的联系[①]。关系网络是形成社会资本的结构基础,同时,社会资本的主要特征也体现在那些将朋友、家庭、社区、工作及公私生活联系起来的人格网络之中。然而,是否所有的关系网络都可以成为行动者的社会资本呢?自然,答案是否定的,从既往的研究看来,成为社会资本的关系网络必须满足以下两个基本条件。

首先,一个关系网络不是天然存在的,也不是社会现有结构规定的,它需要每一个行动者的参与、劳动与分享,是在个体的不断投资、长期经营、有意识地笼络、交往及反复协调中得以创立、维持和发展的。也就是说,关系网络的建立需要每个个体的投入与积极的互动参与。

其次,要对关系网络进行具体划分或考察。现今的学术研究中经常会有这样的误用,即将网络错认为是资源或社会资本。实际上,社会资本不是两个人之间的抽象联系,社会资本总是呈现为一种人们之间拥有义务的道德关系状态。网络只是一系列联结的剩余效应(Residual Effect),每一个联结可能都处于不同的状态中。也就是说,只有那些彼此互惠、帮助,认为对对方负有责任与义务的网络才称得上是社会资本[②]。李惠斌(2000)也认为,"不能简单地将网络等同于关系,或者将网络等同于社会资本。尤其是在中国的语境下,关系的语义更为复杂,对于个人而言,关系是资本,但它不一定是社会资本,只有将信任、规范、制度等范畴考虑在内,才能从总体的意义上把握和理解社会资本"[③]。而类似社会广泛存在的裙带关系或者波茨所说的犯罪团伙等,对于

[①] 罗伯特·普特南. 使民主运转起来:现代意大利的公民传统[M]. 王列, 赖海榕, 译. 南昌:江西人民出版社, 2001: 195.

[②] Malaby T M. Parlaying Value: Capital in and beyond Virtual Worlds [J]. Games & Culture, 2005, 1(1): 141-162.

[③] 李惠斌. 什么是社会资本[C]// 李惠斌, 杨雪冬. 社会资本与社会发展. 北京:社会科学文献出版社, 2000: 3-18.

社会资本的网络呈现
——基于对大型多人在线角色扮演网络游戏玩家的考察

个人或者集体而言都不是什么社会资本。

因此，本研究中的关系网络是指与角色扮演类网络游戏玩家的游戏行为息息相关，并对玩家的信任、规范以及社会支持等活动产生直接影响的网络结构。对于关系网络的分类，力求在参考以往文献的基础上，结合本研究中研究对象的特点做出合理划分。张玉佩将网络游戏玩家的关系网络划分为家庭、学校和游戏世界。"家庭作为最亲密的基础网络，通常由祖父母、父母、手足与亲友组成；学校网络，偏向正式组织，主要由教师与同学组成；游戏网络，则是指通过游戏世界的交错所组织出来的人际关系，包括同侪玩伴、手足玩伴与网友玩伴等。"[1] 弗里德尔（Friedl）的研究将玩家的关系网络分为宏观社区、微观社区和朋友三个层次，如图3.1所示。宏观社区是包括了所有游戏玩家的游戏网络，玩家可以在其中进行交易、挑战等互动行为；微观社区一般由公会、部落、团队以及拥有相同游戏兴趣的玩家组成，玩家可以分享私密攻略、讨论游戏机构或者投票选举新的公会会长等；第三个层次是玩家完全熟悉的，可以关联某些特征、行为或期待（积极的与消极的）到他们身上的"朋友"玩家。

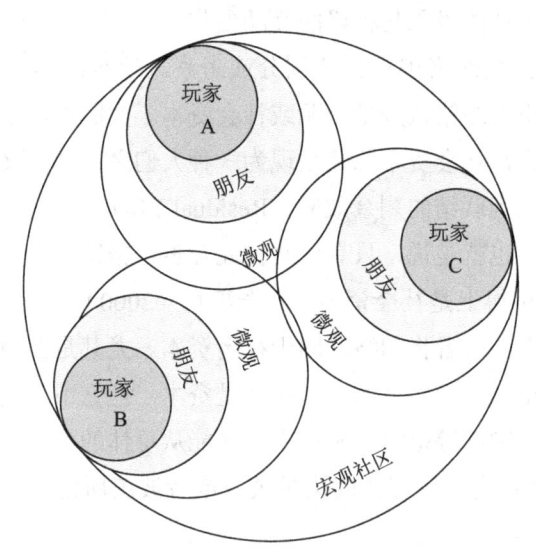

图3.1 弗里德尔对玩家关系网络的划分[2]

---

[1] 张玉佩. 穿梭虚拟世界的游戏少年：他/她们的社会资本之累积与转换[J]. 中华传播学刊, 2013, 23(6): 195-227.

[2] Markus Friedl. 在线游戏互动性理论[M]. 陈宗斌, 译. 北京：清华大学出版社, 2006: 75.

3 网络游戏玩家社会资本的形式

既有关于玩家关系网络的研究多从玩家信息传播的范围角度对其进行划分，本研究试图从关系网络的内容角度对玩家的关系网络进行划分。综合来看，玩家的关系网络包括信息网络和情感网络两大类。

3.1.1 信息网络

在詹姆斯·科尔曼看来，"社会资本的一种重要形式是存在于社会关系内部的信息网络，信息在为行动提供依据方面起到十分重要的作用"[1]。对于MMORPG玩家而言，信息是他们得以驰骋游戏世界、与其他玩家互动交流的重要依据。因而，信息网络是每一个游戏玩家——无论是初涉游戏的"菜鸟"还是深谙其道的"大神"——进行游戏的基础和保证。玩家与玩家之间可以借助信息网络分享升级打怪信息、交易信息以及与游戏相关的其他信息。

首先，在角色扮演游戏中，玩家多以练功升级和打怪获得宝物为主要目的。黄少华在对1466名网络游戏玩家的调查中发现，74.1%的玩家想通过练级提高自己在游戏中的等级，另外，68.2%的玩家进行游戏的目的是与朋友一起打怪获得游戏中的宝物[2]。可见，快速准确地掌握升级打怪信息对于玩家特别是新手玩家在短时间内升级并获得宝物而言至关重要。

> 我是新手的时候，不懂得什么策略，都是哪个招可以释放了就放哪个，一直升级很慢，死得多，杀得少。后来听朋友讲可以多看看贴吧攻略或者视频直播之类。我去看了，发现大神们确实有经验，他们打的和我不一样，他们都是先养一养大招，等大招可以开始释放了，才冲到对方近前，先放一个大招，然后再配合几个小招，基本对方就死掉了。当然技能连接得好，伤害打足了，对方就会被你杀掉。（M10）

---

[1] 詹姆斯·科尔曼.社会理论的基础（上）[M].邓方,译.北京：社会科学文献出版社,1999:363.
[2] 黄少华.青少年网络游戏行为研究[J].淮阴师范学院学报,2008(30):115-123.

71

社会资本的网络呈现
——基于对大型多人在线角色扮演网络游戏玩家的考察

> 想要升级升得快就得多方面收集信息，多关注论坛，或者看大神们发出来的攻略，或者加入官方QQ群，那里面经常有很多玩家在讨论如何快速提高战力的方法。我不到半年时间就升到了满级，完全是因为学到了前人的经验，要不怎么可能升得这么快呢。（F5）

访谈中研究者发现，升级打怪的喜悦与快感是每一位玩家都极度渴望的，这也就使相关信息的生成与流动成为极其自然的事情。玩家不仅可以借助游戏内部的沟通系统（如游戏内的"小喇叭""世界""附近"等）交流升级打怪的经验，借助与游戏相关的其他媒介也是众多玩家的选择，游戏官网、论坛、贴吧、QQ群、游戏直播平台，某些大神级玩家的博客等都成为玩家获取、交流信息的重要平台。同时，线下的面对面交流也是升级打怪信息网络的重要部分。因为，与虚拟的网络空间相比，玩家对现实社会中的互动交流表现出更强烈的好感和信任。

> 在同伴中我是开始玩游戏比较晚的一个，所以在升级方面都是他们在帮我。他们会告诉我怎么出装啊，怎么升级装备啊，怎么团队作战啊。这些都是他们亲自验证过的好经验，所以有了他们给我提供的信息，我的等级升得很快。（M38）

以升级打怪为目的的信息交流贯穿玩家游戏的全过程，并构成玩家互动交往的主要内容。可以说，玩家与玩家之间游戏经验的交流、升级打怪心得的分享等行为促进了游戏内部信息的流动和信息关系网络的建立。

其次，网络游戏是一个不断刷新自己战绩、突破自我极限的过程，因此玩家需要持续地积累游戏币、经验值，并对装备、宠物、宝物等虚拟物品进行升级。但是，如果完全依靠玩家个人的打拼，那将耗费其很多时间和精力。相反借由以交易信息为基础的关系网络，玩家就能省去很多麻烦，快速获得自己需要的宝物。在访谈中研究者发现，玩家构建的交易信息网络大致可包括三种：第一种是以官方或者某些中介交易平台为主的信息网络。这些交易平台主要包括交易猫、淘宝网、5173、7881、中青50洲、uu898、奇宝网等。据2007年的统计来看，国内从事网络游戏虚拟交易的网站就已经超过 50 家[①]。近几年随着网络游戏的迅猛发展，网络游戏交易平台的数量有增无减。通常情况下，这些网站会向买家收取一定的手续费，但作为中介机构，交易平台的存在保证了虚拟物品交易的安全性和规范性。因此，通过虚拟平台进行交易成为多数玩家的首选。在交易平台上，卖家可以详细介绍自己的游戏等级、英雄数量、战区排名等情况以增加可信性，吸引买家的注意力。同时，卖家会将要出卖的装备、宝物的相关信息分别标注，并设定相应的价钱。当有买家需要购买时，平台会安排专门的客服与卖家进行联系。如果交易成功，平台会以邮件的形式将宝物发给买家，将钱转给卖家。在整个过程中，买家与卖家没有直接交流。交易平台成为他们发布、查看、获取、验证信息的重要渠道。5173 网站商品交易信息如图 3.2 所示。

图 3.2 5173 网站商品交易信息[②]

我一般在交易猫上交易，很方便。直接把金币、装备登记一下，把商品的所有资料填写完整，系统会自动审核，审核通过了就直接把商品挂在平台上。有买家买的话，会有专门的客服和买家联系，我就等着收钱就好，非常省心，安全。（M6）

---

① 国内从事网络游戏虚拟交易网站超过 50 家 [EB/OL]．（2016-11-25）[2016-12-30]. http://tech.163.com/07/0825/17/3MOP0NGO000915BF.html.

② http://s.5173.com/lol-0-0-0-0-kzjjo5-0-0-0-a-a-a-a-a-262144-0-0-0.shtml, 2016-11-25.

社会资本的网络呈现
——基于对大型多人在线角色扮演网络游戏玩家的考察

第二种是游戏内的直接交易信息网络。对于很多玩家来说，交易平台固然安全可靠，但一次交易会涉及注册、登记宝物信息、等待系统审核、发布信息、等待买家购买等一系列过程，而游戏内的直接交易就免去了玩家的很多麻烦。通常情况下，玩家会在游戏的"世界""附近"或者贴吧中发布交易需求，有意向的玩家会在线与他联系，买卖双方就会相约在游戏中的某个地点进行交易。

> 在《暗黑破坏神》里面进行交易比较简单快捷。之前我想卖一套绿色的铠甲，就在"世界"频道发布了消息。"世界"频道是统一的，只要是在主城都能看到。我的朋友还帮我在他们的战场频道和小队频道发了信息。后来有个人找我买，我们就直接约在主城入口处见面。然后我把铠甲扔在地上，他也把金币扔在地上，我们分别捡起自己的东西，就走了。这样的交易多简单，大家各取所需，几秒钟就完成了。（M28）

游戏内的交易多是在游戏过程中进行，在节省玩家时间成本的同时也能保证交易的双方都是现实中的玩家，这就在一定程度上避免了不法人员利用交易从中获利甚至做出有损玩家利益的事。除此之外，玩家在游戏内进行交易时也可以多方面获取最新的商品信息。玩家F3在游戏中想卖自己的冥血巨斧（《全民超神》中角色牛头人之神的武器），但不知道如何才能卖出好价钱。在与几个买家进行多次交流之后，F3意识到只有将冥血巨斧镶嵌上最高级别的宝石才能卖出好价钱。通常情况下，游戏内的交易在保证交易顺畅的同时也会为玩家带来更多的交易信息。

第三种是线下交易。所谓线下交易就是不借助游戏平台，而是以现实中的关系网络为基础，交易双方进行的交易。现实世界是游戏玩家赖以生活和获取游戏资本的重要基础，玩家的游戏行为总会与其现实中的人际关系产生千丝万缕的联系。在访谈中可以发现，所有玩家都曾经或正在与现实世界的家人、同学、朋友和同事一起玩游戏，这也为玩家进行线下交易创造了可能性。

3 网络游戏玩家社会资本的形式

> 一起玩《英雄联盟》的都是我现在的同学,大家一起"出生入死",一起打好的装备。当然,如果有想买的或想卖的东西肯定先找他们啊。我之前就是找我同学买的一双靴子,我直接按照市场价格给他钱。大家彼此熟悉,谁也不会骗谁,这样的交易才让人放心。(M34)

通过访谈可发现,有过线下交易经历的玩家最看重的是线下交易的可靠性。因为与平台交易和游戏内的交易相比,线下交易是与现实中的熟人进行的交易。同时,线下交易由于地理位置的限制,所以买卖双方基本属于同一个城市。玩家 M31 就曾在游戏公告中看到一个卖号信息,他让卖家准备好一切交号手续,相约在他们同一个城市的商场见面,双方见面后一手交"号",一手交钱。

最后,除了升级打怪信息和交易信息,玩家之间也会围绕游戏中的其他信息建立起信息网络。这种信息网络既存在于游戏内部又存在于游戏外部。在游戏内部,玩家特别是以使用游戏内通信工具与其他玩家进行社交行为为主要目的的"社交型玩家"[1]更倾向于发起、参与或推动与游戏相关的信息的流动。现有研究也表明,"网络游戏玩家喜欢在游戏世界内与其他玩家进行信息的沟通共享,包括讨论游戏机构、分享比赛咨讯、投票选举新的会长等"[2]。玩家除了在游戏内与其他玩家围绕游戏相关信息进行互动,还会通过与游戏相关的网站、论坛、贴吧、视频平台等游戏环境以外的场合进行互动和交流。在这些场合的交流除了包含升级打怪信息、交易信息,还包括分享精彩的游戏截图、张贴个人游戏日记、招募新会员、下载游戏补丁以及交流游戏体验等。

信息网络是玩家得以在游戏世界"驰骋"的重要基础。可以说,离开了信息,离开了信息网络,玩家在游戏中就"寸步难行"。在访谈中可以发现,无论是升级打怪信息、交易信息,还是与游戏相关的其他信息都是每一个玩家在游戏中极力获得、占有和与其他玩家交流的重要资源。而与之相应的信息网络更是玩家能够与其他玩家顺利游戏、畅快交流的必备资本。

---

[1] Bartle. R. Hearts, Clubs, Diamonds, Spades: Players Who Suit MUDs [EB/OL].(2016-10-22)[2017-01-23]. http://mud.co.uk/richard/hcds.htm .

[2] 关萍萍. 互动媒介论——电子游戏多重互动与叙事模式 [D]. 杭州:浙江大学, 2010: 83.

3.1.2 情感网络

在网络游戏世界，玩家之间不仅时刻交换着信息、建立着信息网络，网络的虚拟性还给予玩家充分释放内心最深处的渴望的机会，使人性在此得以淋漓尽致地展现。在很多研究者看来，每个玩家都不是"冷血动物"，他们带着自己的喜怒哀乐、爱恨情仇进入游戏世界、"驰骋"游戏世界：有人收获了友谊甚至爱情，有人经历了欺骗与背叛。真假、善恶，各种真实的情绪、真实的感触在网络游戏空间都有呈现。鉴于本研究聚焦玩家社会资本形态中的关系网络，而这种关系网络在玩家互动的基础上建立，并促进玩家互动的展开，因此，本研究中的情感网络主要关注玩家之间的亲密关系网络和"战友"情谊关系网络。科尔等在对 MMORPG 中玩家之间的吸引、在线友谊、信任等维度进行测量时发现，玩家之间会在游戏中发展出与现实生活中一样的友谊关系甚至亲密关系[①]。

网络游戏中的亲密关系是基于玩家对情感联结的需求所建立的网络关系，而非传统的身体上的亲密关系 [（Physical Intimacy），托尔斯蒂特和斯托克斯（Tolstedt and Stokes，1983）]，主要包括游戏中的互相关注、互粉、结为情侣（公婆关系）或结婚等。"作为社会人的玩家有被理解、被爱和被关心的情感需要，同时，亲密关系也包含相互的自我表露和自我反思，这些对人们的社会存在都起着基础性作用，而互联网技术所营造的虚拟网络空间为人们寻求和发展亲密关系创造了一个相对安全的环境"[②]，使网络游戏玩家可以在游戏世界经营亲密的人际关系，获得情感的满足。沃尔特（Walther）（1992）甚至认为在互联网空间中，网络使用者的亲密程度有时候会超越面对面情境下双方的亲密程度。这是因为，虚拟空间为网络使用者提供了形塑自我的机会，网络使用者更容易向对方呈现积极的、正面的形象，因此更加有利于亲密关系的发展，甚至优于面对面的沟通。

现在，对网络游戏中亲密关系的研究已经成为网络游戏行为研究的重点之

---

① Cole H, Griffiths M. D. Social Interactions in Massively Multiplayer Online Role-Playing Games [J]. CyberPsychology & Behavior, 2007 (4): 575-583.

② Subrahmanyam, K., & Greenfield, P. Online Communication and Adolescent Relationships [J]. The Future of Children, 2008, 18(1): 119-146.

3 网络游戏玩家社会资本的形式

一。因为MMORPG是以玩家之间的合作为基础的，而游戏中男性角色与女性角色之间的合作更是为游戏运营商所极力推崇。很多游戏都有关于男女玩家结成伴侣的鼓励政策。这在很大程度上促进了网络中亲密关系或者网络恋情的建立与发展（Parks & Floyd, 1996）。陈怡安在对重度游戏玩家的研究中发现，很多玩家将网络游戏看作"真爱世界"，他们在游戏中和自己的队友一起探索游戏世界，他们一起并肩作战并在彼此互动中发展出友谊和亲密关系，甚至在游戏中结婚[①]。尼古拉斯·叶的研究也发现，在网络游戏《无尽的任务》中，60%的男性玩家和其他玩家建立了友谊，这一比例在女性玩家之中更高，达到了75%。不仅如此，3%的男性玩家和15%的女性玩家甚至有和其他玩家约会、结婚、建立浪漫关系的经历[②]。

> 我去年就在游戏中和我的女友"结婚"了。虽然我不知道她长什么样，住在哪里，但这无所谓啊。我们在游戏里约会、说说情话、发发牢骚、把生活中好的和不好的事都告诉对方，这样就够了。（M11）
>
> 游戏里很多人都在搞亲密关系，这是很正常的啊，我在游戏里也有老婆。我们一起"打野"，一起"开黑"，一起"杀怪"，慢慢地就有了感情。虽然我们玩的这个游戏里没有结婚系统，但也可以自己找裁缝做婚纱、礼服，买玫瑰花，和现实中的结婚一样。（M41）

访谈发现，很多玩家在线上游戏中和他人结成亲密关系都是为了寻找情感的慰藉，特别是在心情不好的时候，能够找个人诉说。相对地，有的玩家也表示，在游戏中"结婚"纯粹是出于好奇心和虚荣心。现实中的婚姻需要的条件较多，以及男女双方时间、金钱和精力的投入，而网络游戏中的婚姻则简单明了很多。只要两个人志趣相投，现实中的性别、样貌、地位等都不是问题。所以，很多玩家出于好奇都会和其他玩家互粉、结成情侣或者结婚。现在，很多网络游戏都推出结婚系统，其奢华程度与现实中的婚礼不相上下，一些玩家

---

① 陈怡安. 线上游戏的魅力：以重度玩家为例[M]. 中国台湾：复文出版社, 2003: 100-104.
② Yee N. Motivation for Play in Online Games[J]. CyberPsychology & Behavior, 2006(6): 530-535.

77

社会资本的网络呈现
——基于对大型多人在线角色扮演网络游戏玩家的考察

将在虚拟空间举办的婚礼看作他们与伴侣亲密关系的象征。玩家 M23 说，时空猎人中的结婚系统超级豪华，购买一套需要 520 元，虽然有点儿贵，但这是他一直以来的愿望，要给他的"女朋友"一个隆重的婚礼，只有在其他玩家的见证下，走过了红毯，得到了大家的祝福，他们的"婚姻"才是圆满的。玩家 M23 的结婚系统如图 3.3 所示。

图 3.3 玩家 M23 的结婚系统

普通玩家将亲密关系看作情感慰藉的手段，对于现实中的夫妻而言，游戏中的亲密关系则是他们现实关系的表征和寄托。玩家 F3 和 M17 是一对夫妻，由于各自求学，二人分居两地，平时见面的机会比较少，主要的联系方式为微信和 QQ。在二人都开始玩《天天炫斗》以后，自然就加对方为情侣。有空的时候他们会一起相约上线，二人组队一起杀怪、闯关或者在游戏里闲聊几句。每天 F3 都会送"心"给 M17，M17 也会通过"告白"系统向 F3 发送私信或送出玫瑰花，这些已经成了他们表达爱意的独特方式。可以说，游戏中的亲密关系成为二人现实关系的写照，而且这种别样的传情方式为他们的亲密关系增添了些许浪漫的色彩。

另外，MMORPG 玩家在游戏过程中都是"结对"出行，这有利于玩家之间战友情谊和同侪情谊的发展。据《欧洲互动软件基金会》的调查报告，有 55% 的游戏玩家是和其他同侪一起玩游戏的［戈斯林和克劳馥（Gosling & Crawford），2011］。特别是在线上游戏世界里，玩家们很少单独行动，他们经常是具有社会性的共同行动[克斯特诺瓦（Castronova），2001]。角色扮演类网络游戏不同于一般的网络游戏，它在游戏设计中就要求和鼓励玩家通过合作完成通关、杀怪等任务，进而获得奖励和游戏的欢愉。在访谈中也可发现，所有玩家都会和其他玩家结成伙伴关系一起进行游戏。"一个人玩游戏，从不与其他玩家接触"的说法在所有玩家看来是不可想象的，因为那样就失去了玩网络游戏的乐趣。因此，在游戏中与其他玩家互动交往、共同战斗、彼此帮助与支持成为众多玩家游戏内容的重要部分。他们相互鼓励、帮助、分享游戏世界的酸甜苦辣，在多次的互动合作中建立起深厚的同侪情谊。吴齐殷（1998）曾经指出在网络游戏中，即使从未谋面的玩家，也会因为彼此的趣味相投、互助合作，逐渐发展出友谊、伙伴等原本只有在现实社会中，面对面互动、沟通才能建立起来的默契和关系。

玩家之间的同侪情谊首先体现在游戏内部的互动中，特别是团队合作中。角色扮演类网络游戏是以任务为导向的，无论是新人还是老玩家，都要通过特定的关卡、完成相应的对战。在每一个任务环节通常都会有一个大BOSS，一个玩家通常很难"击杀"BOSS。这个时候就需要其他队友的协助。同时，在网络游戏中，一个玩家只能操控一个角色，而进行比较大型的对战通常需要各种职业的角色的配合。这个时候其他队友的加入和密切配合就成为玩家取胜的关键。不仅如此，玩家也在彼此的合作中体会到团队战斗的力量和同侪之间深厚的情谊。

> 在游戏中，很多怪物比较厉害或者有些特定部位不是一个人能搞定的，通常需要不同的武器才能击杀怪物。比如破壳和断尾就是其中比较难的，断尾要用斩击类武器，一般是刀，破壳一般是钝击类武器，比如锤子，破壳的话近战很难发挥作用，基本是远程去打。所以，算下来至少需要五个不同职业的玩家才能搞定。这个时候我就和游戏中的朋友一起打。我们分工合作，每个人都找准自己的位置，把自己的技能作用发挥到最大。上次我们打一个BOSS差不多花了十分钟时间，每个人都累得筋疲力尽了，但是大家很高兴，互相都说着称赞的话。说来也奇怪，感觉我们的感情一下子升华了，从原来的陌生人变成了可以互相依靠的朋友。 (M19)

社会资本的网络呈现
——基于对大型多人在线角色扮演网络游戏玩家的考察

玩家之间的同侪情谊不仅体现在战斗中，还体现在游戏内的其他互动中。其中，互动聊天是玩家彼此交流情感、分享生活中的酸甜苦辣、建立友谊的重要途径。在访谈中可以发现，几乎所有玩家都有在闲暇的时候与游戏中好友聊天的经历。他们或讲述自己曲折的游戏经历，或吐槽游戏中遇到的"坑货"，或分享现实生活的不如意，或向其他玩家传授"过来人"的经验。总之，在游戏世界，他们可以毫无顾忌地倾诉自己的情感，与其他玩家进行不需要现实伪装的交流。这为网络空间的交往增添了更多的人性色彩，也使玩家之间的情感在彼此的倾诉中不断升华。

> 我曾经在游戏里认识一个好朋友，叫牛牛，他今年有三十多岁了，大我快十岁，人生经历非常丰富。他除了教我们怎么玩游戏，还会告诉我们许多道理，比如说我那时候快高考了，他就让我别再玩游戏了，叫我考个好大学，说以后对我有许多的好处。当时父母和老师都苦口婆心地劝我不让我玩游戏，但我就是有抵触心理。但是牛牛劝我，我就听得进去，后来就停了几个月，安心复习考试了。结果还是没考好，他就安慰我，想尽各种办法宽慰我，逗我开心。说实话，那段日子挺难熬的，不想面对家人和同学，每天都在胡思乱想。要不是有牛牛一直在给我发信息鼓励我，真不知道自己怎么熬过来。其实，他不仅是游戏中的队友，我早就把他当成我的大哥哥了。（M31）

玩家在游戏中的闲聊、打趣甚至调侃都是他们之间情感沟通的重要方式，都在不同程度上增进了他们之间的了解，为深入交往、建立友谊奠定基础。玩家 M9 表示，"在公会里认识了好多玩家，大家互相交流经验，聊得很嗨，好多都变成了无话不谈的好朋友"。玩家 F1、M3、M22 也认为，和游戏中其他玩家的交流开阔了他们的眼界，学习到了很多东西，也交到了更多的朋友。除此之外，随着网络游戏国际化的发展，很多网络游戏是面向全球的，有的玩家通过网络游戏结识了其他国家的玩家，甚至和他们发展了线上或线下友谊。玩家 F1 与国外玩家交流如图 3.4 所示。

《部落冲突》这个游戏是不分国界的，哪个国家的玩家都可以玩。我们部落里有马来西亚的、美国的、巴西的、印度尼西亚的，有的会说汉语，不会说的我们就用简单的英语沟通。很多人还把这当作练习英语的好机会呢。不管怎样，一般的沟通还是没有问题的，我和一个马来西亚的玩家特别谈得来，什么都聊，工作啊，家庭啊，时装啊，还加了微信呢。平时不上线的时候也经常聊天，现在我们已经成为好朋友了，他还说下个月来中国出差要找我呢，一想到要见到他我就莫名地兴奋，这可能就是古人说的"有朋自远方来，不亦乐乎"吧。（F1）

图 3.4　玩家 F1 与国外玩家交流

对于很多玩家而言，游戏就是他们现实生活的一部分。尽管网络空间是虚拟的，但其中所进行的互动和情感交流是真实的，甚至对于一些玩家来说，游戏中的交往才是唯一真实的。这也是上文提及的玩家 M31 更愿意倾听游戏中朋友忠告的原因。玩家之间的同侪情谊不仅会对玩家的现实生活产生切实的影响，而且这种同侪情谊甚至会延伸到现实生活中，并借由现实生活中的交往加深这种同侪情谊。

社会资本的网络呈现
——基于对大型多人在线角色扮演网络游戏玩家的考察

> 我在游戏中有很多好朋友，有一些聊得特别好的，我们还聚会了呢。就在今年暑假的时候，我就坐火车去了广东一次，和游戏中的12个好友见面了。虽然是第一次见面，但我们就像是许久不见的老朋友一样，感觉对彼此一点都不陌生。我们12个人找到一家网吧，坐在一起玩游戏，那感觉非常爽。后来还一起逛了世界之窗，玩了整整3天，大家都非常开心。我回来以后，他们还经常给我打电话，我们之间的联系更紧密了。（M34）

玩家M7也表示，曾经与游戏中的好友相约一起去KTV、吃饭，经过现实中的交往，他与这个好友的联系变得更加密切。另外，同为机电专业学生的玩家M19和M20通过炉石这个游戏相识，通过交流发现二人是同一所大学的，从此以后就经常一起讨论与学校和专业相关的问题。可见，与网恋中经常出现的"见光死"有所不同，玩家之间的现实交往通常会加深他们的同侪情谊，使原本游戏中的好友关系上升为深厚的友谊。在访谈中，玩家M3、M8、M23和F4都有和线上玩家发展线下友谊的经历。并且经过线下关系的发展，这些玩家和朋友之间的友谊更加长久和深厚。既往的研究也指出，这种混合了线上游戏与现实世界交往的朋友关系，经常可以帮助玩家维持较长的友谊关系〔格拉博夫斯基、克鲁谢夫斯卡和科辛斯基（Grabowski, Kruszewska & Kosiński, 2008）〕。

3.2 信任

信任既是人类社会中的一种普遍现象又是人际互动中不可或缺的要素。也许正是因为它的普遍存在以及理所当然才使中外学者对信任的研究直到20世纪50年代左右才展开。社会科学领域对信任问题的研究纷繁复杂，对信任的界定也无统一说法。国内学者翟学伟（2014）在研读西方文献的基础上，将信任的定义大致归结为以下五个不同的方向："①对他人善良所抱有的信念或一种健康的心理特质；②对他人特点的反应；③对他人行为的期待；④一种有待证实的冒险行为；⑤对社会系统正常运行的某种期待。"尽管不同领域的社会

3 网络游戏玩家社会资本的形式

学者对信任的定义五花八门，但其思考的出发点都是关于个人与他人的关系，即人际互动是如何达成的。西方学者的研究也是遵循这样的思考路径。他们一方面关注个体的信仰、信念、信心等，另一方面关注组织中的信任（克雷默、泰勒，2003），作为社会资本的信任（普特南，2001，弗朗西斯·福山，2003）以及信任与民主的关系（沃伦，2004）等。

本研究是沿袭普特南的思路，将信任看作社会资本的重要组成部分。在他对意大利地区的研究中可以发现，信任构成了社会伦理道德的核心部分，并在一定程度上促进了意大利地区的经济增长以及政府绩效的提高。信任之于社会资本的重要性还体现在很多研究者直接将社会资本与信任等同视之。例如福山就认为："社会资本是一种能力，这种能力源于对社会或社会某个组成部分的普遍信任"[1]，怀特利在《社会资本的起源》（*The Origins of Social Capital*）一文中就以信任为标准展开对社会资本的测量[2]。

信任是一切社会领域人际互动，特别是良好人际互动的基础，当然虚拟的网络游戏空间也需要信任的支撑。角色扮演类网络游戏最大的特点在于角色之间的互动十分频繁，而这种互动是建立在彼此认可和信任基础之上的，尤其是网络中的交易等行为更是以信任为基础的。像很多玩家所说的那样，尽管玩家之间是隔着屏幕通过角色进行交流，但网络游戏中是有信任的，而且这种信任是与现实生活中的信任一样真实的。在图拉斯穆特（Tulathimutte）对《魔兽世界》的研究中发现，玩家之间在装备等物品的交易中以及在游戏中集体探索地下城、打败敌人等方面都存在对其他玩家的信任[3]。通过访谈也发现网络游戏中的信任主要包括人际信任和团队信任。人际信任是玩家与玩家之间的信任，这种信任主要体现在玩家之间的交易、团队合作以及借用等行为中；团队

---

[1] Fukuyama, F, Zamorski, K.. "Trust : The Social Virtue and the Creation of Prosperity"[M]. New York: Free Press, 1995: 26.

[2] 保罗·F. 怀特利. 社会资本的起源[C]. 冯仕政，译// 李惠斌，杨雪冬. 社会资本与社会发展. 北京：社会科学文献出版社，2000: 45-76.

[3] Tulathimutte, B. T., & Demographics, U. Trust, Cooperation, and Reputation in Massively Multiplayer Online Games[J/OL]. Game Research the Art Business and Science of Computer Games, 2006, 1–9[2017-09-23]. http://scholar.google.com/scholar?hl=en&btnG=Search&q=intitle:Trust+,+Cooperation+,+and+Reputation+in+Massively+Multiplayer+Online+Games#0.

社会资本的网络呈现
——基于对大型多人在线角色扮演网络游戏玩家的考察

信任是指玩家对虚拟社群组织——战队、公会、联盟等的信任，主要表现为对组织内部信息的信任、对组织成员的信任和对组织权威的信任。

3.2.1 人际信任

"人际信任是个体在人际互动过程中建立起来的对交往对象的言辞、承诺以及口头或书面陈述的可靠程度的一种概括化的期望"[①]。尼克拉斯·卢曼从新功能主义的理论视角来看待人际信任，认为"它是人们社会生活的基本事实，是用来减少社会交往复杂性的机制"[②]。在网络游戏空间，由于玩家是在身体不在场和匿名的情况下进行互动与交往，这为网络空间的人际交往带来了一定的风险性。但是，正像吉登斯（2000）所论述的那样，正是由于信息的缺乏，所以在人际交往中信任是必要的。人际信任对于游戏玩家而言，是他们顺利展开游戏互动的先决条件。网络空间的交往既是熟人之间的互动，又是陌生人之间的交流。同时，玩家的网络行为取向包括工具性取向和情感性取向两个方面，因此可以对工具性和情感性两类行为进行划分。其中，工具性信任行为包括"寄钱给对方让他帮自己买东西""把自己的游戏账号借给对方"和"接受对方的邀请与其见面"；情感性信任行为包括"向对方倾诉自己的烦恼或心事""在对方情绪低落时倾听和安慰对方"以及"耐心回答对方的询问"[③]。数据表明，在工具性信任行为和情感性信任行为两个方面，游戏玩家对熟人的信任均高于对陌生人的信任。借鉴以往研究，可将网络游戏中的人际信任分为熟人之间的信任和陌生人之间的信任。并把工具性信任行为和情感性信任行为加以整合。这里所说的熟人包括两类。一类是玩家现实世界关系网络中的家人、同学、同事或朋友；另一类是玩家在游戏世界中结识的"哥们儿""朋友""铁子"或者他们戏称的"好基友"等。通常情况下，游戏世界中的熟人一般要经历一起游戏、互加好友、长期互动甚至"同甘苦共患难"的过程。在

---

① Rotter, J. B. A New Scale for the Measurement of Interpersonal Trust [J]. Journal of Personality, 1967 (35): 651-655.
② 尼克拉斯·卢曼. 信任：一个社会复杂性的简化机制 [M]. 瞿铁鹏，李强，译. 上海：上海人民出版社，2005: 3.
③ 黄少华. 网络空间的社会行为——青少年网络行为研究 [M]. 北京：人民出版社，2008: 161.

3 网络游戏玩家社会资本的形式

访谈中可以发现,熟人之间存在着较普遍的信任关系。这种信任主要体现为游戏中的交易行为和借用行为。

首先,交易行为普遍存在于网络游戏中。玩家或者为了快速获取自己需要的宝物[①],或者为了累积金币用于升级,或者为了寻找代练等,常常会借助虚拟交易来达到目的。目前,网络游戏玩家的交易主要包括玩家通过交易平台与其他玩家进行交易、玩家与玩家之间线上交易以及线下的面对面交易三种形式。玩家以交易平台为中介的交易主要是指玩家在交易平台(如1573、交易猫、淘宝网等)上挂出自己的商品(装备、宝石、药水、角色等),由交易平台作为中间机构完成交易,交易达成后平台会收取一定的佣金。此类交易是借助于玩家对线上交易平台的信任来实现,而这种信任通常是建立在玩家对"介绍人"信任的基础之上的。而这个"介绍人"就是玩家口中的熟人。

> 我一般都是在交易猫上进行交易,很方便,把金币、装备登记一下,把商品的所有资料填写完整就好了,我周围的哥们都在这个平台上交易,他们不会坑我的,错不了。(M10)

由于交易涉及现实的金钱以及玩家辛辛苦苦打来的装备等,因此所有玩家在进行交易时都十分谨慎。他们不会自己随便找一家网上交易平台就进行交易,而是征求熟人的意见,然后再做出决定。玩家F1从开始玩游戏就一直都是表哥带着,包括交易平台的选择也是听取了表哥的意见。在她看来,网络空间有太多的陷阱,必须有现实中信任的人才能保证安全。

第二种交易方式是玩家与玩家之间在游戏内的直接交易。所谓直接也是指以网络为中介,非面对面的交易。这种情况通常发生在网络游戏过程中,玩家或以"练摊"的形式,或以世界喊话的形式,或以贴吧公告的形式发布交易信息,有意愿的玩家与卖家直接联系、交易。这种直接交易虽然节省了交易成本,但也存在着极大的风险。所以,玩家们比较倾向于找熟人进行交易。

> 网络交易的时候更要当心被骗了,我买号都是找认识的人。我

---

① 骆少康. 线上游戏虚拟资产交易模式探索以及玩家社交关系对交易信任之影响[J]. 咨询社会研究, 2007 (12): 87-108.

社会资本的网络呈现
——基于对大型多人在线角色扮演网络游戏玩家的考察

之前用的号就卖给了室友的一个朋友。因为有室友做中间人就不担心被骗,毕竟都住一个宿舍两年了。卖之前,我把号给对方,然后他登录看号,看里面的卡之类,检查完了,再交易,没有出现任何问题。但我听说有人专门以卖号、看号为名,分解对方的卡,连尘都不留,所以一定要找信得过的人。(M15)

游戏中的交易对于玩家而言十分重要。因为交易行为是以金钱以及玩家辛苦所得的装备等为基础,这些都是玩家十分珍视的。因此,在交易中,寻找信得过的熟人成为很多玩家进行交易的前提,也是交易得以成功的保证。通过访谈发现,几乎所有交易失败或被骗的玩家都是轻信游戏中的陌生人所导致的。

当时我的号已经在战力榜上了,觉得没什么新鲜的了,就想过一段时间再玩,然后在游戏里遇到一个要买号的,当时说得信誓旦旦,我就相信他了,我把游戏账号和密码告诉他,让他去看号。结果没想到,他是个骗子。幸亏我是VIP10,我当场给官方打电话冻结账号,结果还是被偷走了两套价值最高的宝石,害得我的战力从125万掉到60万。这个骗子后来在微信里把我拉黑,直接消失了。和不认识的玩家交易太不靠谱了。(M26)

像 M26 一样因为和陌生人进行交易而被骗的案例十分常见。玩家 M3 曾被骗游戏币、玩家 M23 曾被骗光身上所有的宝石、F3 和 M8 的高等级游戏号被盗走、M14 和 M18 的装备也曾被骗光。据玩家们自己回忆,这些交易都是和只有一面之缘的陌生人进行的,最终造成了严重的损失。

其次,网络游戏中的借号、借装备、借钱等行为也多发生在熟人之间,因为游戏中的账号和装备是玩家的"全部家当"。一方面,它们具有一定的价值,特别是级别高的玩家,一个账号动辄几千元,一套极品装备也可以卖到上千元。另一方面,玩家将账号和装备看作自己心血的结晶。很多玩家都表示,一个账号玩久了,自然而然就对它产生了感情。所以,通常情况下,若不是非常信任的关系、不是熟人是不会随便将账号和装备借给其他玩家的。在访谈中

3 网络游戏玩家社会资本的形式

可发现,出借账号、装备甚至金钱的行为虽然不普遍,但却也真实地存在于网络游戏中。

> 我和我的公会副会长认识有两年了,当时是给公会拉人的时候认识他的。还挺聊得来的。就交了个朋友。给了他个公会长老的职位。之后不巧的是我被骗光了全身宝石。他这个人还挺仗义的。二话没说,把他自己身上的宝石借给了我半套。说咱俩一起再攒。当时我特别感动的。后来,我没空玩就把账号密码都给了他,让他帮玩,我的游戏装备也都是顶级的。他也没有盗我号,盗装备啥的。你说,这不是信任是什么? (M23)

陈佳靖在对《天堂》游戏玩家的访谈中也发现,在游戏中装备的出借与否最能检验玩家之间的信任关系。因为玩家通常会把这些稀有且珍贵的资源看作他们的"命根子",如果能将装备借给其他人,那肯定是十分信任的人,"而这些值得信任的人都是在长期的社群互动基础上结识的熟人"[①]。

在访谈中研究者发现,很多在游戏中的熟人经过长久的互动与接触建立了充分的信任关系,并有将这种关系延续到现实世界的可能。这是因为网络游戏与现实中的其他交际活动一样,具有真实社交的功能。互联网技术有可能消除基于游戏内外所属时空不同造成的人类社交互动关系的隔阂,满足用户真实社会交往的需求,使网络与现实生活相互交融,实现网络游戏社交由"虚拟性"向"日常性"的跨越(武宇飞,2012)。在访谈中研究者发现,部分玩家不仅在线上建立了信任关系,还将这种关系延伸至线下,将线上的熟人关系进一步发展为现实世界的熟人关系。

> 之前玩的那款游戏是《穿越火线》。我和战队的一个朋友玩得非常好,我们游戏账号的密码对方都知道!我们非常信任对方!有一次,游戏里需要步枪武器,一把888元。他当时钱不够,差了600元。他就找我借,我当时有钱。因为很信任他,2分钟我就把钱打到

[①] 陈佳靖. 网路空间·人际关系:线上线下·生活世界 [J]. 资讯社会研究, 2003 (4): 141-179.

社会资本的网络呈现
——基于对大型多人在线角色扮演网络游戏玩家的考察

他账上,他答应我一星期后就还我,结果才过去5天他就把钱还我了!我觉得他说话算话,人不错,我们之间也就这样建立信任了。后来呢,我们都是同一个省的,虽然在不同城市。但春节他来我们这边玩了,我们现在不只是游戏中的朋友,还是现实生活中的朋友。(M9)

同时,研究者也发现,玩家对于现实中的朋友之间的互相借用行为普遍表示可以接受,"因为大家熟悉,不会出问题",但对于在网络上认识的玩家则会有更多的担心。即使双方达成了信任,但这种信任也是有一定限度和条件的,比如不能给出借方带来太大损失等。

有一次在网上认识了一个人,打得挺厉害的,和他玩了几把,他觉得我还可以,就互相加为好友。后来朋友找我一起去另外一个区打,但我没有那个区的号,就想到向他借,他扔给我一句"别玩"(别输)就把号借给我了,还算够意思。还好,用他的号玩了几次赢多输少,要是输了,也不好,估计到时候他也不愿意借给我,毕竟是在网上认识的嘛,又不是现实中的朋友,还是不一样。(M10)

在虚拟的网络游戏空间中,玩家都是以 ID 的面貌示人,这与现实社会的面对面交流有很大区别。在现实社会的交往中,即使是陌生人之间也可以通过观察对方的衣着、面貌、行动和言谈等判断他是否值得信任,这种"眼见为信"的观念已经深深地植入人们的日常交往之中。然而,"在网络空间中,借着创造一个 ID 代号,网络族可以扮演与其在现实生活中不同的虚拟角色,甚至可以一个人同时扮演多个不同的角色,也可以随时更换自己的身份、地位、职业、年龄、学历甚至性别"[1]。可以说,玩家与玩家之间的互动是戴着"面具"的"共舞",谁也不知道对方到底是谁。与现实中的面对面交流相比,这种隔着"面纱"的交流很难保证双方信任关系的达成。但是,角色扮演类网络

---

[1] 黄少华,陈文江.重塑自我的游戏——网络空间的人际交往[M].兰州:兰州大学出版社,2002:131-132.

3 网络游戏玩家社会资本的形式

游戏内在的要求玩家之间互动与交流，这也为陌生人之间信任的建立创造了条件。在访谈中也发现，尽管玩家普遍信任游戏中的熟人，但与陌生人之间的信任也确实存在。陌生人之间的信任主要体现在互留联系方式和团队合作两个方面。

电话号码、邮箱等个人联系方式属于个人隐私。如果将个人联系方式告诉陌生人，在一定程度上，体现着对陌生人的信任。在 MMORPG 中，玩家出于以后继续合作、密切联系等原因，会将自己的 QQ、微信、邮箱和电话号码等个人通信信息告诉其他玩家。在对访谈记录的整理中研究者也发现，有超过一半的玩家都曾与其他玩家分享过自己的联系方式，并相信个人信息不会因此而遭到泄露或带来其他危害。

> 在游戏里互留联系方式是很正常的事。遇到陌生的玩家，觉得对方玩得不错，看着挺顺眼的，就会聊几句，然后留一下QQ，如果下次玩游戏再约一起，这样很方便的。虽然大家是陌生人，但最基本的信任还是有的，我把QQ告诉他，就是相信他啊。（M9）
>
> 我经常会把我的电话号码告诉游戏中的陌生人啊，这没什么，不会有什么危险的，我相信他们不会把我的电话号码给别人的。现在想一想，和那些推销房子的、卖保险的电话比起来，我从来没被游戏中的其他玩家骚扰过。（F2）

相关研究也指出，游戏中玩家互留联系方式已经成为常态。尼古拉斯·叶曾经指出有超过四分之一的男性玩家以及一半的女性玩家会把自己的电话号码给其他 MMORPG 玩家，把自己的个人信息以及电子邮箱给他人的比例更是高达 60%～80%[1]。如此多的玩家能够毫无顾忌地将个人联系方式告诉陌生的玩家，这是他们之间信任的体现。同时，一些玩家也表示，互留联系方式不仅是陌生人之间信任的表现，还被很多玩家看作建立进一步信任关系的基础以及至关重要的一步。

---

[1] Yee, N. Sharing Contact Information [J/OL].The Daedalus Project, 2009, 7:1 [2016-06-17]. http://www.nickyee.com/daedalus/archives/000631.php.

社会资本的网络呈现
——基于对大型多人在线角色扮演网络游戏玩家的考察

> 我现在最信任的一个朋友就是在游戏里认识的。当初认识的时候，就觉得他人不错，然后留了电话和微信，后来就经常联系。慢慢地，我们成了无话不说的好朋友。如果当初担心这、担心那，不敢把自己的联系方式给对方，后来我们也不可能成为好朋友。
> （M20）

像玩家 M20 一样，很多虚拟空间的熟人关系的建立都是从互留联系方式开始的。正是玩家之间有着最基本的信任关系，才有可能将属于个人隐私的联系方式告诉在网络空间相遇的陌生人。

在访谈中研究者发现，很多玩家都像 M18 一样认为游戏世界虽然是虚幻的，但玩家与玩家之间的互动却是真实的，通过文字、语音甚至角色之间的一举一动，他们是在与真实存在的另一个人进行情感交流。特别是语音辅助工具的出现和发展使玩家之间的交流更加顺畅和自然。玩家也都愿意通过语音辅助工具与其他玩家进行实时沟通。据艾瑞咨询发布的《2014 年中国客户端游戏用户行为研究报告简版》，有一半以上（51.2%）的游戏用户会使用语音辅助工具与其他玩家沟通，尤其是男性玩家在游戏时与团队沟通以及看比赛直播时使用语音辅助工具的比例会更高[1]。正像 James 曾经指出的那样，决定事物真实性的并不是其物质实体而是人们感受和关心的那种"真实感"[2]。在网络游戏社区中，这种莫名的"真实感"加上团队合作中的互动交流在无形中拉近着玩家与玩家之间的距离，尤其在危急时刻的互动会使团队荣誉感和玩家之间的战友情谊不断升华，陌生人之间的信任不自觉地产生。

> 上次打段位的时候玩的是自动匹配，一上来队友们就都开着语音，从选角色到开始对战，大家七嘴八舌说得很开心。特别是在最关键的团战的时候，大家互相协调，战士和肉盾不顾个人生死冲在

---

[1] 2014 年中国客户端游戏用户行为研究报告简版 [R/OL]. (2014-07-10)[2016-10-07]. https://report.iresearch.cn/report/201407/2216.shtml?s=enable.

[2] Mark C. Meachem, Helping You to Help Me: The Effective Pursuit of Self-Interests in World of Warcraft and Its Correlation to Offline Social Capital [D]. Fielding Graduate University, Doctor dissertation, 2009: 99.

最前面，蛇女和宙斯压后阵。如果谁支撑不住了，其他队友就赶快冲上来保护他。大家都相信队友会配合自己，会照顾自己。（F2）

很多研究都指出，由于网络游戏中的信任建立在虚拟的空间而非面对面交往基础之上，因此玩家之间的信任是表面的、浅层次的（Taylor, 2006; Steinkuehler & Williams, 2006）。本研究也发现，游戏中陌生人之间的信任多发生在互留联系方式和团队合作中，属于较浅层次的信任。虽然陌生人之间在交易和借用行为中也有信任的情况，但比较少。

3.2.2 团队信任

本研究中的团队信任是指玩家对自己在游戏中加入团队（如公会、联盟、战队、部落、帮会、帮派等）的信任，即玩家在游戏互动过程中对团队所产生的信赖和安全感。以往的学者在研究虚拟社区信任时，将其分为对虚拟社区信息的信任和对虚拟社区中其他成员的信任。也有学者将虚拟社区信任等同于对其他成员能力、仁慈或正直的信任，如表 3.1 所示。借鉴以往的研究成果，结合访谈内容，本节主要关注玩家对组织内部信息的信任、对组织成员的信任以及对组织权威的信任。

表 3.1 虚拟社区信任模型的构成[①]

模型的组成部分	包含的元素
虚拟社区信任的原因	信任者（社区成员）：信任倾向、享受、感知的响应 第三方：数字证书、社区责任系统 其他因素：线下活动、虚拟社区来源、其他成员倾吐个人信息、领导者激情
虚拟社区信任	对其他成员能力、仁慈或正直的信任
虚拟社区信任的结果	收获、给予信息的愿望、成就感、影响力、沉浸的结果感

网络空间的"虚拟性"与"开放性"特征，使这种建立在想象基础之上的人际互动，以及在这一互动进程中的自我塑造变得可能。在网络空间，个人

[①] 翟学伟，薛天山. 社会信任：理论及其应用 [M]. 北京：中国人民大学出版社，2014: 204.

社会资本的网络呈现
——基于对大型多人在线角色扮演网络游戏玩家的考察

可以隐瞒部分甚至全部现实世界里的真实身份，自由选择自己呈现给他人的面貌，通过人际交往塑造跟现实世界中不同的自我（黄少华，2002）。网络为游戏玩家提供了建立虚拟社区的机会，"在那里，我们和来自世界各地从未谋面的网友一起聊天，甚至建立亲密关系，一同参与这个社区"[①]。

团队即公会、战队、部落或联盟等，是网络游戏中最常见的社群组织，几乎所有的游戏玩家都曾经或正处于这一组织之中。在林鹤龄和郑芳芳对 427 名游戏玩家的访谈中发现，只有 5.4% 的玩家从未加入过血盟。钟智锦在对 467 名网络游戏玩家的调查中发现，77.6% 的玩家曾经加入过或正在加入游戏中的公会组织，77.6% 的玩家有过和其他玩家一起组队的行为。不仅如此，大多数（66.5%）玩家都表示他们对所在的公会或战队很满意，并对其有归属感[②]。陈怡安（2002）也认为，在线游戏最大的魅力就在于"社群的经营"以及游戏让玩家所体会和享受到的"社群感"。通过访谈也发现，90% 以上的玩家都曾经或正在加入某个社群组织，其中 M18 和 M23 有担任会长的经历，玩家 M3 曾自己建立帮会并经营两年有余。玩家 M3 建立的帮会如图 3.5 所示。

图 3.5　玩家 M3 建立的帮会

[①] 雪莉·特克. 虚拟化身：网路世代的身份认同 [M]. 谭天、吴佳真，译. 中国台湾：远流出版事业股份有限公司，1998: 4.
[②] 钟智锦. 网络游戏玩家的基本特征及游戏中的社会化行为 [J]. 现代传播，2011 (1): 111-115.

3 网络游戏玩家社会资本的形式

对于玩家而言，团队是由一群志同道合、兴趣相投的朋友所构成。不论是公会、联盟还是战队等团队组织都是由玩家们自己发起、组建并管理的社交小组。玩家可以在团队内结交志趣相投的朋友、一起征战峡谷和沙场、参加团队活动甚至进行线下聚会与交流。正像玩家M13所说："我们公会的玩家来自天南海北，年龄相差也很大。但我觉得玩游戏的人那么多，我们五十个人能在一个公会里面那就是一种缘分，我们彼此都很珍惜这份感情，对公会和队友的信任是很自然的事。"这种信任首先表现为对团队内所发布的信息的信任。正如前文所述，游戏信息特别是交易信息、入会信息、游戏比赛信息等对于玩家而言十分重要。与游戏"世界"或者"大厅"中发布的信息相比，玩家更倾向于相信团队内的信息。

> 游戏中的骗子特别多，尤其是有人在游戏里面发布的买卖装备、账号、代练的信息很多都是假的，我轻易都不敢相信。我一般买装备都是看帮会里朋友发布的信息或者通过帮会朋友的介绍寻找卖家。帮会里面发布的信息一般都比较可信，乱七八糟的东西也不敢在帮会里面发，会被帮主清除出去的。（M3）
>
> 我有一个朋友想加入公会，但我们公会已经满了，没办法加他。后来我在公会的聊天系统看到有人发布招会员的信息，我就推荐我的朋友加入了。后来我朋友和我说那个公会特别靠谱，福利多会员也都很好。现在的公会是很多，但林子大了什么鸟都有，有很多公会在招人的时候说得天花乱坠，全国八强啊，加入送礼包啊，实际上很多都是骗人的。特别是在贴吧和QQ群里发布的，没有几个是真的，但公会里发布的招人信息不会是假的。（M33）

在访谈中可发现，玩家普遍相信团队内发布的信息。特别是女性玩家基本会选择到团队内的聊天系统去查看信息。玩家F3表示，自从加入战队以来，都是查看战队内的信息，关注战队内成员对打野、攻城、升级、赛事等游戏资讯的介绍。玩家M37也表示，他的几次成功的装备交易都是得益于公会信息的准确。由此不难看出，玩家对团队内的信息有比较高的信任感。

另外，游戏中一个团队内部成员之间的信任是团队信任的关键一环，这

社会资本的网络呈现
——基于对大型多人在线角色扮演网络游戏玩家的考察

种信任在团队合作中体现得最为明显。角色扮演类网络游戏的每个角色一般在某一个技能方面表现最为突出，而在击杀怪物、闯关的过程中需要多项技能的配合才能顺利、高效地完成任务，因此团队合作成为玩家最好的选择。林鹤龄和郑芳芳在对《天堂》玩家的问卷调查中发现，角色扮演类游戏的合作特性使玩家都会选择组队练功，喜欢和其他玩家组成团队而非个人练功。在选择队友时，玩家都倾向于与自己团队内部的朋友一起组队。其中，有高达63.9%的玩家表示他们会优先选择与血盟的朋友组队，因为他们相信血盟内部的朋友更可靠，在关键时刻更能照顾或者帮助自己[1]。因此，为了战斗的胜利，每个玩家都会毫不犹豫地选择相信自己的队友，与队友并肩作战，甚至将个人"生死"托付在其他玩家的手里。

> 一个公会里面的人一定要互相信任啊。如果不信任的话，他怎么可能拿"命"来拼呢，要不团队的意义何在呢？比如说在打《全民超神》的时候，每个队有五个人，基本是电脑随机匹配的，很多都是陌生人，但大家是一队的，那就要互相信任。比如说队友没有蓝的，要回城补蓝，点击补蓝选项就可以自动回城，不用跑回去，很简便。但也有坏处，就是这个时候他是静止不动的，没有还手之力，这个时间大概有5秒钟吧。也就是说，如果这个时候对方发现了他，冲过来给他一下，他就会死掉，那就让对方赚了人头。所以，一般这个时候，如果我附近的队友要回城补蓝，我就会守在他旁边，等他回去了我再离开。如果在这期间对方过来人了，我就可以上去替他打，免得他白白送死。当我要回去补蓝的时候，我相信我的队友也会在旁边罩着我。（F3）

M12坦言，虽然网络空间是虚拟的，但团队成员之间的信任是真实存在的。一个战队的兄弟，如果不信任的话，他怎么可能和你一起去"拼命"呢？对于一些玩家而言，网络游戏社区已经超越传统的邻里、社区。他们每天在游戏中花费大量的时间、倾注心血与感情，网络游戏社区已经成为利维（Levy

---

[1] 林鹤龄,郑芳芳.线上游戏合作行为与社会组织：以青少年玩家之血盟参与为例[C/OL].2004 [2016-06-21].http://tsa.sinica.edu.tw/Imforn/file1/2004meeting/paper/C4-1.pdf.

3 网络游戏玩家社会资本的形式

（1997）所说的临时的志愿组织。在这样一个组织中，信任其他团队成员是整个游戏过程的永恒主题，尤其是在游戏中"生死存亡"的关键时刻。

> 团队里队员之间的信任非常重要，不管是认识的还是不认识的，只要是一个团队的，就是好哥们儿，就要互相信任。有时候这将直接决定着比赛的胜负。就拿昨天的对战来说吧，对方打得很好，才十几分钟我们就被人家推倒了三座塔，人头数也比我们多很多。但我们的战术是对的，大家也都很认真地在打，虽然都不认识，但我们都互相打气，互相鼓励，相信团队的力量。最后打了半个多小时，我们终于反超赢得了比赛。后来我们还讨论呢，如果没有大家互相的信任和支持，我们可能半路就投降放弃比赛了。（M18）

团队成员之间的信任不仅体现在战斗中的彼此依靠以及相信队友随时都可以"罩"着自己的欣慰感，还体现在玩家之间的情感依赖。公会等社群组织为玩家提供了虚拟世界的"临时家园"，公会内部的交流以及公会活动加深了会员之间的情感，为玩家在游戏世界中寻求归属感提供了帮助。在互联网络这个"似近实远，又似远实近"[①]的空间中，网络游戏玩家需要寻找心灵的安放地和情感的归宿。而公会等类似于"家庭"的组织给玩家提供了"避风的港湾"。很多玩家都反映，"在游戏中被人坑了就会找队友诉说""生活中遇到什么不开心的事就会讲给公会里的朋友听，他们还帮我出主意"。玩家M31就曾把自己失恋的事情告诉公会里的朋友，并征求他们的意见。可见，玩家把公会看作自己的"家庭"，把公会中的队友看作自己的"家人"，愿意将自己的心事甚至秘密与队友分享，充分展现了对团队成员的信任。

最后，团队虽然是一个临时组织，但它为玩家提供了与其他玩家交流和互动的平台，并用适当的规范约束玩家的行为。因此，对于很多玩家来说，团队组织是他们快速升级享受游戏快感、结交志同道合的好友、舒缓情绪释放心灵的最佳场所，自然他们对团队有更高的信任。在团队中，玩家之间可以进行更

[①] 黄厚铭.虚拟社区中的身份认同与信任[D].中国台北：台湾大学社会学研究所，2001.

社会资本的网络呈现
——基于对大型多人在线角色扮演网络游戏玩家的考察

私密、更有效的交流。在访谈中研究者发现，玩家对团队的信任主要体现在认为团队是一个公益的、公正的组织。

> 公会就是一个为群体服务的组织。你想，一帮互不认识的人加入进去，就是因为有共同的兴趣，共同的目标。公会也会制定相应的政策，方便公会成员的交流什么的，还会定期组织活动，反正公会的目的就是让大家共同进步。享受公会带来的好处吧。既然公会是为大家服务，为大家好，那我们没有理由不信任公会啊。 (M10)
>
> 加入公会就有找到"家"的感觉，但是现在很多公会也是"挂羊头卖狗肉"的，根本不值得信任，这样的公会绝对不能加。我现在加入的公会就很好，全是精英不说，而且管理严格、可靠。就拿入会来说，其他公会随便一申请就可以，我们公会设有专门的考核员，是要对新会员考核的，看你的装备啊，级别啊，战斗情况啊。我觉得这样很好，很正规，既是对自己负责又是对会员负责，这样的集体当然大家都信任了，都会一心跟着公会的。 (M24)

信任是社会资本中极其重要的概念之一。很多研究甚至直接将社会资本等同于信任。弗朗西斯·福山认为："社会资本是一种能力，这种能力源于对社会或社会某个组成部分的普遍信任。"[①] 可以说，没有信任的存在，人际互动与交往将无法进行。网络社会的崛起为人们的交往提供了全新的模式。以身体不在场和匿名性为特点的虚拟交往在为人们创造自由交往空间的同时，也使网民很难确定屏幕另一边的对方的身份，这为信任危机的产生埋下了种子。然而，正是因为网络空间的交往缺乏许多可见、可判的信息，网民之间的信任显得尤为必要。在访谈中也发现，虽然一些玩家有被其他玩家骗钱甚至骗感情的经历，但玩家在长期的互动交流中也建立了普遍的人际信任和团队信任。其中，人际信任主要体现在熟人之间的信任和陌生人之间的信任，出借装备、互助合作、互留联系方式等充分说明玩家之间的信任；团队信任则主要体现在玩家对团队信息、团队成员以及团队这个组织的信任。

---

① Fukuyama F, Zamorski K. "Trust: The Social Virtue and the Creation of Prosperity" [M]. New York: Free Press, 1995: 26.

3.3 规范

"规范是人们参与社会生活的行为准则和人类的社会生活模式，主要包括道德性规范（如舆论、习俗、道德）、契约性规范（如组织规则）和行政性规范（如法律）等正式和非正式形式"[①]。它不仅鼓励某些行为的发生，还对其他破坏集体秩序的行为形成约束，以保障社会成员为集体共同利益而努力奋斗。在一定意义上，有效的规范是形成社会资本的重要形式。

作为人类重要社会活动的游戏当然离不开规范或规则的制约。在赫伊津哈对游戏的定义中就充分体现出游戏规则的重要性。他认为，"游戏不仅受到特定的时间（游戏有一个起点，到了某一时刻，它又戛然而止，走向自己的终结）和空间（一切游戏的进行和存在都限定在事先划定的场地）的限制，游戏中还呈现出明显的秩序，遵循广泛接受的规则"[②]。游戏场所内，无条件、特有的秩序"主宰一切"。对于所有玩家而言，玩游戏就意味着遵守游戏规则。这是因为"使游戏称之为游戏的物质性东西不是最重要的，因为游戏不是与特定的物质设备相连，而是规则"[③]。这种明确的、清楚的规则不仅使玩家能够按照划定好的边界轻松游戏，最重要的是，这种规则确保了玩家在付出努力后，会得到相应的回报，现实生活中的"付出但没有回报"的现象在游戏中很少出现。这种"耕耘"即有"收获"的规则的明确性是游戏能够给玩家带来欢愉体验的主要原因之一（张玉佩，2009），也是玩家自觉遵守规则的动力来源。

> 游戏中的规则很简单啊，只要照着提示做就好。我打过关了，就有奖励，金币啊，装备啊，还有奖杯之类。总之，只要玩就有提高，就会获得奖励，玩得多自然就收获多。当然大家都愿意玩了。
> (M16)

---

① 赵雪雁. 社会资本测量研究综述 [J]. 中国人口·资源与环境, 2012, 22(7): 127-133.
② 约翰·赫伊津哈. 游戏的人 [M]. 傅存良, 译. 北京：北京大学出版社, 2014: 11.
③ Juul, Jesper. Half-Real: Video Games between Real Rules and Fictional Worlds [J]. Sociological Review, 2006, 54(3): 612-614.

社会资本的网络呈现
——基于对大型多人在线角色扮演网络游戏玩家的考察

在访谈中，多数玩家都认为游戏是一个"很讲道理"的地方，因此很多玩家选择长时间地滞留在网络游戏空间中，自觉或不自觉地按照游戏中的规则行事。

在网络游戏中，虽然多数玩家彼此互不相识，不存在现实社会诸多责任的羁绊，但为了保障人际互动的顺利开展，也要遵循相应的互动规则。黄少华以《魔兽世界》为例，通过深度访谈发现玩家在进行角色扮演和人际互动时，会受到有形或无形规则的约束，其中包括"游戏服务商、运营商、游戏管理者制定的规则，约定俗成的无形规则，以及由玩家提出并自觉遵守的非正式规则"[1]。这些规则的存在既维护了网络游戏世界的秩序，又成为玩家在游戏中拓展网络关系、建立与其他玩家的信任，进而成为积累社会资本的重要因素。

在以往研究的基础上，结合访谈材料，本研究将社会资本中的规范划分为强制性规范、契约性规范和道德性规范。

3.3.1 强制性规范

强制性规范是指游戏运营商为保障游戏顺利运行所制定的规范。例如，《魔兽世界》会对玩家的角色命名、公会命名、与其他玩家聊天与互动等做出相关规定。其中，对玩家的游戏互动影响最大的强制性规范是挂机，即很多玩家口中的外挂。"游戏外挂，指程式编写专家运用电脑技术，针对单机游戏与线上游戏，开发出修改游戏软件的程式，外挂程式有很多种，包括修改玩家的显示画面、使用机器人的方式自动练功，或者是可以加快玩家动作速度的加速器等，外挂程式可以从游戏社群网站下载或购买，大部分游戏公司都禁止游戏外挂程式。"[2]《魔兽世界》中，对于挂机这种通过作弊软件恶意篡改程序的行为，一经发现将对有挂机行为的玩家给予强迫离线、暂时封停甚至永久封停的严厉处罚。

通过访谈可发现，大多数玩家对于挂机这种强制性规范会进行二次区分，把它分成不影响游戏平衡的挂机和影响游戏平衡的挂机两种。前者是指利用刷

---

[1] 黄少华，杨岚，梁梅明.网络游戏中的角色扮演与人际互动——以《魔兽世界》为例 [J]. 兰州大学学报：社会科学版，2015, 43(2): 93-103.

[2] 张玉佩. 穿梭虚拟世界的游戏少年：他/她们的社会资本之累积与转换 [J]. 中华传播学刊，2013, 23(6): 195-227.

3 网络游戏玩家社会资本的形式

单、透视等外挂赚取金币、提升个人级别的行为。这种外挂不会对其他玩家产生影响，虽然程序是明令禁止的，但在玩家中仍然普遍存在。很多玩家也对这种现象见怪不怪了，觉得玩游戏就是为了体验游戏的快感，在不影响其他玩家的情况下，玩家自己高兴就好。

> 现在很多人会用简单的外挂，比如脚本精灵之类。这样的外挂一般用来刷刷金币或怪，不会修改数据改变玩家战力，影响游戏平衡，所以被抓的概率比较低。周围用的人也挺多的，大家对于这种不影响他人的外挂普遍采取睁一眼闭一眼的态度吧。毕竟不会对别人造成直接损失嘛。（M15）
>
> 现在很多游戏都普遍存在使用外挂的现象，前段时间还听别人说："大家都用外挂，谁不用谁就是傻子。大家都是互相默认了对方在用外挂的。"（M7）

如果说上面的挂机行为是玩家之间"达成共识的秘密"，那么下面的挂机行为则是为所有玩家所不齿的。这种挂机主要发生在团队作战中，玩家出于多种原因选择自动模式或者外挂程序代替自己的真实战斗，进而影响到游戏平衡或者其他玩家的战绩。

> 我最讨厌那些挂机的，而且游戏公司为了赚钱，即使发现有人挂机也不会永久封号。这对我们这些正常玩家来说，太不公平了。我们辛辛苦苦自己打装备、练等级，甚至好多人都充钱，像我就充了几百块了，这些挂机的几天就达到我们的级别。这样下去正常玩家都有意见，靠作弊程序算什么能耐。（M14）
>
> 如果看到队友一直在高地，很长时间没操作了，那肯定是挂机了。5对5的对战，每个人都是有自己的责任的，有人挂机就意味着变成了4对5了，其他队友看到了肯定不高兴，有的就会爆粗口，有的干脆自己也挂机，因为觉得必输无疑了。所以有人挂机很容易引起不好的连锁反应。（M16）
>
> 有一把遇到两个挂机的，害得我把几天打的排位战绩都输了。

社会资本的网络呈现
——基于对大型多人在线角色扮演网络游戏玩家的考察

说实话,这确实挺玩人的。因为这不是一个人的事,这关系到一个团队五个人呢,说严重点,这就是不讲究道德或没有职业修养。如果是自己刷金币、打怪那没问题,你挂机没人管,但进房间打那就是一个团队合作的事了,不能因为一个人的错误害得大家都受连累,是吧?(M17)

就像玩家所说的那样,遇到这样的挂机行为大多数人都会"很气愤",有的可能会引起 M16 所说的负面的"连锁反应",甚至像 M17 那样把是否挂机和玩家的道德联系在一起。除了常见挂机行为,代练也是在网络游戏中被明令禁止的,但由于代练不像挂机那样可以被系统检测到,因此对代练的抵制基本是基于玩家对游戏体验和游戏公平的追求。

我现在的段位是钻石,应该算是比较高的段位了,再往上就剩大师和王者了。我都是自己打的,大家玩游戏就是要展示自己的游戏水平嘛,找代练让别人替你升段位,那还有什么意思。我挺排斥的,你想你很认真地在玩这个游戏,然后对方或者队友却是靠代练才升到这个级别,觉得好不公平啊。(F4)

像 F4 一样靠自己的实力完成打怪、升级的玩家不在少数,他们普遍认为玩游戏享受的就是这个过程,如果把这个过程简化为通过花钱寻找代练,那就失去了玩游戏的乐趣。同时,在很多玩家看来,有些强制性规范看上去有些严酷,但正是这些规范才保证了虚拟游戏世界的运行。正像玩家 M23 所说,"网络本身就是虚拟的,再加上大家玩游戏都是抱着娱乐的心态,所以难免会有不恰当的行为",强制性规范的存在就是为了把玩家的行为限定在一定的范围内。早期对于游戏规则的研究也认为规则是通过对玩家行为的限制发挥作用的,"玩家只能采用规则所允许的方式进行游戏,规则不允许其他可能性的出现,需要玩家严格按照规则要求去做,否则就会受到惩罚"[1]。

由此不难看出,玩家普遍对影响他人的挂机行为持否定态度,这也就在一

---

[1] Suits, B. The Grasshopper: Games, Life and Utopia [M]. Edinburgh, England: Scottish Academic Press, 1978: 48-49.

定程度上对玩家本人的游戏行为产生了提醒作用。另外，游戏开发商或运营商针对挂机行为所采取的扣信用值、封停等强制措施也对玩家消极游戏起到了很大的警醒作用。尤其对于高战力的玩家而言，被罚点数甚至封停是一笔不小的损失。总之，无论是出于玩家个人的自觉还是受惩罚机制的约束，大多数玩家都会自觉不自觉地遵守这些强制性规范。

在访谈中，我们发现手机网络游戏玩家普遍觉得很难做到对强制性规范严格地遵守。从根本上来说，这是由手机这一特殊的游戏载体所决定的。手机所承载的功能更多是通信，如果玩家在游戏过程中接打电话，游戏就会被暂时中断。如果较长时间地中断就会使系统默认为玩家是在消极比赛，进而判定玩家的挂机行为。主玩手机网络游戏的玩家M7、F3、M2、M17等都有类似的体会。

> 有一次打团正激烈的时候，我电话进来了，如果是一般的电话也就挂掉，然后等玩完游戏再回过去，但是那个电话是导师的，就接了。结果聊了十几分钟，挂上电话再想登录游戏已经晚了，我被视为消极比赛，信用值被扣了2分。我这还算好的了，我朋友也曾因为同样的原因被禁赛一周，非常郁闷的，玩手机版网络游戏这是很难避免的。（M12）

游戏之所以追求对规范，尤其是对强制性规范的恪守，是因为和其他艺术形式一样，游戏有其内在的节奏与和谐，规则的存在就是保证其节奏与和谐的完美实现。因为在游戏中，规则可以创造为玩家所遵守的秩序，而秩序保证游戏的有序进行。这种有序的状态就是赫伊津哈所强调的游戏审美价值，而这种审美价值是游戏吸引玩家的主要因素之一。所以，玩家为了获得充分的游戏体验，享受这种审美价值，会主动遵守相应的规范。即使出现上文所说的被迫挂机的状态，玩家也会采取道歉、积极比赛、送礼物等多种方式进行弥补，挽回在信用等方面的损失。

> 大家都是为了找娱乐的，当然都想好好玩。有时候挂机都是被迫的，但明知道自己的挂机影响了团队的战绩，连累了大家，就要

社会资本的网络呈现
——基于对大型多人在线角色扮演网络游戏玩家的考察

尽量弥补呗。我一般都会先和队友解释一下，然后在以后的对战中表现得积极一点，毕竟大家心里都有杆秤，你挂机还理直气壮，那以后大家都不和你玩了。(F4)

我之前坐火车的时候玩游戏，然后火车进山洞就没信号了，急死我了，但也没办法，最后被视为消极比赛了。我只能认倒霉，但觉得挺对不住公会里的队友的，我就给四个队友发了红包，算是道歉吧。(M16)

3.3.2 契约性规范

"契约性规范通常适用于部落、公会、团队、联盟等正式或非正式的游戏组织，它一般由玩家提议，其他玩家赞同并自觉遵从而明确下来的非正式的规则，它们一经确定，便成为能够调节玩家行动的'外显力量'，影响和制约着游戏中的互动"[1]。相关研究指出，网络游戏的真正魅力不只是它的游戏性，更重要的是它的互动性［秦丹丹，2006；曼尼宁（Manninen），2003；黄少华，2015］，而这种互动的展开通常是以加入战队、联盟、部落或者公会等形式体现出来的。而且无论是公会、部落、联盟这样的正式组织，还是临时组建的战队，都是玩家在游戏世界的"家园"，一旦加入就有责任和义务遵照团队的规范行事。同时，很多公会组织也会根据自己公会的情况制定相应的规章制度。

曾在《魔兽世界》的一个公会担任一年半会长的M18对公会内规范的重要性深有体会。在他看来，"没有规矩不成方圆，游戏公会也是一样"。他认为，任何一个玩家都想在游戏中找寻欢愉体验和一定的归属感，公会的存在就是要创造这样一种可能。而疏散的公会不但不能满足这样的要求，还容易使玩家对游戏丧失兴趣，因此制定照顾到大多数会员需要的公会章程十分必要。M18在任期间，他先后制定了分配装备规定、指导和支持新成员的规定、女性玩家与男性玩家亲密度的规定、公会内禁止拉帮结派的规定等多条规定。正是这些规定的严格执行，使他所带领的公会取得了同时在线第一，并以阵营第

---

[1] 黄少华，杨岚，梁梅明. 网络游戏中的角色扮演与人际互动——以《魔兽世界》为例 [J]. 兰州大学学报：社会科学版，2015, 43(2): 93-103.

二进度打通 TBC 所有副本的好成绩，在公会经营上也创造了公会所有主力、替补队员无一退会的先例。在诸多规定中，最为 M18 所津津乐道的是对新会员的支持这一条。当然，这条规定也得到很多会员的支持，并被其他公会纷纷效仿。该规定的内容包括：

1. 当新会员入会时，在线的所有会员都应该问好，表达自己的善意。
2. 当新会员有问题咨询时，其他会员应积极地予以回应，尽量做充分的讲解，不能敷衍了事。
3. 对新会员以鼓励为主，特别是在他们第一次参与团队活动的时候，会长要多发现新会员的优点，及时予以表扬和奖励。
4. 当新成员犯错误时，一般不严厉批评，而是通过批评犯下相同错误的老会员的方式警醒新会员。
5. 在装备分配方面，尽量向新会员倾斜。（M18）

M18 的支持新人政策在受到部分老会员质疑的同时，也能得到他们的理解。因为就像老会员所说的那样，"每个人都是从新会员开始的，都享受到了优待"。其实，在斯坦库勒（Steinkuehler）（2004）对多角色扮演游戏的研究中就已经发现，对于新人施以必要的指导和支持可以使新人尽快融入公会，并在新老玩家的互动中促进公会的发展以及良好公会秩序的建立。

角色扮演类网络游戏一般以角色属性区分角色在战斗中的位置。以《英雄联盟》为例，它分为战士、法师、刺客、坦克、射手和辅助六种角色类型。一般情况下，战士、坦克类英雄在上路，此类半肉输出或者全肉的英雄在团战比较吃伤害，能够抵挡住对方的火力；刺客、法师类英雄在中路，因为中路对英雄的法力要求比较高；射手和辅助类英雄一般在下路。每个英雄都有属于自己的一条路，一个位置，不能东跑西跑的，更不能随便想去哪条路就去哪条路。很多玩家在新手阶段，由于不熟悉这些走位规范，因此不管使用哪个英雄都喜欢上路、中路和下路胡乱跑，结果战绩不佳或遭到其他队友的指责。除此之外，游戏中还有一些不成文的规范，例如某些角色类型不能抢其他角色类型的"人头"。

社会资本的网络呈现
——基于对大型多人在线角色扮演网络游戏玩家的考察

辅助不能抢ADC（射手、远程物理英雄）的兵，不能过分地抢"人头"。比如中单配合打野抓人的时候，本应该要把"人头"给中单，结果，打野杀掉了，而且野区的蓝怪是要给中单的，而打野自己却拿了，这就是坏了规矩。其他队友肯定就不愿意，很容易吵起来的。（M10）

网络游戏中装备的好坏、等级的高低直接决定着玩家的游戏体验和对一个游戏的痴迷程度。很多玩家加入公会的目的也是想借助集体的力量获取好的装备，因此，在公会中如何对爆出的装备进行分配，公会都有严格的规定。

公会里的装备分配基本是根据DKP制度来的，就类似于我们的拍卖出价一样。每个人都有一些自己平时积攒的类似于积分的东西，然后在遇到大家都想要的装备的时候，为了避免大家伤和气，也是为了公平起见，那大家就比谁出的分多，谁出的多装备就归谁了。（M21）

《魔兽世界》中的DKP制度就是比较公平的一种分配制度。它能够最大限度地保障分配的公平性，使所有玩家都心服口服。同时，公会制度当中也有规定，在出分的时候玩家之间不可互相打听对方的出分，也不能恶意定分，否则视违规处理，取消其分装备的权利。除了DKP制度以外，玩家之间还流行另外一种默认的分配制度，即roll点。

比如说在魔兽世界的公会中，打副本的时候，如果怪物掉的装备比较好，大家都想要，那我们就采用roll点的方法，就是掷骰子，看谁的点数最高，然后装备就属于谁了。（M7）

Roll点有很多运气或机会的成分在里面，虽然没有DKP制度那般公平，但因为它有类似于赌博的娱乐性，所以也受到玩家的喜欢，在公会中被广泛采用。

角色扮演类网络游戏的最大特征之一就是为玩家提供了自由扮演自己喜

欢的角色的机会，玩家可以借助自己的想象对角色进行无尽的塑造，并在游戏互动中完成角色的成长与发展。以往的研究表明，由于这种想象力是网民在身体不在场和匿名的网络空间中，依据自己对角色的期望而展开的生存和行动过程，因此，这种网络中的角色扮演是自主和开放的，更多的是网民自由选择和塑造的结果[1]。然而，在公会或团队战斗中，由于玩家既是个体，又是集体的一分子，他对角色的选择就会兼顾整体利益。这可能是出于对集体利益的认同，也可能是出于对自己在集体位置中认识的不同。总之，相关研究也指出，在角色扮演类游戏尤其是在 MOBA 类网络游戏中，玩家更倾向于根据战队的需要而不是个人的喜好来选择角色[2]。本研究所收集的访谈资料，也支持以上研究结论。而且，这已经逐渐为广大玩家所认同，并在实际的互动中内化为玩家所说的固定"玩法"。

> 我的英雄中最厉害的是宙斯，玩了有一年多了，八十多级了，装备都是顶级的了。所以一般在对战中我喜欢用他。但也不是说每次都能用到他。比如说有一次，队伍已经有两个法师了，那我就放弃选宙斯，而是选了战士。这不用别人告诉，一个团队，就要这么玩的，要不怎么赢啊。(F5)

可以说，游戏与规则是相伴相生。在萨伦和齐默尔曼（Salen & Zimmerman）（2004）看来，玩游戏就意味着遵守规则。每一个进入游戏世界的玩家就被默认为了解并遵守游戏中的规则。规则是游戏得以进行并保持稳定性和一致性的内在约束与平衡力量。因此，游戏必有规则，并要求参与者对规则绝对尊崇，否则就可能导致游戏的混乱和崩溃。参与者就会被视为"搅局者"，进而为了维护游戏的权威性和游戏的进行，就必须对搅局者（游戏规则的破坏者）严加惩罚，"这是因为搅局者破坏了游戏世界本身"[3]。在网络游戏中，那些不遵

---

[1] 黄少，陈文江：重塑自我的游戏：网络空间的人际交往 [M]. 兰州：兰州大学出版社，2002: 142-143.

[2] Gabbiadini, A., Mari, S., Volpato, C., & Monaci, M. G. Identification Processes in Online Groups: Identity Motives in the Virtual Realm of MMORPGs [J]. Journal of Media Psychology, 2014, 26(3): 141-152; Buchan A., & Taylor J. A Qualitative Exploration of Factors Affecting Group Cohesion and Team Play in Multiplayer Online Battle Arenas (MOBAs) [J]. Computer Games Journal, 2016, 5(1): 1-25.

[3] 约翰·赫伊津哈. 游戏的人 [M]. 傅存良，译. 北京：北京大学出版社，2014: 12.

社会资本的网络呈现
——基于对大型多人在线角色扮演网络游戏玩家的考察

守规则的玩家，轻者会出现"好心办坏事"的情况，重者会受到其他玩家的排斥甚至被踢出公会。因此，作为玩家在游戏世界自由驰骋的重要依据——规范，通常会得到玩家的遵守。

> 任何游戏都有它自己的一些默认规则吧。像在部落冲突的捐兵中，如果你不懂得捐兵规则就会"好心办坏事"。等级低的人会把所需要的兵种在公告里发请求，然后其他人按照人家的请求去捐赠，这样也有利于整个部落更好地配合去攻打其他的部落。如果你不看要求，随便捐赠，反而会招来别人的指责。本来人家需要的是炸弹人和气球兵，结果你捐的是弓箭手和野蛮人，那不等着挨说嘛。（M1）

> 就像在分装备的时候，如果你没有roll点，而是自己把装备抢走，那大家就会觉得你坏了规矩，就会骂你，很鄙视你，以后就不会和你玩了。（M7）

> 以进攻其他部落为例，一个部落里有许多村庄，要先讨论好去进攻哪个。在所有部落成员达成一致之后，才会发起进攻。如果有人在没商量好的情况下，为了自己能够得到更多的资源，在部落战中选择资源较多的地方去打，而不是为了整个部落的利益，那这个人肯定会遭到大家的唾骂，或者被永久地踢出部落。（M1）

3.3.3 道德性规范

社会规范一直被认为是人们成功进行社会交往的核心要素[1]，而道德性社会规范，通常是人们将现实社会的社交礼仪、习俗和道德等因素应用于虚拟的网络游戏空间。之所以这些道德性规范可以在网络空间约束玩家的行为，是因为在网络游戏空间玩家与玩家之间无时无刻不在通过聊天、PK、团队合作等行为进行着人际互动，为了使互动活动顺利开展，玩家之间就要遵循一些潜在的规范。这些道德性规范包括使用礼貌用语、对女性玩家必要的照顾与尊重等

---

[1] Deutch, M., & Gerard, H. B.. A Study of Normative and Informational Social Influence upon Judgment [J]. Journal of Abnormal and Social Psychology, 1955 (51): 629-636.

诸多方面。

对礼貌是建立、维持和发展人际交往的研究由来已久,学者们对礼貌在不同情境中的作用都进行了诸多探讨。戈夫曼在对角色与表演的研究中就指出,"礼貌和尊重表达了人们之间互相的尊敬,表示着它们希望进行互动的愿望,它引导着互动的开始、发展和结束"[①]。在网络游戏中,礼貌的重要性和其在现实生活中别无二致,都是玩家开展人际互动、与其他玩家建立沟通的重要桥梁。

> 在游戏里,大家还都是很客气的,不管是一起开黑还是交流经验。想想也知道啊,如果你态度不好,总是说脏话骂人那谁还爱和你交往,这样的人肯定没朋友。(M13)
>
> 实际上经常玩游戏的话,肯定会遇到技术差还不听指挥的。我就经常遇到,一局比赛如果遇到一个"猪一样的队友"那真是气人,有时候也难免会喷两句,我一般会说,别再送"人头"了好嘛,就是抱怨一下,但不会像有些人那样破口大骂。觉得那样有点素质低下。(M2)

在访谈中,多数玩家都赞成礼貌待人的观点,并表示"一般都会礼貌地和其他玩家交流"。其中,女性玩家表现得尤为明显。

> 我从来不在游戏中骂人,即使队友表现得不好也会耐心和他沟通,大不了就不说话了,也不会骂人。虽然大家不知道你是谁,但觉得女生这样做好掉价啊。(F4)

很多相关研究都发现女性在线上聊天室、游戏或论坛中都会表现得更加礼貌。这与本研究的结果基本一致。访谈发现女性玩家一般都比较容易控制自己的情绪、在遇到言语冲突时表现得更加克制,很少会和对方进行持续的"骂战"。这也验证了在现实生活中女性比男性更倾向于使用礼貌用语的研究发现

[①] 乔纳森·特纳. 社会学理论的结构(下)[M]. 邱泽奇,译. 北京:华夏出版社,2001:66.

社会资本的网络呈现
——基于对大型多人在线角色扮演网络游戏玩家的考察

［艾克特和麦康奈尔·吉内特（Eckert & McConnell-Ginet），2003］。

通常情况下，道德性规范不是以明文规定的方式固定下来，而是具有一定的隐蔽性，但人们可以通过互动的情境等因素加以判断。一直以来，情境也被看作玩家在互动中形成、遵守规范的重要变量。潘科克·巴巴特和杰弗里（Pankoke-Babatz&Jeffrey）（2002）在对电子邮件、网络游戏和新闻组的考察中发现，在不同的网络空间，由于情境的差别，人们所遵守的规范的性质也不同。即使是在同一个网络空间，例如网络游戏这样的空间，也会因为不同的游戏场景对规范有不同的要求。在大多数玩家看来，在游戏频道、论坛、QQ群里彼此嘲笑甚至辱骂是可以接受的，因为这被看作玩家间沟通的一种独特方式，只要不涉及过多个人隐私或包含太多侮辱人格的话都会被大家"一笑而过"。

> 我们经常在QQ群里互相喷啊。就像昨天有人晒出来一张被吊打的图片，然后群里就炸开了，都在那说他瓜，牌技差到家了，很渣。但是大家都是调侃的语气，并不是人身攻击。你想啊，如果是认识的不会攻击他，不认识的就更没必要惹祸。所以大家就是拿这种事聊聊，就当增进感情了。（F1）

> 论坛里面发生争执的情况也挺多的，但不会影响到什么，顶多是大家对一个问题的看法不同而已，互相骂两句也就过去了，谁也没啥损失。有的时候楼主和一个人吵起来了，其他人还在下面留言劝架，挺好玩的。（F2）

之所以这些不礼貌行为能够被玩家接受，是因为它们发生的情境虽然与游戏有关系，但不会直接影响到玩家在游戏中的表现和战绩。反之，如果在游戏情境中，特别是对战的情况下，玩家的不礼貌行为影响到其他玩家的情绪或者游戏战绩，就会产生严重的后果。

> 我最讨厌游戏里面说脏话的。玩游戏就是为了解闷嘛，干吗动不动就骂人。游戏里面有些人觉得自己的技术好就会出言不逊，脏话连篇的，影响我玩游戏的心情。一般遇到这样的人，我就会把他

列入黑名单，以后再也不和他玩，不想找气生。（F4）

之前玩《全民超神》的时候，我们一伙的两个玩家就因为装备发生了争吵，先是在游戏里打字互相骂两句，后来越吵越凶，最后发展到两个人也不打了，就在大本营里互相责备。本来是5对5的游戏，但他们俩都在那吵架，我们三个人怎么可能打得过对方五个人呢，输是必然的。碰到这样的队友真是倒霉。（M16）

按照传统的看法，女性玩家一直被视为游戏世界中的"稀有动物"，除了少数几款游戏（例如变装类游戏《奇迹暖暖》、轻松炫舞技的游戏《劲舞团》、以社交为主的游戏《模拟人生》等），其他游戏中女生的比例都非常小。然而随着网络游戏逐渐向轻游戏、休闲游戏以及社交游戏方向发展，女性玩家的数量逐渐增多，已经成为很多网络游戏的中坚力量。调研公司 SuperData 在 1000 人以上的调查中发现，越来越多的女性玩家开始喜欢角色扮演类游戏。同时在竞技色彩浓厚的 MMORPG 中，虽然男性依然占据玩家主导地位，但女性在这些游戏里也占三分之一左右[1]。据网易游戏的统计，从 2011 年开始十分流行的《魔兽世界》和《梦幻西游》两款游戏中，女性玩家的比例均达到 25% 左右[2]。国外的市场调查公司 PC Data Online 所做的调查显示，MMORPG 玩家中女性玩家的数量已经超过男性[3]。Taylor 的研究也表明随着角色扮演类游戏的社交性、团队合作以及探险等主题的加强，女性玩家的数量在不断增加[4]。女性玩家数量的增多丰富了游戏内的环境，同时也对游戏内部的人际互动提出了新的要求。现实生活中"Lady First""女性应得到更多的尊重和照顾"的理念在网络游戏世界同样得到比较普遍的遵守。

---

[1] 游戏大关. SuperData: 数据解读女性游戏的玩家比例 [R/OL]. (2014-10-29)[2018-11-10]. http://www.gamelook.com.cn/2014/10/185786.

[2] 有妹子吗？盘点十大女性玩家比例最高的网游 [EB/OL]. http://play.163.com/11/0407/13/711SHUKN00313OAP.html, 2011-04-07.

[3] Lisa Guernsey. Women Play Games Online in Large Numbers Than Men [N]. The New York Times, 2001-01-04.

[4] Taylor T L. Multiple Pleasures: Women and Online Gaming [J]. Convergence, 2003, 9(1): 21-46.

社会资本的网络呈现
——基于对大型多人在线角色扮演网络游戏玩家的考察

> 我遇到几个玩游戏比较好的女生，技术还不赖呢。毕竟女生玩游戏的是少数嘛，所以一般都比较受欢迎。比如说加入QQ群的时候，大家都会看一下新人的性别嘛，如果是女生，大家就会比较照顾她，对她的提问回答得也耐心一些、详细一些。上次有一个人对其中一个女生说了不该说的话，结果被管理员给踢出去了。确实，这样的人是该踢，不说照顾女生还出言不逊，连起码的尊重都没有。（M19）

很多玩家都表示，如果在游戏中遇到女性玩家都会比平时更文明。M23表示，"在游戏里说粗话是常事，虽然有时候并不是真的想骂人。但只要游戏中有女性玩家肯定就会收敛很多。"M3和M29也认为，女性玩家是游戏中的"宝"，尊重照顾她们是应该的。这种尊重照顾除了表现在对女性的态度以外，还体现在男性玩家对女性玩家的谦让。

> 我一般在游戏中遇到女性玩家的话，会比较照顾她吧，毕竟女生嘛，就是应该得到我们男子汉的照顾。我尽量不让她死太多次，能帮她扛伤害的就会帮她扛，然后教她怎么打这场游戏才会赢下这局。当然也会让"人头"给她，只要她说要"人头"的话我都会刻意让给她。（M27）

道德性规范源于人们的现实经验。在现实生活中，人们都有乐于被接受、被肯定的需求。这种需求在网络时代不但没有消逝，反而更强烈。在不影响游戏体验的情况下，玩家对于网络空间的基本道德规范都表现出认同的态度，尤其是女性玩家更是自觉地遵守礼貌原则，这也保证了她们在游戏空间的"自由驰骋"。但是一旦这种礼貌原则被打破或者危及玩家的游戏进程，那么触犯规范的人就要为此付出必要的代价。这种类似于"因果报应"的循环，使玩家自觉或不自觉地意识到规范对于他们游戏实践的重要性，从而变得更加自觉地遵守或维护网络游戏中的规范。

3.4 社会支持

人在本质上是社会性的动物,他的存在不能脱离其他个体。正如达尔文(2003)所说:"谁都会承认人是一个社会性的生物。不说别的,单说他不喜欢过孤独的生活,而喜欢生活在比他自己的家庭更大的群体之中,就使我们看到了这一点。独自一个人的禁闭是可以施加于一个人的最为严厉的刑罚中的一种。"群体对于个人生活的重大意义就在于,其内部有一个动态的相互依赖协调机制,简单地说,就是任何个体都离不开其他社会成员的支持和照顾。

以往的研究已经表明,"社会资本是内生在人们的关系结构之中的,一个人想要拥有社会资本必须与其他人有联系,正是这些其他人而非行动者自己才是他们优势的真正来源"[①]。这里所说的优势是指行动者在与他人互动中形成的相互依赖、互相支持和同甘共苦的关系,这些行动者所获得的社会支持成为他们的社会资本的一部分。正如前文所述,角色扮演类网络游戏与其他网络游戏最大的区别就在于,游戏的顺利进行有赖于玩家之间的互助和协作,如果仅靠个人力量是很难完成游戏任务的。因此,在 MMORPG 中,玩家之间彼此支持的案例十分常见。在对访谈资料进行类属分析的基础上,可大致将玩家的社会支持分为信息资源的共享、虚拟物品的赠送以及情感的支持三个方面。

3.4.1 信息资源的共享

网络游戏中的信息资源丰富多样,涉及游戏技能、角色升级、游戏知识、赛事信息、活动推荐等。这些信息既有利于玩家在短时间内了解游戏设置、熟悉游戏规范,又可以帮助玩家迅速提高游戏技能。因此,对于玩家,尤其是初级玩家而言有着十分重要的意义。一般来说,玩家可以通过门户网站、游戏杂志、游戏资讯 App、游戏电视节目、网吧广告等多种渠道获知游戏信息。然而,通过访谈发现,玩家特别是初级玩家获取信息的方式主要是其他玩家的分享行为。这一发现也与艾瑞咨询发布的《2015 年中国游戏用户行为研究报告》相吻合。这份报告显示,朋友之间的交流推荐是用户获知移动游戏信息最

---

① Alejandro Portes. Social Capital: Its Origins and Applications in Modern Sociology [J]. Annual Review of Sociology, 1998 (24): 1-24.

社会资本的网络呈现
——基于对大型多人在线角色扮演网络游戏玩家的考察

重要的渠道。可见,玩家之间通过游戏信息的分享实现着彼此的支持与互助。

在各种游戏信息中,游戏知识对于玩家而言最为重要,尤其是新手玩家。如果想要快速提高游戏技能,光靠自己的摸索既浪费时间又浪费金钱,所以很多玩家都选择在线添加"大神"或向QQ群或论坛中的其他玩家请教等方法来丰富自己的游戏知识。有些玩家也会主动将游戏心得、打怪升级的秘籍以及赚钱的方法等分享在贴吧或论坛中,供其他玩家免费下载。在访谈中也发现,所有的玩家都有向别人求教或者指教别人的经历,玩家就是在向别人学习再将知识教给第三人的过程中完成了信息资源分享的循环。

> 游戏里要想上高等级,有些副本很难打的。但如果有人能指导一下那就不一样了。我之前打的时候就有一个不认识的玩家一直在帮我指挥,还和我一起组队打。说实话,如果不是他有经验,指挥有方,我肯定过不了那一关。(M25)

> 在游戏中,技术就是一切。你技术好,人家称呼你"大神",技术烂,人家称呼你"小学生"。当然每个"大神"也都是从"小学生"发展来的,所以人啊,不能忘本,要多向别人学习也要多帮助别人。像我吧,刚开始就是遇到高手就让他们带我,向他们多学习。现在我的技术应该是不错了,遇到"菜鸟"也会指导指导。(M9)

按照布尔迪厄对资本形式的划分,游戏知识、游戏技能这种内化于玩家身体的资本属于身体化文化资本。这类资本的获得"既需要时间的投入,又需要社会建构性的利比多[1]的投入,这也就意味着行动者需要忍受某种匮乏、痛苦和牺牲"[2]。也就是说,时间、金钱甚至感情的投入势必在所难免。为了节约资本投入,玩家们自发地形成信息共享"联盟",主动将与游戏知识相关的信息分享给其他玩家。这种信息分享行为促进了游戏世界的交流与沟通,并在玩家之间形成良性互动。在访谈中研究者发现,很多玩家以分享信息、帮助

---

[1] 利比多,又称力比多,是由奥地利心理学家弗洛伊德提出的精神分析学派术语,指人类生而具有的驱使个体寻求快感的心理能量。
[2] 宫留记. 资本:社会实践工具——布尔迪厄的资本理论 [M]. 开封:河南大学出版社,2010: 137.

3 网络游戏玩家社会资本的形式

他人为荣。

> 我刚开始玩的时候也走了很多弯路,新手嘛,觉得好奇,一会儿尝试这个一会儿尝试那个,浪费了很多时间,升级还慢。后来加入QQ群,有问题就在那里面提问,每次都会有很多人解答,我进步也就很快了。当然,别人的提问如果我懂,我也会主动告诉他的。这都是分分钟的事,也不耽误自己啥事,就算是对别人当初帮助我的一种回报吧。(M18)

> 我现在是部落首领,然后负责部落QQ群的管理,平时经常遇到需要指点的新玩家。像我那天遇到一个大本营才3本的新玩家,他不知道如何排兵去攻打其他人,我就告诉他要根据战力购买野蛮人和弓箭,然后一排野蛮人,后面跟一排弓箭,然后再放一排野蛮人,这样基本就完胜了。(M22)

玩家M22是一个乐于助人的QQ群主。在对他所管理的QQ群的观察中可发现,他的在线时间比较长,除了履行群主职责——踢出群中做广告和招人的玩家以外,他的全部精力基本花费在回答其他玩家的提问中。而且他的回答都很详细,有时候还会附上图片。对于一些新手玩家反复提过的问题,例如上文提到的如何排兵、如何捐兵、怎样加入部落等,他都会耐心地进行解答。在他的带动下,群里有几个非常活跃的玩家也加入了帮助其他玩家尤其是新手玩家的行列。在一定意义上,这个群类似于利维称作的临时的、自愿的组织。他们因为共同的目标——想要获得更多的游戏知识而加入这一组织,并为了共同的利益(Common Good)彼此进行意见和知识的交换、讨论与协商。

除了游戏知识以外,游戏中的活动推荐也是比较重要的信息。在MMORPG中经常会有"充值优惠""充值换角色""周年庆返礼""累计登录送礼""限时送礼"等活动。这些活动一般持续的时间比较短,如果在活动期间没有登录领取,就错过了一个获得额外奖励的好机会。而在这种情况下,获知活动信息的玩家通常都会主动将活动信息分享给其他玩家。

社会资本的网络呈现
——基于对大型多人在线角色扮演网络游戏玩家的考察

> 有一次，好像是十一期间吧，LOL搞活动，500钻石就可以换一个剑圣。这可是千载难逢的好事，要知道，平时系统里面剑圣要1500钻呢。我就赶紧把这个消息发到我所有的LOL群。因为当时是假期，我担心大家都出去玩，没时间登录游戏看不到活动信息，我还把这个消息贴到贴吧里，然后@我所有的好友。（M13）

3.4.2 虚拟物品的赠送

游戏中的虚拟物品包括虚拟装备、虚拟货币、虚拟实物、虚拟体力等。这些虚拟资源是玩家游戏行为开展的基础，也是玩家经过长期辛劳、艰苦努力获得的。对于玩家来说，这些虚拟物品是他们"驰骋"游戏世界的资本。但研究者在访谈中发现，很多玩家都有向其他玩家赠送虚拟物品的经历。这些赠送行为有的是源于游戏的设置，但更多的是出于玩家个人的意愿，是互相支持与帮助的体现。

角色扮演类网络游戏中，玩家可以将装备、宝物、金币、体力等赠送给其他玩家。这种互助有的是源于游戏系统的设置，也就是说，游戏本身鼓励玩家之间的互相赠送行为，并把赠送设为一项任务。通过赠送，玩家可以获得属于自己的那份奖励或者在玩家完成了赠送行为以后，系统会相应地给予玩家一定的奖励。

> 我和我老公都玩《天天炫斗》，然后自然而然就加了情侣。加了情侣有很多好处啊。前一段时间游戏搞活动，每天登录的时候会送情侣礼盒，里面有"圣十字的对戒""星光誓约""星光守护""星光羁绊"之类，不仅穿戴上很漂亮，而且增加战力和生命值。但只有和情侣一起分享才能获得，否则是打不开的。所以，我把它分享给我老公的同时，自己也得了一份，很开心啊。（F3）

> 玩《全民超神》的人基本每天都会互送体力的。因为向好友送体力，自己的体力不会减少，而好友的体力会增加，而且系统将"向好友赠送体力"作为一个"闯关任务"，叫作队友的鼓励。就是说，如果你向10个以上的好友赠送了体力，那么你就完成了一个任务，然后系统还会额外给你奖励，所以何乐而不为呢。这种对自

己有好处，对好友有好处的事，大家都愿意做啊。所以我每次上线都能收到很多好友赠送的体力，我也会经常赠送他们体力。（M2）

玩家 M2 获得的好友赠送的体力如图 3.6 所示。

图 3.6　玩家 M2 获得的好友赠送的体力

角色扮演类网络游戏在设计方面就十分注重玩家之间的互动，因此将赠送行为作为游戏任务并设定一定的奖励机制来鼓励玩家之间的交流。当然，游戏中的赠送行为大多数还是基于玩家自己的意愿，与游戏任务无关。

我经常通过邮箱送东西给好友，有时候送宝石、有时候送装备。有的东西是级别太低了自己用不上了，但有时候有的东西自己也是需要的，但你说是为了满足虚荣心也好，刷存在感也好，反正就是经常会送给好友。当然，送得多了，好友们也会觉得你很仗义，自然也会反过来送给你一些东西。（M23）

很多玩家在完成任务、获取奖励的驱使下会向其他玩家赠送礼物，但也有玩家表示，赠送礼物不仅仅是为了完成任务，更多的是想与其他玩家进行沟通。玩家 M9 就表示，他每天都会关注哪些好友给自己赠送礼物，在向其他好友赠送礼物的时候也会有选择地挑选赠送对象。由此可见，除了完成任务以

社会资本的网络呈现
——基于对大型多人在线角色扮演网络游戏玩家的考察

外,玩家更希望通过赠送行为获得其他玩家的关注和认可。难怪很多玩家把玩家之间的赠送行为称作"雪中送炭""礼尚往来"。事实上,玩家把它看作与他人进行情感沟通的重要渠道。尤其是在公会等组织中,公会成员在一起组成一个"大家庭",所有成员都会为了集体利益着想,把集体中的其他成员看作自己的"兄弟姐妹",并在彼此支持和帮助中发展公会内部友谊。身为公会会长的M18经营着一个非常成功的公会,他的经验是只有对会员无私地付出、给会员以实际的利益才能从会员那里得到回报。普通的会长通常的工作是收人、开组、打副本、按照制度分配装备等,但M18做的远比这多得多。其他公会的会长基本是全公会装备最好的一个,但M18却将好的装备都赠送给会员,自己用别人不要的。正是他的无私付出和对其他会员的赠送行为使公会成员愿意一直留在公会,公会内部气氛非常融洽,会员们都亲切地称他"大哥"。

> 我们会长人非常好,不仅技术好,经常带我们,还会自掏腰包送游戏元宝和皮肤之类的,只要是符合活动规则的人都能领到这些奖励。这么够意思的会长,我们当然都非常喜欢他,非常敬重他啦。(M24)

在访谈中可发现,团队内部的赠送行为十分常见,不仅有会长和会员之间的赠送,会员之间尤其是老会员赠送虚拟物品给新会员的情况也很多。玩家之间正是通过互相赠送的行为实现相互的帮助和支持,并在彼此的帮助与支持中结下深厚的友谊。

3.4.3 情感的支持

情感是人之所以为人的重要依据。从古至今,中西方一直都将情感视为研究人以及社会互动的重要变量之一。"中国哲学特别是儒家哲学是情感型的,将人视为情感的存在"[①]。西方的情感社会学理论更是将情感看作社会互动和

---

① 蒙培元. 人是情感的存在——儒家哲学再阐释 [J]. 社会科学战线, 2003 (2): 1-8.

社会交换的过程。其中，最著名的要数乔纳森·特纳（2001）的研究。他通过实验的方法证明把情感价值赋予客体是社会互动和社会交换发生的前提。也就是说，情感是社会互动的动力和基础。同时也应该看到，无论是作为个体还是集体的社会行动者，他们与社会和他人进行互动源于情感需求，并以获取情感回报为最终目的。由此不难看出，情感贯穿社会的各个领域以及行动者行动的全过程，它生发于互动又是互动的动力来源。亚当·斯密的《道德情操论》（*The Theory of Moral Sentiments*）甚至将情感看作一种相知相通的情感资源，它以同情为基础，包括公正、仁慈、正义、良心、自制以及利他主义的美德。由此可见，情感不仅是人所应具有的独特品质，还是社会互动的基础。

在虚拟的网络空间，虽然玩家的出场方式是以化身出现，其非传统意义上的物理空间中的身体，但"这并不意味着网络空间是虚假的或者是虚幻的，因为身体不在场不等于个人没有在场感"[①]。相反，玩家是游戏角色的实际操作者，他们往往将自己的喜怒哀乐带入虚拟的游戏世界。也就是说，与在现实世界中一样，网络游戏玩家在虚拟空间中同样体验着爱恨情仇。同时，作为社会行动能动的主体，玩家也在游戏互动中不断重塑自我、在与其他玩家的互动中形成和发展着新的情感。可以说，玩家的情感在游戏互动中处于核心的地位，特别是积极情感甚至会成为玩家在游戏互动中的重要资本，成为维持、延续网络游戏互动的重要因素。而这些积极情感一旦形成又会对周围其他的玩家产生无形的影响和支持，成为玩家重要的社会资本的来源。

玩家在游戏中的积极情感包括与其他玩家互动过程体现出的宽容、仁慈、关心、同情、友谊、乐观、团结、利他精神，等等。这些积极情感不仅从一个侧面反映出玩家本人的积极心态，还对其他玩家产生重要的影响。在访谈中很多资深玩家都说"玩游戏到最后玩的就是心态，积极的心态可能影响全队作战"。这是因为在游戏过程中，一个人的心理状态会影响其他队友的心理状态，进而影响团队战绩。一个心态积极的人在游戏中不仅自己更倾向于使出全力、不会轻言放弃，而且也会用开放的心态和积极的态度感染其他队友。

---

① 黄少华，陈文江.重塑自我的游戏：网络空间的人际交往[M].兰州：兰州大学出版社，2002: 107.

社会资本的网络呈现
——基于对大型多人在线角色扮演网络游戏玩家的考察

> 我刚开始玩游戏的时候，技术比较烂。有一次，游戏一开始，我就不小心送出了一个"第一滴血（First Blood）"，就是第一个被对方杀死了。我还以为会被队友骂，幸好队友都挺宽容的。在后来的团战中，我的战绩也一般，有时候大招放的时机不对，白白浪费了。但队友还通过语音鼓励我"稳住，别着急""再来，你可以的"。听到他们的鼓励，心里挺感动的，虽然明知道自己技术不好，但也打得很认真、很卖力气。（M8）

与 M8 类似，很多玩家都谈到自己初涉游戏，还是一个"菜鸟"的时候，经常得到其他"大神"级玩家的照顾。这种照顾有的是技术层面的，但更多的是情感层面的，即对新手玩家的关照、包容和乐观游戏的态度。对于初涉游戏世界的新手玩家来说，"大神"级玩家的关照和包容不仅为他们提供了更多游戏的机会、体验游戏的快感，更重要的是使他们感受到游戏世界的情感支持。玩家 M28 在刚开始接触《全民超神》的时候因为技术差，一度产生弃游（放弃游戏）的想法。后来结识的几个老玩家经常鼓励他，给他提点，才使 M28 增强了继续玩下去的信心；玩家 M35 甚至认为正是最初其他玩家的包容才支撑着他玩到现在。实际上，这种宽容和开放的心态不只存在于技术相差悬殊的玩家之间，而是充斥于游戏世界的各个角落。玩家 M10 经常主动将游戏中的 BUFF（增益效果）让给队友；玩家 M17 在与其他玩家交易过程中曾采取"分期付款"的方式支付费用，得到卖家的允许；玩家 M37 在进行角色选择时，总是先等其他队友挑选好以后，自己才挑选。正是这些宽容、开放和积极的心态使玩家感受到游戏世界的温暖、获得情感上的支持。

角色扮演类网络游戏中的角色形象、技能、职业都各有不同。例如《天堂》中有四种职业供玩家扮演，分别是王族、妖精、骑士和法师；《DOTA》《英雄联盟》与《全民超神》的角色类型十分相似，包括法师、辅助、战士和肉盾等。每一个职业所对应的技能都不相同。总体来说，战士类的角色适合近战，在游戏中经常充当冲锋的角色，输出高，对敌人的伤害大；法师类角色适合远战，机警度高，能够帮助队友及时避险；骑士类角色能够给队友加血，在近战中表现出色。可以看出，每一个角色都有自己的作战特点，也就是说任何一个角色都不是万能的。就像贝尔宾（1993）在角色理论中所阐述的那样，每

3 网络游戏玩家社会资本的形式

个角色都有优点和缺点，每个角色都要以某种形式与其他角色发生联系。因此，各个角色之间必须合作互助才能完成游戏任务。很多研究者也指出，对于角色扮演类网络游戏的玩家而言，游戏的乐趣与玩家之间的互助是紧密相连的，因为游戏的重点就在于合作，以及与其他玩家一起游戏的过程［加拉尔诺（Galarneau），2005；吉（Gee），2003;Steinkuehler & Williams, 2006; 王喆，2018］。特别是在游戏中遇到危险的时候，玩家之间的团结互助是帮助玩家渡过险境、获得情感支持的重要途径。

> 既然是多人游戏，那一定要团结和互相照顾啊。我之前打上路的时候，突然就发现对方不见了，应该是藏在草丛里了。但是，我后面上来的队友不知道啊。他以为没有敌人，就准备冲上去推塔。如果这时候敌人从草丛中出来，给他两下子，他很可能就会挂掉。所以，我会及时提醒他"上路消失不见，小心"或者是"小心草丛中的敌人"。他见我提醒就明白了。这种时候就得队友之间互相照应嘛。（M13）

从上例不难发现，游戏中的团结互助尤其是危急时刻的提醒与帮助对于维护队友"生命"以及团队关系至关重要。一方面对于个人而言，有了队友的提醒就大大减少了"牺牲"的概率。同时，在队友的感召下，个人也会将这种团结互助的精神传递下去，进而在游戏世界形成一个良性的循环。另一方面玩家之间的团结互助也是团队关系和谐的表现，有利于促进团队融洽氛围的形成和成员之间友谊的发展。

最后，对于玩家而言，游戏中的利他精神和奉献精神最能体现队友之间的情谊，也最能在玩家之间产生强烈的感染力，对玩家形成情感上的支持。这是因为在网络游戏世界中，大多数玩家互相之间都是陌生人，他们之间的互动很多都是一次性的。用玩家 F3 的话来说，"很多人都是一起玩过一次，以后再也不会相见的"。然而，在这样的虚拟空间中，如果有的玩家能够时刻为他人着想，甚至"牺牲"自己以保全他人，那么，这种利他精神不仅可保证游戏的顺利进行，也会使团队内部形成一股"人人为我，我为人人"的合力，从而增强团队的凝聚力和向心力。

社会资本的网络呈现
——基于对大型多人在线角色扮演网络游戏玩家的考察

我觉得角色扮演类游戏最重要的就是要有奉献精神。比如，我比较喜欢用璐璐辅助，然后我们的射手是德莱文，对面和我们俩开战时候，我不管怎样都要保护我们射手。我看我们射手就剩那么点血了，然后我一个大招给我们射手，他就变得很大。然后把敌人弹开，顺势还恢复了四分之一的血量，最后我们射手一个大招飞斧就把对面击杀了，收了个"双杀"。反正就是先把对面射手搞定了，对面辅助也奈何不了我们了，人头给我们射手，虽然我光荣牺牲了，但是我也不会多说啥的，这样我们射手就能好好发育起来。（M12）

有一次我们在打团的时候，对面直接切我们家ADC。眼看形势就对我们不利了。不过我们家辅助很会玩，直接闪现过去把对面机器人的钩子挡了，才让我们没有输。当然最后辅助死了，但是团战我们赢了。他是因为要救大家才死的，要不然以他的技术肯定不能死的。我们家ADC也很感动，一直跟他说谢谢，最后我还加他好友了。像这样的玩家真是不多见，好玩家，讲究。（M12）

已有相关研究表明，游戏中的积极情感能够"提升人的幸福感"，帮助玩家构建"更强的社会联系"。正像麦格尼格尔曾经指出的那样，积极情感的激活，"是当今最成功的电脑和视频游戏让人如此沉迷亢奋的原因。当我们进入乐观参与的集中状态，突然之间，我们从生理上变得更加愿意展开积极的思考，建立社会关系，塑造个体优势。我们主动把思维和身体都调整到了更快乐的状态"①。正是在积极情感的感召和支持下，网络游戏玩家充分享受着游戏带来的愉悦与友谊的甘甜。

角色扮演类网络游戏同任何其他社会活动一样需要玩家之间的彼此协作和互相配合才能完成，玩家很难单独进行游戏。因此，玩家之间的互相支持就变得十分重要。在游戏中，玩家之间的社会支持主要包括信息资源的共享、虚拟物品的赠送和情感的支持三个方面。第一，玩家会将游戏知识、游戏技能、与游戏相关的资讯等信息通过多种途径分享给其他玩家，实现信息资源的共

---

① 简·麦格尼格尔. 游戏改变世界：游戏如何让现实变得更美好 [M]. 闾佳, 译. 杭州：浙江人民出版社, 2012: 29.

享。第二，很多玩家会主动将装备、体力、宠物等虚拟物品赠送给游戏中的朋友。第三，玩家的宽容、乐观以及奉献精神等对其他玩家形成情感上的支持，使他们不轻言放弃、体会到游戏中的友谊与真情。同时，这些社会支持行为会在玩家之间形成良性循环，即接受社会支持的玩家会继续将这些行为进行下去，使玩家的社会支持行为不断扩展和延伸。

4

网络游戏玩家社会资本的积累

社会资本的网络呈现
——基于对大型多人在线角色扮演网络游戏玩家的考察

回顾社会资本的相关理论，布尔迪厄和詹姆斯·科尔曼没有涉及新兴技术对人们社会资本的影响。在普特南的社会资本理论中，他虽然承认互联网技术有利于消除人们之间的障碍，促进新的关系网络的形成，但是，他对这种影响持怀疑态度。在《独自打保龄：美国社区的衰落与复兴》一书中，他提出，"新兴技术在拉大使用者与非使用者之间数字鸿沟的同时，也会使人们的休闲趋向于私人化和被动，减少了现实中人们集会、政治参与的机会，不利于互惠和集体合作行为的发生，互联网不仅没有创造新的社会资本，相反还侵蚀了人们原有的社会资本"[①]。

然而，近年来随着人们网络交往与互动的增强以及互联网与人们日常生活关系的不断紧密，网络互动逐渐成为人们积累社会资本的重要途径。特别是在以互动性为主要特征的角色扮演类网络游戏中，玩家通过与其他玩家的互动以及与游戏内容的互动，分享交易等游戏信息、讨论游戏经验、畅聊游戏以及日常生活中的琐事，在舒缓个人情绪的同时结识网络中志同道合的朋友、将网络中的朋友发展为现实中的好友甚至步入"婚姻"殿堂。网络游戏中的互动在增进玩家之间友谊与战斗情谊的同时，也有助于培养他们之间的相互支持与信任，营造和谐、友爱的游戏气氛，实现社会资本的积累。

4.1 玩家之间互动

在很多研究者看来，网络游戏中玩家与玩家之间的互动是网络游戏区别于传统游戏的最明显特征，是具有革命性意义的，这也正是网络游戏吸引无数玩家的关键所在。与传统的单机版游戏相比，在网络游戏中玩家不是与电脑设计好的人物进行互动，而是与实实在在的人进行互动。这不仅满足了玩家的成就感，更重要的是网络游戏中玩家之间的互动让他们体会到了虚拟交往的乐趣，享受到团结合作以及互相支持的社群凝聚力。玩家之间的互动拉近了他们的距离，使他们乐于分享一切情感，在有利于玩家之间建立战斗情谊和亲密关系网络的同时，也给其他玩家带去情感支持。

[①] 罗伯特·普特南. 独自打保龄：美国社区的衰落与复兴[M]. 刘波，等译. 北京：北京大学出版社，2011: 251-285.

4 网络游戏玩家社会资本的积累

有别于现实中的面对面交往,网络游戏中玩家之间的互动是戴着"面具"的"共舞"。也就是说,在游戏中,每一个玩家都会选择自己喜欢的一个或几个角色,通过对角色形象的塑造将自己的个人意志灌输到角色扮演之中。游戏角色是玩家在游戏中的自我标识,成为玩家在游戏世界的唯一代言人。由于角色是玩家向其他玩家传达信息、彰显个性特色甚至人格特征的重要途径,因此对游戏角色的选择、塑造等直接影响着玩家在游戏中获得的关注和社会支持,影响着玩家的社会资本积累。另外,以信息网络、信任、规范以及社会支持为主要元素的社会资本是在玩家具体的互动行为中不断形成与积累的。那么,这些互动行为是如何又是通过哪些互动方式实现玩家社会资本的积累呢?带着这样的问题,下文试从玩家的角色扮演、互动行为与互动方式三个方面论述玩家社会资本的积累。

4.1.1 角色扮演

莎士比亚在《人间喜剧》中曾经写道:"世界是一个舞台,所有的男人女人不过是一些演员,他们都有上场的时候,也有下场的时候,一个人一生扮演着许多角色。"(第二幕,第七场)[①]

正如上面台词所说,每一个社会个体都无时无刻不在扮演着角色,而且随着时空情境的转换,其角色身份也在不断发生着变化。通过一次次的角色扮演,社会个体可实现与他人的互动与自我发展。可以说,角色扮演是人与生俱来的能力,也是人类进行互动、建立关系、发展友谊不可或缺的要素。然而,在现实社会中,人们的角色扮演经常会受到环境以及个人身份等条件的制约。在网络空间,情况则大不相同。"在网络空间,以身体不在场为核心,整个现实社会的物质环境和自然环境都是不在场的,这为网络族提供了不以社会期望为基础,不以适应社会环境为行为模式进行角色扮演的可能,在网络空间,网络族面对的是一个以想象为基础的另类生存空间。这一空间作为网络族扮演角色的背景和舞台,使他们在现实社会生活中的地位、职业、年龄、性别、种族、相貌等因素,可以被暂时隐匿。"[②] 玩家不仅可以依据自己的喜好自由扮

[①] 乔纳森·特纳.社会学理论的结构(下)[M].邱泽奇,译.北京:华夏出版社,2001:48.
[②] 黄少华,陈文江.重塑自我的游戏——网络空间的人际交往[M].兰州:兰州大学出版社,2002:131.

社会资本的网络呈现
——基于对大型多人在线角色扮演网络游戏玩家的考察

演自己喜欢的角色，还可以摆脱现实生活中"角色冲突"的影响，同时扮演多个角色。这种角色扮演模式赋予了人们更大的自由和想象的空间，网络族可以在网络中最大限度地释放自己的心灵空间、发挥自我潜能、实现理想自我。正是网络空间角色扮演对人们心灵的释放和行为方式的改变，使网络族可暂时摆脱现实生活的禁锢，在网络空间更加自由地表达自己。他们不仅更倾向于与他人发生互动，还更容易在互动交流中建立各种关系网络、发展友谊、亲密等同侪情谊，促进网络族社会资本的形成与积累。

在数字媒介创造的虚拟环境中，个体以化身的形式与其他化身或电脑代理进行交流。代理是完全由电脑所控制的，他们的一举一动受事先编定好的电脑程序所限制，参与者不能直接控制代理的反应和行为。与之相反，化身则是参与者在游戏中的角色，直接由参与者来控制。同样地，在MMORPG中玩家通过自己的化身与电脑控制的代理和其他玩家控制的化身进行互动。然而，与电脑代理的互动只限于一些自动模式的战斗中，例如《天天炫斗》游戏中的角斗场或者挑战模式，玩家不需要自己操作，任由化身自己去打怪升级。这样的互动通常是被用来填充玩家"激战"过后的休息时间，是可有可无的点缀。而与其他玩家所操控的化身的互动才是角色扮演类网络游戏的魅力所在。因为在每一个化身的背后，是真实存在的、鲜活的人，他们拥有自己的脾气嗜好、喜怒哀乐、善恶美丑，个体所具有的这些特征又会投射到其化身上，形成一个个性鲜明的角色。如果说现实世界是由形形色色的人所构成，那么网络世界同样是由形形色色的"人"所构成，只不过这里的"人"是由现实中的人所操控的角色而已。但在本质上，网络游戏中的角色已经具有了人所具有的一切特征。这些活生生的角色不仅是网络游戏的真正魅力所在，还是网络社会互动发生的基础。玩家正是通过角色扮演实现与其他玩家的合作杀敌、攻城略地、发展线上线下情谊，创造和积累社会资本。

在MMORPG中玩家以角色的形象出现，并经由角色在自己想象力的驱使下和其他玩家展开互动。也就是说，角色成为玩家展现自我、拓展关系网络、抒发情感、建立规范、交流互动的介质或者说视窗。玩家的角色扮演直接影响着玩家社会资本的形成与积累。

首先，战斗中玩家的角色选择动机是影响玩家社会资本积累的关键要素。动机不仅是社会行动者采取行为的原因，还维持和决定着行动者行为的方向。

也就是说，角色选择动机不仅直接影响着玩家选择哪个或哪些角色，而且还影响着玩家未来活动的趋向。以访谈对象中玩得最多的一款游戏《英雄联盟》为例（在所有访谈对象中，有24人曾经或正在玩这款游戏），截至2024年3月，该款游戏有167个英雄（即角色），每一个英雄根据其技能和属性的不同可以划分为不同的职业。一些英雄可能具有一种以上的属性，因此它的职业归属可能出现一种以上的情况。部分访谈对象在《英雄联盟》中的角色如表4.1所示。

表4.1 部分访谈对象在《英雄联盟》中的角色

序号	访谈对象	角色	职业	特点
1	M6	泽拉斯	法师、辅助	技能输出、法术伤害
2	M7	李青	刺客、战士	高机动性、高爆发力
3	M8	孙悟空	战士、坦克	半肉半输出、能抗能打、能追能跑
4	M9	布里茨	战士、辅助、坦克	勾人技能强大、善于扭转战局
5	M10	塔莉娅	辅助、法师	意念控制能力强、法术输出
6	F4	拉克丝	辅助、法师	超远程法术伤害
7	M12	阿利斯塔	坦克、辅助	控制能力十足、耐打、主要肉盾
8	M13	艾翁·荆足	辅助、法师	远程、拥有控制、友军增益技能
9	M19	伊泽瑞尔	射手、法师	攻击力高、攻速快
10	M27	肖娜·薇恩	刺客、射手	瞬间高杀伤，单体伤害
11	M28	奈德丽	法师、刺客	远距离攻击能力强、拥有变身能力
12	M29	艾尼维亚	法师	控场能力强、双倍伤害和重生被动
13	M30	奥拉夫	战士、坦克	高抗性、高血量、主要肉盾
14	M32	艾瑞莉娅	战士、刺客	速度快、善于补刀
15	M33	阿卡丽	刺客	近战、可隐形
16	M34	塞西尔	法师、辅助	远程输出、阵地战和防御战专家
17	M35	雷克顿	战士、坦克	高伤害、高机动性的半肉
18	M36	扎克	坦克、战士	高伤害、善于清线清野

社会资本的网络呈现
——基于对大型多人在线角色扮演网络游戏玩家的考察

在 MMORPG 中，玩家对角色的选择可能会出于很多原因。例如任务取向、角色外形或性能、游戏中的虚拟报酬等都是玩家选择游戏角色的动机。然而，在访谈中研究者发现注重团队合作、以其他玩家的需要为取向也是很多玩家选择角色的重要动机。玩家 M1、M7、F1、F5、M30、M37 都表示在选择角色时一般都等到其他玩家选择完以后，自己再选。在角色扮演类网络游戏中，玩家必须为自己设定一个在团队中的位置，选择一个合适的角色。这一过程实际上是玩家在不知不觉中将自己视为团队一员的过程。而这种选择的结果不仅有利于游戏的顺利进行，还有助于团队内部和谐氛围和信任关系的形成。这种以队友利益为先、照顾他人的精神通常会赢得他人的尊敬与信任，并给他们带来情感上的慰藉。特别是当某些玩家为了满足队友的需要放弃自己擅长的角色时，更能引起其他玩家的共鸣，对其他玩家形成情感上的支持。

> 游戏里面有几十个角色可以选择，每个人都想选择自己喜欢的、常玩的、玩得最好的那个角色，但是很多时候我都是看队友选什么了，然后自己再选。有一次开黑，队友选了战士和法师，但队伍里缺少辅助，我就义无反顾地选了翠神。因为我要给大家做好"后勤"啊，他们在前方冲锋陷阵，我就给他们补血。虽然我死的次数多点，但为了团队，值了。队友们都打得特别卖力，说我是他们的精神支柱呢。我当然也很开心，能够为其他队友排忧解难我也觉得特别荣幸。（F3）

> 每个人都有自己喜欢的、用得顺手的英雄。像我就比较喜欢用法师。但是一个团队的人也要互相关照。比如说团队中已经有足够的法师了，那我就会选其他的英雄。或者其他玩家想用法师，我就会让给他们。经常和我一起玩游戏的朋友都知道我在选择英雄的时候会照顾他们，所以他们都觉得我特别够意思。我拿他们当兄弟，他们也拿我当兄弟。（M40）

角色的选择可能出于玩家个人审美的需要、竞技的需要，但更多的是出于团队或队友的需要。而且这种选择一般都是玩家个人的意愿，因为这在他们看来是建立关系网络、获取队友信任和情感支持的重要方式。玩家F9认为，她之所以在网络游戏中结识了很多要好的朋友就是她在选择角色时十分谦让，不像有些玩家"一上来就选自己喜欢的角色，万一被别人抢走了，还要不断地发消息，说'我要……，我要……'"玩家M27也承认他在选择角色时，通常都会以队友需要为主。他的这种做法使他在游戏中享有很好的声誉，并在游戏中交到了很多好的朋友、体会到了虚拟世界的友谊与信任。

> 有一次，我已经选好了"斯巴达"，一个队友通过语音说"能不能让我用斯巴达啊，我只会玩这个，其他的都玩不好"。我就取消了选择，改选另外一个战士。反正无所谓了，我用哪个都可以，干吗不成全别人呢。结果，那个队友十分感动，说他很少碰到这么好的玩家，后来他主动加我好友，我们还互相留了微信号和手机号码。只要想上线玩游戏，我们就会喊上对方一起玩，后来我们的关系越来越好，已经成了无话不聊的朋友。上个月他还把他的号借给我玩，说让我随便玩。不仅如此，他是一个房产公司的员工，我们家换房子的时候很多事情都是他帮我搞定的。　（M34）

其次，科尔曼认为个人社会资本的多少与他参与的社团数量直接相关。也就是说，个人的关系网络规模越大，他拥有的社会资本越丰富，摄取社会稀缺资源的能力也就越强。因此，个人或组织的社会资本的数量与其拥有的关系网络数量直接相关[1]。在MMORPG中，玩家通常会通过扮演多个角色，进而增加与其他玩家互动的概率和时长，为建立和积累自己的社会资本打下坚实的基础。网络空间的交往摆脱了现实社会的诸多束缚，玩家不仅可以任意选择自己喜欢的角色，而且可以同时扮演多个角色。这一方面有助于玩家通过扮演不同的角色来感受游戏世界的魅力，另一方面也大大扩展了玩家的社会网络，有利于玩家之间关系网络的建立。黄少华在对《魔兽世界》5位玩家的访谈中也发现，他们一共扮演过13个角色，涉及游戏设定中的7个种族和9种职业[2]。

---

[1] 张文宏. 社会资本：理论争辩与经验研究[J]. 社会学研究, 2003 (4): 23-35.
[2] 黄少华, 杨岚, 梁梅明. 网络游戏中的角色扮演与人际互动——以《魔兽世界》为例[J]. 兰州大学学报：社会科学版, 2015, 43(2): 93-103.

社会资本的网络呈现
——基于对大型多人在线角色扮演网络游戏玩家的考察

研究者的访谈也发现,所有玩家都扮演过不止一个角色。玩家 M2 通常扮演法师、肉盾和战士,而玩同一款游戏的 F3 则对法师和辅助情有独钟。多种角色的扮演在使玩家体验到游戏趣味的同时,也使玩家得以与更多的玩家互动,从而获取更多的游戏信息,建立信息网络。

> 大家都会选择好几个角色来扮演。扮演多个角色可以知道更多角色在这个图中的作用、技能的使用以及装备的搭配。你的角色多了,接触到的玩家自然就多了,获取经验的渠道就多了。拿我来说吧,我的LOL账号有二十几个英雄,光是常用的角色就有六个。角色多、平时一起玩的朋友也多,信息就非常灵通。比如说我在用刀妹的时候碰到一个玩家,他知道更新内容或者刷图技巧就会公布出来,告诉其他玩家。后来我又尝试了几个其他角色,不仅有了新的游戏体验,还从其他玩家那学到了很多升级杀怪的技巧。所以我现在级别升得特别快,掌握的信息也多,信息灵通就是不一样。(M28)

> 对于我来说,角色多才能更有效地收集和发布交易信息。我要是想买卖装备就分别把每个角色登录一次,然后查看或者发布买卖信息就好了,这样比用一个角色快多了,可以让更多的玩家看到我的信息。(M17)

在社会资本的测量中,关系网络是其中重要的变量之一。而测量关系网络的一个重要维度就是关系网络的规模。弗奈普认为"社会网络中有意愿或有义务提供帮助的人的数量"是测量社会网络资本的三要素之一[①]。林南也指出可以从三个方面定义社会网络资本,即达高性、异质性和广泛性。其中,广泛性就是指社会网络中包含的不同社会位置数量(Lin, 2001)。关于农民工社会资本的相关研究中也认为,农民工认识的邻居的数量越多,说明他们的社

---

① Flap. Henk D. & Nan Dirk De Graaf. Social Capital and Attained Occupational Status [J]. Netherlands Journal of Sociology, 1986 (22): 45-61.

会职能存量越高[①]。同样地，在游戏中，玩家通过扮演多个角色可以与更多的玩家实现互动和交流，从而获取更加多元的游戏信息和其他资讯，建立关系网络，积累社会网络资本。据玩家 M25 介绍，他在《梦想世界》中扮演过多个角色，像法师云无心、术士潇湘子、战士霹雳火和逍遥侠等。他的每个角色都添加了几十个好友，有学生、网吧老板、快递小哥、房产中介以及外企白领，想要知道哪方面的信息，随便在好友里面一问就有人帮着回答，十分方便。

同时，扮演多个角色可以使玩家在角色选择时有更多的余地，减少匹配中与其他玩家的冲突，从而有利于玩家之间情感网络的建立和情感支持的形成。几乎所有访谈对象都反映，有时候组队不一定能拿到自己想要的角色，如果自己有多个角色就不需要和其他玩家争了，也就避免了冲突的发生。在很多玩家看来，团队合作讲究的是和气，在"战斗"开始之前就发生争执自然很不利于以后的合作。很多玩家都承认，多练几个角色有利于避免在选择角色时和其他玩家产生争执。因为在 MMORPG 中，一个角色只有一次出场机会。也就是说，某个角色被其他玩家选走了，你就不可以再选。在这种情况下，玩家都会退而求其次选择其他比较擅长的角色。但据玩家反映也有一些玩家因为争抢角色而发生不睦甚至引发骂战。如果多练几个角色就会减少此类争执的发生，从而有利于玩家之间互动合作行为的展开。对于很多玩家来说，多练几个角色本来是出于好玩，丰富游戏体验，但是在实际的对战中，对不同角色的属性、战力和性能有所了解不仅有利于玩家之间的配合，还会使玩家对其他玩家角色使用中的失误或缺陷产生同情和谅解的心理。这对于玩家之间情感网络的建立和团队成员之间的情感支持大有裨益。

> 玩游戏的人都会一起练好多个角色，除不断体验新角色以外，还有其他好处吧。像我练过李海龙这个角色，他有一招特别狠，可以将对手踢出去很远。如果掌握好方向的话，可以将对手踢到自己的塔下，再跟进一招就可以秒杀他。当然，如果掌握不好方向也容易出错。有一次，我的一个队友用了这个角色，结果有一脚没

[①] 南方，李振刚. "90后"农民工童年经历与社会资本积累的研究[J]. 同济大学学报：社会科学版，2016, 27(1): 87-94.

社会资本的网络呈现
——基于对大型多人在线角色扮演网络游戏玩家的考察

踢好,反倒让本来就剩一丝血的对手给逃脱了。眼看到手的人头丢了,当然其他队友有点生气,就爆了几句粗口。我连忙开语音和大家解释才算平息了,那个队友自然十分感激我替他说话了。我是不想自己的队友"窝里反",互相埋怨,那样太伤和气了。(F3)

最后,玩家对自己所扮演角色形象的塑造是他们积累社会资本的关键因素。角色的外观是玩家留给其他玩家的第一印象,而从现实生活的经验可知,第一印象在很大程度上决定着人们对对方的喜好。因此,谨慎选择和设计角色外观成为玩家结交朋友甚至建立亲密关系的关键。游戏中,玩家在选择适合自己的角色以后,可以对角色外观进行个性化设置。这包括对角色的发型、肤色、五官、衣着等的选择、对角色进行个性化命名、挑选武器装备以及镶嵌徽章、文身、宝石等。在玩家 M3 看来,角色形象的好坏关乎其他玩家对自己的态度和交往的深度。

  人有爱美之心,喜欢漂亮的装扮是很正常的事。我玩的《幻想三国》手游版可以自己设计角色的外形,所以那些扮相可爱或者风度翩翩的角色都会受到大家的喜欢。之前我看到一个女性角色来莺儿,身穿紫红色战袍、头戴翡翠曜冠、脚蹬粉红色的七星逐月靴、脖子上戴着风月宝链、腰间佩戴着金凤佩,十分飘逸和妩媚。她在游戏大厅里一出现,就有好几个玩家围拢过去,应该是要加她好友吧。(M3)

在游戏中,外形漂亮的角色受人追捧的现象并不少见,特别是很多女性角色。F2 在《战国》中扮演的角色京极玛丽亚就因造型出众赢得其他玩家的好评,甚至有几个玩家添加她为好友,特意向她求教角色装扮的技巧。在后来的接触中,F2 与他们一起参加了 cosplay① 的很多活动,并成了无话不谈的好朋友。玩家 F2 cosplay 她的京极玛丽亚形象如图 4.1 所示。

---

① cosplay 是指通过服装、道具、化妆、造型等方式,借助摄影、舞台剧、摄像等,对出现在动画、漫画、游戏作品中的某位角色或者某段剧情进行现实还原的活动。

图 4.1　玩家 F2 cosplay 她的京极玛丽亚形象

　　游戏角色的作用主要体现在："游戏角色是玩家在游戏中的自我标识，是玩家的'第二个我'，游戏角色成为玩家连接现实世界与游戏世界之间关系的纽带，通过角色可将游戏世界纳入现实生活，同时也可在游戏世界中呈现现实世界。游戏通过设置一系列的'原型性'角色，允许玩家从中选择，进而实现玩家的自我标识和自我呈现。"[1] 玩家对角色外形、游戏行为、语言风格等的塑造是玩家自我形象在游戏世界的反映。一些玩家会将自己的个性、理念等注入对角色的设置中。将自己现实的一面与游戏角色相融合，在游戏世界实现自己的梦想。一直怀揣着当侠客和当兵梦想的玩家 M25 在《剑三》中毫不犹豫地选择了战士这个角色。他不仅在对战中勇猛无比，经常替其他玩家挡伤害，还将自己的游戏经验分享到论坛供其他玩家参考。他的乐于助人行为使他在玩家中享有很高的声誉。玩家 M25 现实中的个人特征与游戏中的战士特质融为一体，二者相互作用相互促进，帮助他在游戏世界中建立关系网络和友谊。

　　同时，角色形象也是玩家确立信任关系的重要标准。这是因为网络游戏空间瞬息万变，玩家"来去匆匆"，很难有足够的时间让他们互相了解，进而产生信任。在这样的情况下，就需要借助相对直观的判断标准来确定对他人的信

---

[1] 关萍萍. 互动媒介论——电子游戏多重互动与叙事模式[D]. 杭州：浙江大学, 2010: 119.

社会资本的网络呈现
——基于对大型多人在线角色扮演网络游戏玩家的考察

任。因此,多数情况下,游戏玩家的级别高低、装备的精良程度、排位的段位以及称号的等级就成为衡量一个玩家水平高低、是否值得"生死相托"的重要标准。

> 我在选择队友的时候要么看着装,要么看等级,要么看是不是土豪。现在的土豪特别多,心悦8①、V6各种神装,那这样的玩家肯定是土豪啊。这样的土豪技术再烂,有装备在那摆着呢,肯定差不了,所以赢的机会还是比较大的,也比较值得大家信任。(F2)

米德认为自我作为一个客体产生的社会条件有语言、玩耍和游戏。"在神话和原始人进行的各种玩耍,尤其是宗教庆典中,这种类型的活动属于人们的日常生活,形成他们对待周围力量的态度,但并不是在他们处理周围客体的层次之上,这是一种原始的反应,在扮演他人角色中得到表现。"②不难看出,米德将人类的心灵视为一种社会过程,可以将其定义为经由使用重要的象征而与自我进行内在的交谈对话,而这一过程的最关键之处在于互动过程中人们所具有的扮演他人角色的能力[里茨尔(Ritzer),1989]。可以说,角色扮演是人与生俱来的能力,是人们进行互动与交流不可或缺的要素。

网络空间里的角色扮演是以玩家的想象力为基础的自我重塑过程。按照黄少华的说法,"与现实社会中的角色扮演不同,网络角色扮演并不是按照社会赋予这个角色的规范进行的,而且人们在网络空间的角色扮演过程也不遵循统一的、有模式的行为,而是表现为一个松散、流动、自由的表演过程"③。然而,这并不意味着网络空间的角色扮演可以毫无根据、任意而为。按照米德的说法,游戏的参与者会受到游戏内其他参与人员的影响,并采取其他游戏者的态度。这种赋予个体其自我统一性的有组织的共同体,或社会群体可以被称为"概括化他人"(Generalized Other)。这种概括化他人的态度时刻对个体产生着影响,并逐渐内化为个体的行为准则,使其不断调试自己以适应社会结构中

---

① 心悦会员共8级,级别越高代表花的钱越多,享有的特权也越多。
② 赖柏伟. 虚拟社群:一个想象共同体的形成——以在线角色扮演游戏《网络创世纪》为例[D]. 中国台北:世新大学传播研究所,2002: 119.
③ 黄少华,陈文江. 重塑自我的游戏——网络空间的人际交往[M]. 兰州:兰州大学出版社,2002: 140.

的相关期望。在 MMORPG 中,由于互动的必要性和必须性,玩家并不是自顾自地玩耍。他们对自己角色的扮演以及想象始终以其他玩家、整个虚拟社群为参照物,接受其他玩家对自己的态度,顾及其他玩家的感受和想法。在角色选择、多角色扮演、角色形象塑造等几个方面都体现出"概括化他人"的显著影响。在每个玩家都潜移默化地按照他人的期待去互动时,自然地,玩家之间的信息流动变得更加顺畅,团队内的合作行为更容易达成,玩家与玩家之间更倾向于敞开心扉、彼此倾诉、建立友谊。具体来说,在角色选择过程中,玩家通常会考虑团队或者队友的需要,考虑其他玩家的需求,这对于玩家之间发展和谐的互动关系和情感支持十分有利。另外,每个玩家都会扮演多个角色以扩大自己的网络交往规模,积累社会网络资本。玩家对角色形象的塑造在很大程度上影响着其他玩家对他的喜爱程度和交往意愿,甚至影响着玩家之间的信任。

4.1.2 互动行为

玩家与玩家之间的互动是角色扮演网络游戏的内在属性。这是因为玩家所扮演的角色之间存在着必然的依赖性。早在 2004 年,丹彻纽特和摩尔在对 MMORPG 的考察中就发现,像《无尽的任务》此类网络游戏特别鼓励玩家与玩家之间的互动与合作。这主要是因为游戏中的任务对于单个玩家来说很难完成,所以需要团队内其他成员的帮助。随后,他们用虚拟民族志的方法对 *Star War Galaxies* 进行了分析和研究,发现游戏中的角色除了与一般角色扮演游戏一样,重视属性设计与角色外观之外,最大的不同在于每个角色是相互联结的,各种角色之间具有相互依赖性(Player Interdependencies)[①]。这种角色之间的相互依赖性意味着玩家之间互动行为的必须性,正是在频繁的互动过程中,玩家之间建立起关系网络和信任关系,互相展开合作甚至竞争。在游戏设计大师弗里德尔看来,玩家与玩家之间的互动是角色扮演游戏的中心部分,并且可能是最重要的部分。因为玩家之间的互动、常规交流和复杂的间接影响驱动着游戏并使之保持活力。更重要的是,"现在的多人在线角色扮演游戏拥有

---

① Ducheneaut N, Moore R J. The Social Side of Gaming: A Study of Interaction Patterns in a Massively Multiplayer Online Game[C]. ACM Conference on Computer Supported Cooperative Work, CSCW 2004, Chicago, Illinois, USA, November. 2004: 360-369.

社会资本的网络呈现
——基于对大型多人在线角色扮演网络游戏玩家的考察

了更多的互动内容，玩家不仅可以聊天或讨论，他们甚至可以直接影响其他玩家感知世界的方式，通过改变游戏世界的状态，直接（例如相互对准射击、盗窃、交谈、贸易等）或间接地影响其他玩家的感觉"[1]。从而与其他玩家建立更真切的情感和精神互动，为社会资本的积累奠定基础。

玩家与玩家之间的互动行为是网络游戏研究中最受学界关注的内容之一。很多研究都发现，MMORPG 玩家可以在游戏中展开聊天、交易、互助、聚会等互动行为。根据不同的标准，学者们对玩家的互动行为进行了区分。卡特勒（Cutler）的研究指出，玩家的网络互动行为包括询问（Asking）、告知（Telling）、评论（Commenting）、讨论（Discussing）、开玩笑（Joking）、指证（Correcting）、争辩（Arguing）和同意（Agreeing）等[2]。李家嘉（2002）指出网络游戏玩家有四种互动行为：合作、交换、对立和聊天；张静（2007）认为 MMORPG 玩家的互动行为包括：聊天、分享游戏经验、分享现实生活中的趣事、社会交换的行为、情感沟通以及玩家主要为了交易虚拟物品而与他人进行的互动。在此基础上，她将这些互动行为概括为社交互动、信息及讨论互动和交易互动三种。而梅西和利维（Massey & Levy）则将互动区分为内容互动（Content Interactivity）和社会互动（Interpersonal Interactivity）。其中，内容互动是指使用者对网站内容的参与程度，例如，使用者浏览网站、查询信息以及对网站进行意见反馈等；而社会互动则是指使用者通过网站中介与其他使用者进行交谈，例如，使用者在网站上通过讨论区、聊天室或留言板等与其他使用者进行交流或讨论[3]。黄少华的研究发现，网络游戏行为是一个多维度的概念，至少包括社会互动、团队合作、自我认同、暴力行为和虚拟交易五个维度[4]。综合以往对玩家互动类型的研究并结合访谈材料，本研究将玩家与玩家之间的互动分为社交互动、团队合作和交易互动三种。以上三种类型互动的展开在很大程度上加深了玩家之间的互动和了解，密切了游戏玩家之间的关系，使玩家在互动中建立起深厚的友谊甚至是信任关系，对玩家社会资本的积累有

---

[1] Markus Friedl. 在线游戏互动性理论 [M]. 陈宗斌，译. 北京：清华大学出版社，2006: 66.

[2] R. H. Cutler. Communication and Cyberspace: Social Interaction in an Electronic Environment [M]. Cresskill: Hampton Press, 1996: 317-333.

[3] B. L. Massey & M. R. Levy. Interactivity, Online Journalism and English-Language Web Newspapers in Asia [J]. Journalism & Mass Communication Quarterly, 1999, 76 (1): 138-151.

[4] 黄少华，刘赛. 青少年网络游戏行为的结构 [J]. 兰州大学学报：社会科学版，2013, 41(5): 55-62.

决定性意义。

首先，社交互动是玩家主要为寻找志同道合的朋友或为了抒发自己的心情而与他人的互动，主要包括开玩笑、交换联系方式、认为彼此是朋友、向对方吐露心声、指导其他玩家、分享游戏中的经验和趣事以及日常生活中的琐事、与游戏玩家见面或聚会等。通过频繁的社交互动，玩家不仅能够在短时间内掌握游戏规范、熟知与游戏有关的信息，还能够增进彼此的了解，与其他玩家建立友谊。可以说，玩家之间的社交互动直接促成了关系网络、游戏规范、信任关系和社会支持的建立和积累。

> 其实玩游戏并不是只有打打杀杀，拿我来说，更多的时候是和大家聊天和交流。比如讨论如何安排兵力、如何进攻、用什么兵种攻打什么位置、如何建自己的村庄等，这些信息靠自己慢慢琢磨那可太浪费时间了。还有就是游戏里的规矩也很多，不能抢别人的BUFF啊，挂机会受惩罚啊等等都是其他队友告诉我的。（M1）

> 在游戏里面交朋友是很平常的事，而且我觉得网络比现实中更能交到真心的朋友，毕竟大家没有那么大的利益冲突，完全是出于共同的爱好才聚集在一起。大家一起聊天，一起讨论战术，有高兴的事大家一起乐，有什么不开心的事也都讲出来，其他玩家还会帮着出主意想办法。渐渐地，大家自然就成为无话不谈的好朋友了。我的好友中就有几个人只要有空就上线，有时候根本不是为了去玩游戏，就是找游戏中的朋友聊聊天，侃侃大山的。（M37）

网络游戏为玩家提供了进行多重互动和交流的平台，使玩家从原本单纯为了玩游戏而上线，逐渐演变成为跟其他玩家聊天和互动而上线。正如上例中M37描述的那样，很多玩家认为与其他玩家的互动交流更吸引他们。玩家在游戏内与其他玩家一起畅聊、分享游戏经验甚至是彼此倾诉日常生活中发生的事情。诸如此类的贴心交流拉近了玩家之间的距离，使他们之间的感情凝聚力得以强化，彼此的信赖和归属感逐渐增强。

著名的游戏理论家巴特尔（Bartle）曾经对MUD游戏玩家进行仔细观察和详细分析。在他看来，玩家喜欢游戏的原因大致有四类：第一，获得成就

社会资本的网络呈现
——基于对大型多人在线角色扮演网络游戏玩家的考察

（Achievement with Game Context）；第二，探索游戏（Exploration of Game）；第三，与玩家交往（Socializing with Others）；第四，强加于他人（Imposing upon Others）[1]。在对以上四种游戏动机进行抽象分析的基础上，他将玩家分为四种类型，即成就型玩家（Achievers）、探索型玩家（Explorers）、社交型玩家（Socializers）和杀手型玩家（Killers）。尽管他对玩家类型做了区分，但他也指出玩家一般会以一种类型为主，同时在不同的类型之间变换。特别重要的是，不论是哪种类型的玩家都是借助与其他玩家的互动尤其是社交互动帮助自己获取游戏信息、学习游戏规范、建立友谊、信任、社会支持甚至亲密关系等社会资本。

同时，玩家们线下的聚会、竞赛等活动更有助于增加玩家在现实生活中的接触，增加团队的向心力和凝聚力，提高玩家之间的了解和熟识程度，引发成员间的共同的兴趣以及关心的议题，将有助于长久关系网络以及信任关系的建立和发展。

> 现在《炉石传说》这个游戏非常火，我们系里就有很多玩这个游戏的同学。有时候系里会组织相关比赛，一般是在系里的咖啡厅办的。因为有共同的爱好，所以很玩得来，以前不认识的同学通过比赛都熟识了，而且有个新的圈子可以展现一个新的自己，我就结识了好几个很好的朋友。像我开学的时候行李搬不动我就找了在比赛里认识的一个朋友，真的特别感谢他的帮忙。另外一个玩LOL的同学他们还会经常举办寝室争霸赛，像在杭州的话，一般就去武林广场那面的网鱼网咖。很多高校的同学都会去参加，大家面对面畅聊，分享游戏经验，比赛结束后还会去K歌，好热闹的。每次他都说玩得很开心，学到了很多游戏知识，还交到了知心朋友呢。（F6）
>
> 我们一起玩游戏的朋友经常会有一些聚会什么的。那些只在游戏里交流的玩家在现实生活中有另一面。比如说你原来以为是男生的玩家实际上是个女生，然后在游戏里特别健谈的，现实生活中却有些羞涩腼腆；有些在游戏里表现得特别成熟、经常指挥战斗的

---

[1] Bartle. R. Hearts, Clubs, Diamonds, Spades: Players Who Suit MUDs [EB/OL]. （2016-10-22）[2017-01-23]. http://mud.co.uk/richard/hcds.htm.

"大叔"原来是十几岁的"小屁孩"。反正这种线下聚会挺有意思的,让我认识了好多好朋友,也从中学到了很多东西。大家都喜欢这样的聚会,我们公会就搞了三次了。(M9)

通过访谈可发现,很多玩家倾向于将自己定义为社交型玩家。在他们看来,游戏只是一个背景,更重要的是玩家之间的相互交流。在游戏中,他们可以与其他玩家说笑、探讨游戏经验、娱乐、倾听与倾诉,与他人进行精神交流、相互认同,去了解他人、理解他人甚至保持长久的关系。他们经常将现实生活中的烦恼与忧伤、喜悦与欢乐同其他玩家分享。他们经常在聊天系统中说"哎,我和女朋友又吵架了""我的期末考试要泡汤了""我想买双皮鞋,谁给我点意见"。玩家喜欢将现实生活中的琐事、烦恼或高兴的事与游戏中的朋友分享,倾听他们的意见、获得他们的认可与赞许或者只是简单地寻找倾诉对象。总之,现实生活的卷入拉近着玩家之间的距离,使原本陌生、冰冷的网络空间因频繁的社交互动而显得生机勃勃,玩家也在其中感受到家一般的温暖和战友般的情谊。如果玩家之间的情谊能够像上例中 F6 和 M9 描述的那样,那么这种情谊将会更长久。正如格拉博夫斯基等学者的研究中指出的那样,"玩家将自己的线下生活带入线上,或者相反地,将线上关系延伸至线下都会有利于玩家之间情感的建立和友谊关系的发展"[1]。可以说,玩家之间的社交互动可帮助玩家获知游戏内的诸多规范、建立起升级打怪、交易以及其他与游戏相关的信息网络,在玩家与玩家之间、团队内部形成信任关系,并实现玩家之间的信息资源分享、赠送、情感支持等社会支持。

其次,团队合作是玩家在游戏团队内部与其他玩家共同展开的组队练功、御敌、借用装备或宝物、互助合作、遵从团队规范等行为。角色之间的相互依赖性使得角色扮演类网络游戏玩家很少单独行动,他们多数时间都会与其他玩家组队或与公会成员一起杀怪和探险。对于每一个玩家而言,他们加入团队是想获取团队其他成员在游戏信息、情感、社会支持等方面的协助,虽然帮助他人并非他们的义务或责任,但玩家们都会自发地选择付出。游佳萍发现,"虽然团队内的成员分散各地、分属不同的职业,甚至从未谋面,但他们却能主动

---

[1] Grabowski, A., Kruszewska, N., & Kosiński, R. A.. Dynamic Phenomena and Human Activity in an Artificial Society [J]. Physical Review E, 2008, 78(6): 1-10.

社会资本的网络呈现
——基于对大型多人在线角色扮演网络游戏玩家的考察

与其他成员分享心得、自发性地遵守团队规定，进一步主动维护团队的名声，并帮助团队其他成员解决任务中的困境"[1]。她将这种自发性的、利他的、主动与其他人分享与合作的行为称为组织公民行为。这种组织公民行为符合普特南所说的"公民精神"，有利于玩家之间关系网络和信任关系的建立，有助于规范的遵守和团队成员之间的互相帮助与支持。

昂特伍德和摩尔（Underwood & Moore）（1982）认为，从个体作出行为的动机来看，只要行动者是出于有益于他人或集体的目的作出某种行为，那么这种行为就是利社会行为，即使其中可能包含利己的成分。正是因为团队合作所具有的利社会性，使团队成员之间天然地具有内在的连接性和亲和性，这有助于友谊关系等情感网络的建立和发展。

> 说白了，一个公会的成员就像现实生活中的一家人一样。大家互不相识，但能够聚在一个公会里面，那就是缘分。平时都是一起练功、刷图，打到好的装备了大家还都互相谦让，或者分给最需要的或者是新会员，谁缺少什么直接在公会里喊一声就有人主动借给他。总之，大家在公会这个团队里感受到的就是家庭一样的温暖，我们相处得也像兄弟姐妹一样。（M19）

在访谈中发现，对团队成员怀有深厚感情的不止 M19 一人，M1、M6 以及 F3 都表示在与公会或者部落成员长期互动的过程中结下了别样的情谊。对于一些玩家来说，这种感情与现实中人际交往建立的感情一样真实，甚至有过之而无不及。

之所以玩家在团队练功、探险等互动中表现出互相合作的关系，是因为与现实环境中的团队成员相似，角色扮演类网络游戏的团队成员会在团队行动中将帮助他人与帮助自己等同起来。

> LOL是团队合作的游戏，主要看配合，一个人再厉害也不好使。一个团队里面各个角色都是你帮我，我帮你的。比如说打团的

---

[1] 游佳萍，陈妍伶. 虚拟社群中的组织公民行为之研究：以线上游戏团队为例[J]. 资讯社会研究，2006(11): 115-144.

时候一般ADC在后面负责输出，肉盾当然是冲在前面顶伤害，中单打野绕到后面切后排。每个角色在打好自己位置的同时就是在帮队友，这样才能取胜，也可以说帮队友就是帮自己。（M30）

像玩家M30一样，很多玩家都会不自觉地将帮助其他玩家看作自己的分内之事。这不仅有助于团队内部形成良好的互助氛围，建立紧密的关系网络，还能密切成员之间的联系，增进彼此的感情。玩家M2、M8和M29都认为团队中很多时候是不分彼此的，"大家有怪一起打，有好东西一起分"，现实生活中的"有福同享、有难同当"在网络游戏世界同样适用。正是在这样的互相扶持与团队合作中，玩家之间的友谊与信任关系得以建立，社会资本得到不断积累。

怀特利在《社会资本的起源》一文中曾经指出，志愿性团体内部个体之间的互动是社会资本生成与积累的重要来源。特别是这种志愿性团体内部的合作机制提供了培养信任的框架。其实，这一框架的基本模型早在普特南对意大利地区社会资本的分析中就已指出："意大利一些地区有许多合唱协会、足球队、观鸟俱乐部和'扶轮国际分社'。这些地区的大多数公民急切地从每天的报纸上读取有关社群事务的信息。他们是为公共问题而忙忙碌碌，而不是人格主义的或主子——代理人式的政治。居民们互相信任，行事公正并且遵守法规……重视团结，公民约束、合作和诚实。"[①]

网络游戏中的战队、公会、部落、联盟等团队组织都是玩家自由组合、自愿加入的志愿性团队。无论加入团队的目的如何，玩家们都清楚地意识到只有学会如何与其他队友合作才能获取其他队友的认可，进而赢得他们的信任。在访谈中可发现，对于角色扮演类网络游戏，玩家有这样一个共识，即团队合作是决定游戏胜负的关键。同时，懂得团队合作的人会被队友认为"技术好""有大局观念"，并获得他们的信任。

角色扮演类游戏最重要的就是团队合作，不管是熟人还是新加入进来的队友，只要是一个战队的，就自然而然看成自己人。冲锋

---

① 保罗·F. 怀特利. 社会资本的起源[C]. 冯仕政，译 // 李惠斌，杨雪冬. 社会资本与社会发展. 北京：社会科学文献出版社，2000: 45-76.

社会资本的网络呈现
——基于对大型多人在线角色扮演网络游戏玩家的考察

的时候一起上,需要替队友挡伤害的时候就冲上去,看队友没血了就过去帮忙等。我玩游戏这么多年了,一直都是这么做的,把团队的利益放在第一位,不要总想着自己的人头和伤亡数,多和队友配合,这可能也是我的队友都很信任我的原因吧。很多和我一起战斗过的队友都很信得过我,主动借号、借装备给我的有很多。之前我在苏州打工,不小心钱包被偷了,身无分文,我又特好强,不好意思和家里人伸手。一个公会里的朋友知道了,二话不说就借给我500块,连还钱时间也不提,太信得过我了。(M26)

团队合作不仅有利于增进玩家之间的友谊和信任,还有利于游戏规范的建立。因为在很多玩家看来,加入公会就意味着自觉遵守公会内部的相关规定。对于网络游戏玩家而言,加入公会等团队组织是他们游戏生活的重要组成部分。《2009年度17173中国网络游戏市场用户研究报告》在对124859份调查问卷进行分析的基础上发现,有超过90%的玩家曾加入过公会[①],如图4.2所示。本研究的访谈也支持这样的结论,所有的访谈对象都曾是公会等团队组织的成员。玩家M22打趣地说,"没加入过公会的玩家都不好意思说自己玩过游戏。"可见,公会等团队组织在玩家当中有很高的认可度,玩家也将它们看作在游戏中的"临时家园"。在这样的"家园"中,玩家认为自己有责任与其他玩家共同遵守装备分配、新人指导、照顾与尊重女性玩家、不使用外挂等游戏规范。

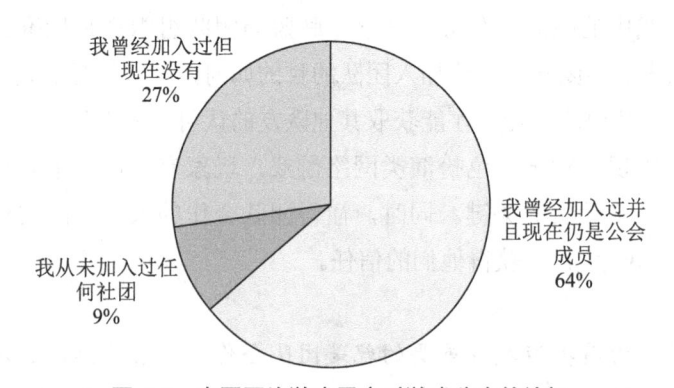

图4.2 中国网络游戏用户对游戏公会的认知

[①] 易观国际-17173合作调研. 2009年度17173中国网络游戏市场用户研究报告[R/OL]. (2011-01-19)[2017-02-12]. https://max.book118.com/html/2011/0119/50761.shtm.

4 网络游戏玩家社会资本的积累

> 加入公会和自己单打独斗当然有很大区别。因为你加入公会了，你就有责任维护公会的利益，维护其他会员的利益。如果是我自己闯关打怪，我不爱打了，就可以挂机或找个代练随便玩玩。要是和公会一起行动，我可不能这么做，我可不能连累大家啊。公会行动就是要和其他会员合作，每一个人都有责任尽自己的义务、打好自己的位置。如果这个时候谁不听话，或者挂机影响团队合作，那会被大家骂得很惨的。(M30)

加入公会等游戏组织的玩家会因自己是某一公会的成员而产生一种自豪感。M24是著名战队"战火"的一员，在对他的访谈中研究者发现，当问及有关战队的问题时他就变得十分健谈，并且言语间充满了对战队的爱慕和有幸成为其中一员的自豪感。他说："一个战队的人数上限是五十人，当时申请这个战队的人特别多，因为'战火'的名字大家都知道啊。我当时就想加入这个战队，但技术不过关，我就疯狂地练，有时候一天就泡一袋面吃。但话说回来，好的战队就是不一样，当初的辛苦值了。"在加入"战火"以后，玩家M24积极参与战队的试炼、对战、讨论以及线下的各项活动。更重要的是，战队让他进一步了解了游戏规范的内容以及游戏规范的重要性。因为团队合作需要所有团队成员按章办事，每个人的利益在集体利益面前都要做出让步，否则就会受到其他团队成员的指责，成为规范的破坏者，最终出局。

> 以前自己一个人玩游戏的时候经常会骂队友或对方，有时候还会吵起来。后来加入公会了就好了很多。因为我们公会里很多都是熟人，整天骂骂咧咧的也不好意思，感觉会被其他会员瞧不起，嫌弃我素质低吧。所以现在即使遇到一些不讲究的玩家，真想骂他两句，但又怕拉低了公会整体的"逼格"，我也就不好意思骂了，只好和其他会员一样发几个愤怒的表情就算了。(M6)

在访谈中研究者发现，在团队合作中玩家一般都会因为受其他团队成员的影响而改变自己当初的想法。正是玩家所说的这种责任感或者"社会压力"使他们在团队合作中时刻约束自己的行为，从而提高玩家游戏行为的责任感和纪

社会资本的网络呈现
——基于对大型多人在线角色扮演网络游戏玩家的考察

律性,有利于游戏规范特别是强制性规范的建立。

最后,交易互动是玩家与其他玩家进行的虚拟物品买卖或交换活动。玩家之间频繁的交易互动为玩家社会资本的积累创造了条件。角色扮演类网络游戏之所以受到众多玩家的青睐,其中一个很重要的原因是此类游戏中的装备、金币、宠物、魔晶、皮肤、卷轴等都可以随意买卖。这样的交易互动一方面保证了玩家可以在交易中获得自己紧缺的物品,另一方面也为信息网络特别是交易信息网络的建立创造了条件。

> 我玩《QQ三国》的时候,不喜欢在游戏里升级打架,就喜欢到处买卖东西、发布交易信息啥的。我每天主城都跑几次摊位,到处找东西倒卖。发现便宜货马上秒掉,然后放在自己的摊位上等待新的买家。那天在成都回城马车那里突然发现一个"燕然未勒护腿",这可是豪杰这个角色护腿的最高配置啊,看了一下属性,值得拥有就立刻秒掉。像我这样天天跑摊的,摊位上的物品真可谓是琳琅满目,一天一换,每天来往交易的人也特别多。(M3)

为了进行交易,玩家都会将物品买卖信息公布在游戏公告栏、主城、世界、公会群等聊天系统里。当然,也有很多玩家会选择官方游戏QQ群、论坛、贴吧等场所,但管理严格的QQ群会禁止交易活动的进行。总之,玩家之间的交易互动促进了交易信息的发布与分享,为玩家在打打杀杀的间隙进行物品交易提供了机会。

游戏中的交易涉及现实中的货币和对玩家来说宝贝一样的物品,所以如果不是信任的人,交易一般很难进行。尽管在访谈中发现,一些玩家有在交易中被骗的经历,但他们也坦言,在很大程度上,游戏中的买卖活动能够让他们看清其他玩家的本质,找到真正可以信赖的朋友。

> 很多人都提醒过我虚拟世界的人不可信,特别是涉及金钱的时候,但多次的交易经历使我认识到游戏中的交易就像是一块"试金石",最能检验一个人的人品,它能告诉你谁才是值得信任的。就拿最近的一次交易来说吧,我想买一双高品质战靴,就在公告栏里

发了公告。可能是我的要求太高了，过了好久才有一个人联系我，说有我想要的战靴。我当时挺激动的，大致看了一下那个靴子，觉得没什么问题就匆匆付了钱。当天晚上十一点多，我突然接到他的电话，当时我吓了一跳，以为发生什么事了呢。他说，靴子上镶嵌的那颗生命宝石不是高级的，是他自己疏忽，他愿意再给我一个最高级别的宝石作为补偿。我当时就蒙了，这哥们儿人太好了，真实在，我都没发现，他完全可以拿着钱不管这事啊。我觉得这个人值得交，后来就一直和他有联系，我也曾把装备借给他，我信得过他。(M15)

正像上文所说，尽管网络游戏中交易受骗的事件屡屡发生，但不可否认的是，网络交易作为风险性极高的交易活动促进了网络游戏中交易信息的流通，为玩家顺利进行交易提供了信息保证。同时，交易互动也有利于玩家在交易中了解他人，从而建立友谊甚至信任关系。

在网络游戏中，玩家时时刻刻与其他玩家进行着社交互动、团队合作和交易互动。这些互动行为不仅构成了玩家全部的游戏活动，还帮助玩家结识朋友、积累友谊、学习并遵守游戏规范、与其他玩家建立信任等社会资本。

4.1.3 互动方式

在游戏中，玩家想要与其他玩家沟通都要借助一定的互动方式或表达渠道来实现。随着新媒介时代的到来以及游戏开发系统的不断完善，现在的网络游戏已经将传统的互动方式与新兴的互动方式结合在一起。总体来说，这些互动方式包括文字、图片、肢体动作等符号系统、电子邮件、论坛、贴吧、视频聊天、语音聊天、视频直播以及电话，等等。多种互动方式的运用促进了玩家之间的交流、加深了玩家之间的理解，为关系网络、社会支持甚至信任的建立和积累创造了条件。

4.1.3.1 游戏内部的互动方式与社会资本积累

符号互动论学者认为象征符号是一种特殊形式的社会事物，被用于代表或代替人们同意它应代替的任何事物。在网络游戏里，文字、肢体动作、语音

社会资本的网络呈现
——基于对大型多人在线角色扮演网络游戏玩家的考察

以及物质的器物都可以作为象征符号,而玩家正是通过使用这些象征符号来与其他玩家沟通和互动,进行交谈或情感表达。玩家借助符号互动与其他玩家建立关系网络甚至信任关系,以积累社会资本。尤其是对被巴特尔称为"社交型玩家"的人来说,"他们玩游戏的主要目的不是升级打怪,而是借助游戏中的通信工具,应用角色扮演的特性,结识(或者说交互)其他玩家并与之交往"[1]。因为对于他们而言,游戏最大的乐趣在于能够与其他玩家天南海北地聊天、倾听别人的牢骚、分享彼此的喜怒哀乐、相互认同。可以说,社交型玩家的所有游戏行为都是为了获得与其他玩家的交流和互动,得到较高的点数与积分也是为了方便与等级更高的玩家平等且优雅地畅谈。对于社交型玩家来说,最佳的游戏状态是"了解他人、理解他人,与他人建立友情,并且保持美丽且长久的关系"[2]。而这种关系的建立需要互动符号的帮助。

> 现在的游戏系统做得非常好,你不仅可以发文字、发图片,还有语音、视频的功能。以前很多人都嫌打字麻烦,还会遮挡屏幕影响游戏体验,现在好了,功能很多,大家可以随便选择。当然,聊天的机会也就比以前多了很多。这样不仅能够对队友有更深的了解,有利于战斗中取胜,更重要的是能够认识和了解很多朋友。
> (M20)

对于现在网络游戏中的多种互动符号表达方式对玩家之间互动的促进作用,玩家特别是一些网龄较长的玩家深有感触。玩家 M3 是本研究访谈对象中年龄最大的,也是玩游戏时间最长的。他最早玩的《贪吃蛇》等小游戏基本就是玩家各自玩各自的,不会进行任何交流。用他的话来讲"想要认识游戏中的朋友是不可能的"。后来,他又先后玩过《华夏》《暗黑破坏神》和《CS》等经典游戏。这些游戏有自己的聊天系统,玩家可以通过输入文字的方式与其他玩家互动。以《华夏》为例,如果玩家想和其他玩家进行交谈,只需要用键盘输入文字,然后这些文字就会出现在游戏主画面中玩家扮演的角色的头上,对

---

[1] Bartle. R. Hearts, Clubs, Diamonds, Spades: Players Who Suit MUDs [EB/OL].(2016-10-22)[2017-01-23]. http://mud.co.uk/richard/hcds.htm.
[2] 关萍萍. 互动媒介论——电子游戏多重互动与叙事模式 [D]. 杭州:浙江大学, 2010:140.

方就能看到。与传统的只能一个人游戏的游戏方式相比,这种游戏让玩家有了与他人交流的机会,为玩家的互动交往和结识新的朋友提供了重要途径。玩家M3表示,"刚开始有这样的聊天系统的时候我非常兴奋,有时候在游戏里和其他玩家一聊就是一个下午。我最初的游戏好友就是在那个时期交到的。……不仅因为大家有共同的话题,而且觉得文字有温度,更耐人寻味。有时,我还会翻看和其他玩家的聊天记录,觉得特别温暖"。现在M3主要玩的是《幻想三国》,除了常规的文字、表情等符号系统,游戏中还添加了语音和视频聊天功能,使玩家之间的沟通变得更加及时和有效,为游戏内的信息交流、情感互动带来了更大的便利。一些表情符号的运用更能表达玩家的情绪,对玩家之间的情感沟通意义巨大。特别是夸奖、赞扬、鼓励、喜悦等互动符号充分体现着玩家之间的情感支持,有利于他们的情感沟通。

> 谁都喜欢听赞扬的和鼓励的话,大家互相鼓励、气氛融洽不仅能发挥得更好赢得比赛,而且也能发现好的玩家,交到真心朋友。比如说上次我们被对方打到推塔,眼看着塔就剩一丝血了,我们都回血了。为了鼓舞大家士气,我们就纷纷说"稳住,我们能赢",有的人还开了语音,大声喊着"兄弟们,加油,我们顶住"。听到这样的鼓励,大家都热血沸腾,一起努力把对方赶出了我方领地,暂时缓了一口气。事后大家都觉得我们五个人特别搭,互相留了联系方式,以后就经常一起玩。现在已经成了无话不说的朋友了。(M17)
>
> 刚加入战队的时候,我的级别比较低、技术也一般。有一次团战的时候,我走错位不小心被对方的"科技之神"给禁锢住,动弹不得,白白送了一个人头。我以为会被其他队员骂。没想到他们还在聊天系统里鼓励我。后来我打得好了一些,队长还发了一个赞的表情,队友也都竖起大拇指。说实话,当时我心里乐开了花。能有这么好的队友,我怎么能不珍惜呢,所以后来我们的关系也越来越好。(F3)

像F3描述的那样,网络游戏中多种符号的运用特别是表情符号的运用

社会资本的网络呈现
——基于对大型多人在线角色扮演网络游戏玩家的考察

能够形象地传达出玩家当时的心情,是玩家真情实感的流露,这有助于玩家之间情感的交流和友谊的构建。玩家 M25 在游戏《梦想世界》中就经常借助表情符号表达个人情感。当他对对方的做法满意时,就会发送 😊;当他做错事觉得不好意思时,就会发送 😊;当他接受队友的夸奖觉得害羞的时候,就会发送 😊。LOL 中也有相应的表情,玩家可以使用快捷键进行发送。例如在聊天框输入"shift+dance",角色就会对面前的队友跳舞;输入"/j"或者"shift+j",角色就会开始讲笑话逗其他人开心;另外《穿越火线》中系统专门设置了鼓励话语,例如夸赞队友的"漂亮",给队友打气的"坚持到底";除此之外,还有当看到队友超神或者灭队时候常用的鼓掌(同时伴有声音"good job"),感谢/敬礼(同时伴有声音"thank you"),以及向队友表示崇拜或者示爱的手势,等等,如图 4.3 所示。这些具有传情达意功能的符号能在一定程度上起到调节和活跃气氛的作用,使玩家在轻松愉快的环境下进行游戏。同时,代表高兴、夸赞等正面意义的互动符号更能为其他玩家带来情感上的宽慰和心灵上的慰藉,发送符号的玩家也会因其积极乐观的游戏态度赢得其他玩家的欣赏,增进玩家之间的团结,从而促进玩家之间情感关系的建立。玩家 M25 就因为经常在游戏中发送开心、赞扬等表情符号被帮派里的人公认为是"开心豆",很多玩家都愿意和他交往,他的好友在帮派里面也是最多的。玩家 M31 是《穿越火线》的老玩家,他说图 4.3 中的三个动作是玩家经常使用的,只要有队友表现得好,其他队友就会纷纷鼓掌或者做出崇拜的动作,这对于队友来说是一种无形的支持。特别是对于新手玩家来说这种支持非常重要。玩家 M31 坦言在他刚刚开始玩这个游戏的时候,队友不时发来的鼓励手势让他感受到了他们默默的支持。

图 4.3 《穿越火线》中常用的手势,分别是鼓掌、感谢/敬礼和示爱/崇拜

玩家在综合运用文字、肢体动作、图片以及触觉等沟通方式的同时,还

4 网络游戏玩家社会资本的积累

在互动过程中形成了独特的游戏语言。按照王佳煌的说法，这是"通过联同行动，利用网际网络分布全球的有利特性，逐渐发展出的一种特殊符号"[①]，其中包括对游戏装备、种族、战队、游戏位置以及一些指示性语言符号的简写等。例如"组"或"团"，意思是要求其他玩家一起合作共同完成任务与目标，又如玩家们经常用数字"886"来表示再见和拜拜。这些网络媒体上新创的语言符号对于参与者而言，代表的是同在游戏空间的玩家营造出的一个共享的文字交换和意义诠释的环境。这些互动符号既是对既有互动符号的补充，又是玩家划定情感网络、确定信任关系的重要依据。因为在很多玩家看来，只有专业玩家才熟悉它，非玩家或者技术不好的玩家则无法解读。那么，无法解读的人自然不会成为被他们认可的对象，也无法赢得他们的信任。以下是玩家M2与队友在战斗中的一段对话，从中可见，熟悉这些独特的游戏语言对游戏成败以及游戏中的人际信任十分重要。

> M2：宙斯，快快快，上中路。有机会，就看你的了。
> 千里走单骑：来了。
> M2：快点放大，放大。
> 千里走单骑：？？？
> M2：让你放大你没听见啊？
> 千里走单骑：。。。。
> M2：对方三个人都剩一点血了，你放个大招，就是你的第三个招，他们就全能被你秒掉。你想啥呢你？
> 千里走单骑：。。。。
> M2：这都不懂，服了你了。还以为这把肯定能赢，白相信你了。
>
> （在说完这句话以后，M2索性就挂机了，在他看来，这把肯定输了，因为他觉得没办法相信连基本专业游戏术语都不懂的玩家。）（M2）

[①] 王佳煌. 资讯社会学[M]. 中国台北：学富文化出版社, 2000: 196.

社会资本的网络呈现
——基于对大型多人在线角色扮演网络游戏玩家的考察

除了游戏中特殊的专业术语以外，角色扮演类游戏中还有很多专属团队的互动沟通方式。例如在《天堂》中，加入血盟的玩家拥有一个可以自由聊天的血盟专用频道，玩家称它为"盟频"。通过访谈也发现，《地下城与勇士》以及为众多玩家所热捧的《英雄联盟》公会内都有专属的频道。由于这些互动渠道是为血盟或者公会内部人所独有，所以玩家们可以不受任何拘束在其中畅所欲言，发展各种关系网络。在很多玩家看来，他们可以通过盟频与其他玩家结识、交流游戏经验、协调分歧、增进感情和凝聚力，甚至可以建立情感支持以及信任关系。当然，对于玩家来说通过内部频道的交流获取游戏信息和经验是最重要的，因为在他们看来，频道内的信息更准确、更可靠。

> 我都是在公会的专属频道里向其他公会成员请教怎么玩，说实话，这对我的游戏技能提高帮助不小。尤其是在刷那些高级副本的时候，没有公会成员的帮助或者指导，肯定玩不转的。比如拿"痛苦之村"这个图来说吧，到了BOSS房间中会有风向标，如果你没和风向标站相反的方向，那么你很快就会被秒。刚开始我也不懂，每次都死，后来就在频道里问，马上就有人告诉我。而且频道里的信息绝对靠谱，肯定不会有人坑你的。（M31）

几乎每一个玩家都会通过专属频道交流游戏信息，建立信息网络。玩家M4、M8以及M23经常在频道里发布装备、游戏账号、宝物的交易信息等；玩家M6通过公会的聊天系统寻找合适的买家，并顺利地进行了交易；玩家F3、M7、M17、M22和M29从频道中得知游戏赛事并参加了比赛。

> 每个公会都有自己的专属频道，你在里面说什么只有自己公会的人能看到。一般大家闲下来的时候都会在频道里聊一些与游戏无关的话题，互相开开玩笑，讲一讲自己身边一些好笑的事，大家一起笑，渐渐的大家聊到一起了，自然关系就变好了。我和公会里的很多玩家都变成了好朋友。（M31）

随着网络游戏产业的迅猛发展，新兴的互动方式层出不穷。2016年12

月，《全民超神》推出了观战功能。当玩家点击好友时，就会看到在线好友名字后面有一个类似于摄像机的图标，这就表示好友正在战斗中。点击这个图标就可以进入好友的战斗界面，给他加油鼓劲。玩家 F3 表示，这和现实中的帮朋友站台是一样的，有人观战就觉得有人在挺自己，觉得观战的人特别够朋友。《炉石传说》中不仅有类似的旁观功能，而且当玩家不知道如何出牌的时候，还可以向旁观的好友请教，请他们帮忙出主意、提建议。这样的互动方式无疑有利于密切玩家之间的关系、便于在遇到困难的时候玩家之间互相给予情感支持和信息上的帮助。

游戏内部的互动方式多种多样，玩家通过这些互动方式抒发着个人情感、传达着游戏信息，建立起自己的关系网络、战友情谊甚至信任关系。特别是表示赞扬、鼓励等积极向上意义的文字和符号表情的运用使玩家们感受到他们是为了共同的目标在努力，感受到彼此之间的支持与协作。游戏中专属频道的使用在划定内部成员与外部成员的同时，也便于小团体内部的充分交流和情感表达，特别是对专业术语的掌握程度成为决定玩家之间信任与否的重要标准。此外，互相观战的互动方式也有利于玩家表达对其他玩家的情感支持。综上所述，游戏内部的互动方式在帮助玩家建立和积累信任、社会支持和关系网络等社会资本方面发挥着重要作用，它们构成了玩家社会资本积累的基本方式。

4.1.3.2 游戏外部的互动方式与社会资本积累

除了游戏内部的互动方式帮助玩家实现信息交换与沟通、情感网络以及信任关系的建立，玩家也会聚集在与游戏相关的网站、论坛、贴吧、社区、QQ群、直播平台等游戏以外的环境进行互动。相对于游戏内部的互动方式，游戏外部的互动方式具有不受时间限制、互动充分、交流深入等特点，因此受到游戏玩家的欢迎。通常情况下，游戏内的交流方式是与游戏伴随而生的，一些玩家为了不影响游戏进程会减少或放弃与其他玩家的交流，这在很大程度上影响着玩家间互动的发生，大大减少了玩家间情感和信息的交换，直接影响社会资本积累的进程。而游戏外部的互动方式独立于游戏，不受时间、场景等限制，是玩家进行深入交流与互动的绝佳场所。也正是在这里，玩家能够有更多的机会、更充分的时间与其他玩家相知、相识。

社会资本的网络呈现
——基于对大型多人在线角色扮演网络游戏玩家的考察

我觉得在论坛里和其他玩家交流更过瘾、更有趣，也更能获得有用信息、结识好朋友。在游戏里面交流毕竟时间紧迫而且还得边打游戏边打字或说话，一不小心还容易溜号。在论坛里，我想写多少字就写多少字，还可以把游戏制成图片或小视频放上去，后面来的人随时都可以看到，随时都可以给我留言、和我讨论，这样多好。有一次我和另外一个玩家因为安图恩作战的位置问题讨论了一个多月，其间还有很多论坛的人加入进来，我们讨论得非常热烈，有时都会到深夜。后来问题讨论明白了，我们也熟识了，成了朋友。不打不相识可能就是这个意思吧。（M31）

贴吧是一个好地方，很多玩家都说贴吧上的信息，特别是有关游戏升级、交易的一些信息非常实用。我的很多朋友都提醒我可以经常去贴吧逛逛。我就是在贴吧上找到的赚钱攻略。当时看到大家都在贴吧里讨论闯小号刷莉莉丝金币图很赚钱，我就去试试，果然如此，很短时间内就赚了很多，后来还买了传说。（M36）

像玩家 M36 一样，很多玩家也从论坛、贴吧、QQ 群等游戏外部的互动渠道获得升级打怪的秘籍以及交易信息。玩家 M22 还将在不同网站搜集到的升级秘籍分类整理成文档，再分享到论坛上。可见，这些游戏外部互动渠道成为玩家建立信息网络的重要渠道。

网络游戏直播平台是 2012 年开始兴起的新鲜事物。它是随着互联网技术的不断发展以及网络游戏的迅速扩张逐渐建立起来的直播平台。从 2011 年世界上第一个以游戏为主要内容的直播平台 twitch 成立以来，网络游戏直播平台层出不穷。截至 2017 年，中国比较著名的游戏直播平台有斗鱼、战旗、龙珠、虎牙，等等。之所以这些游戏直播平台蓬勃兴起并受到玩家欢迎，一个很重要的原因是它们为玩家提供了崭新的互动平台，使玩家能够近距离、实时地与其他玩家进行交流和互动，拉近玩家之间的距离，为他们之间的情感互动、信息交流创造更好的条件。在游戏内部玩家可以通过视频进行交流，用户可以通过摄像头看到主播的音容面貌、游戏中的走位和打法，实时地听到他们的解说。可以说，直播平台上的用户可以更加快捷、直接地与主播互动。登录直播平台的游戏用户如果对游戏中的具体细节有疑问，还可以通过聊天系统直接向主播请教。当然，其他在线的玩家也能看到他的提问，大家可以围绕同一个话题展开讨论，这在增强玩家间互动的同时，也便于玩家获得多样的、准确的游戏信息。

> 最初玩这个游戏的时候，不知道怎么组卡，经常输得一塌糊涂，也不好意思缠着周围的同学问，毕竟大家都很忙嘛。后来偶然听说有游戏直播平台，我就去搜了一下。果然，几乎每个平台都有这个游戏的直播，而且直播的都是实战比赛。主播会一边打一边讲解为什么要用这个牌、卡牌怎样组合最有效、怎样解对方的牌等。这样的直播看起来比用固定卡组的直播有意思多了，学到的东西自然也更多。（M20）

在访谈中研究者发现，很多玩家登录直播平台是想获得与游戏相关的信息，特别是与游戏升级相关的信息。因为游戏主播一般是专业的玩家或职业选手退役后被直播平台"挖"走，他们拥有更加丰富、专业的游戏经验，所以玩家们认为他们提供的信息更加准确，他们对主播也更加信任。

> 炉石中一些专业玩家会自己当主播。他们的技术好，打得精彩，尤其适合新手玩家观看，能够在短时间内学到很多东西。有时候在游戏里请教其他玩家得到的答案都是错的，或者大家众说纷纭，都没有一个固定的说法。所以我更相信直播平台的主播，他们更专业啊。（M7）

随着国内游戏产业和新媒体的不断崛起，直播平台越来越受到人们特别是年轻人的欢迎。有数据表明，截至 2016 年 6 月，我国网络直播用户的规模达到 3.25 亿人，占网民总数的 45.8%，且人数还在不断上涨[1]。网络直播平台受到这么多网民的欢迎就在于它的互动性。主播可以与数以万计的在线用户直接交流，用户的评论能以弹幕的方式滚动出现在屏幕上方。弹幕的互动方式新

---

[1] 权威直播大数据发布，斗鱼强势领跑游戏直播行业 [EB/OL]. (2017-01-12)[2018-02-12]. https://www.sohu.com/a/124147485_114731.

社会资本的网络呈现
——基于对大型多人在线角色扮演网络游戏玩家的考察

奇、直观，使用户参与度大大提高，这不仅满足玩家之间的社会交往需求，还能拉近玩家之间的距离，让玩家们就像朋友一起观看电视剧一样，边看直播边聊天。游戏直播平台的弹幕互动方式为玩家们营造了自由、轻松、新奇的互动氛围，有利于玩家之间形成良好的交流，促进关系网络以及情感支持的建立。

4.1.3.3 多重互动方式与社会资本积累

在网络游戏这一虚拟空间中，玩家一直面临着这样一种交往困境：一方面，玩家总是希望能够找到值得信任的朋友，与他们建立线上或现实中的友谊关系，联手在游戏世界中"并肩作战"，享受游戏带来的感官以及情感上的真实体验。另一方面，网络的交往环境以及游戏本身的特点又使玩家对于能否找到这样的交往对象心存怀疑，甚至不抱希望。然而，尽管交往困境一直存在，但是网络空间的互动与交流却一刻不会停止，玩家之间的寻找与沟通一直会持续，试图建立信任关系的尝试不曾被放弃。玩家们深知如果网络空间缺乏基本的人际信任，他们渴望的真诚交流与沟通也就无从谈起。这种交流的必须与网络的性质之间固有的矛盾只能借助其他因素加以调和，增加一些其他要素降低网络交往中的虚拟性与不确定性。因此，为了确保网络空间中的信任关系，玩家会以其他的交流方式来弥补对网络关系的担忧。

沃尔特（1992）曾经指出，"以电脑为中介进行沟通的场域与现实生活的差别并不是交往双方社交性讯息数量的多少，而是处理的频率略有所不同而已。同时，为增强电脑使用者获取信息的有效性，可以利用多种方式弥补视觉以及听觉线索的不足，例如情绪图标的使用，以及互加微信、留电话、交换照片的方式继续互动"。也就是说，在互联网络信息不足或者对交往关系不确信的情况下，电脑使用者可以引入其他社交性讯息方式，弥补或增强信息的有效性，促进双方的真诚沟通与信任关系的建立。在角色扮演类网络游戏中，玩家通常会以交换QQ、邮箱、电话号码或者寻求现实网络中的相关性等方式弥补线上信任的不足。

> 我交易的时候一般都比较小心。上次卖游戏币，对方说线上交易，就是我直接把游戏币扔给他，然后他把钱打我卡里。除了他的游戏账号我对他一无所知，万一被骗了怎么办，再说这样的事我朋友们也遇到过，拿了东西就跑的玩家很多。我就问了他很多个人信

息，包括QQ、邮箱，还要了他的身份证号码和电话，找朋友帮我查了一下。最后确认是真实的，我也就相信他了，但还是要做到多重保险嘛。（M11）

类似于M11，很多玩家都表示线上交易的欺骗性很大，"一定要自己多留几个心眼儿"，想办法多了解对方一些信息，并对这些信息进行交叉验证和查实以后再选择相信对方。玩家F4说，"在游戏内有人向我借装备，那我会要求他亲自给我打电话"。玩家M1、M7、M22都认为网络游戏中的骗子太多了，要想让他们信任其他玩家最好是能面对面见到本人，否则心里不踏实。玩家M7就曾在装备交易中为确认对方的真实身份，和对方相约见面。这并不是说玩家们不信任网络中的虚拟关系，而是要以更多的线索、更多的方式来确保这种信任关系。

另外一种比较常见的对信任的弥补方式是寻找现实中共同的朋友，即通过现实网络中的相关性验证对方身份，进而确定信任与否。网络或者称为关系网络与社会制度一样对信任起到一定的保护作用。所以，在一定意义上，关系网络就构成了以关系为基础的信任的约束机制。也就是说，如果一个人在交往或者进行交易时无法确定是否能够相信另一个人，但只要他们有一个共同的关系网络，或者对此人所在的关系网络有比较深入的了解，那么在他看来就没什么可担心的了。这样的观点已经为众多研究者所证实（蒂利，2010；雷丁，2009；翟学伟，2003）。在角色扮演类网络游戏中，玩家在建立信任关系时也试图运用这样的方式降低信任的风险。

> 我以前在游戏中认识了一个女的，我们聊得特别好。后来她找我借号，我刚开始有点犹豫，毕竟我们只是在游戏中交流，而且我的号已经玩了一年多了，很多极品装备，万一出点差错怎么办。后来她说她和我现在的室友是中学同学，还是一个班的，我问了我室友确实是这样，那我就没什么理由不相信她了，我就把账号和密码都告诉她了。（M17）

> 就比如说帮忙附魔装备吧，有些宝物是无法交易的，需要对方把装备交易到你身上，你帮他附完魔以后再还他，然后他会付给

社会资本的网络呈现
——基于对大型多人在线角色扮演网络游戏玩家的考察

你附魔的费用。但是有些装备很值钱,有些人怕对方拿了装备跑路了,所以需要大量的押金。有一次我的会长介绍他一个朋友来找我附魔,但是我没有足够的押金,但我需要这笔附魔的费用来买装备,会长立马就跟他朋友说他来担保,也就是说,如果我跑路了,就是会长一个人补贴他朋友的损失。那件装备值一千多,会长毫不犹豫地替我担保,我最后做成了这笔买卖。我想,如果没有会长的担保,他的朋友肯定不会相信我这个陌生人。(M31)

访谈发现,如果有现实网络中的关系作为保证,玩家对信任的理解就大不一样,也更加容易与其他玩家建立信任关系。玩家 M5 加入的战队就是其表弟的朋友领导的战队,他觉得和这个战队中的成员一起战斗非常放心,如果自己遇到了危险,其他成员一定会过来支援自己,不会袖手旁观的。玩家 M22 也认为交易的时候或者找代练的时候一定要找朋友介绍的,这样才安心。林鹤龄和郑芳芳的研究也发现,玩家只会把装备借给留下住址、电话的朋友,并且会针对他们留下的资料尽力查验真假,在确认对方信息真实的情况下才会把装备借出去。在他们看来,"之所以如此注重这些信息是为未来可能出现的追索建立保险机制,网上的信息不可信,只有住址、电话这些才可信"[1]。

威廉姆斯(Williams)曾经指出,总体上而言,互联网有利于发展出新型的在线社会资本,也就是说,"互联网在促进强关系上作用有限,但有助于发展弱关系,扩展连接性社会资本"[2]。也就是说,以网络交往为主的玩家之间的交往能够有效地增加他们之间的弱关系,帮助玩家建立关系网络和情感支持。但当涉及信任这种需要玩家在时间、精力、情感等方面全身心投入后才能获得的社会资本时,通常就需要玩家综合利用多种互动方式,特别是现实中的人际互动方式更有利于增加玩家之间的信任。

---

[1] 林鹤龄,郑芳芳.线上游戏合作行为与社会组织:以青少年玩家之血盟参与为例[C/OL]. 2004 [2016-06-21].http://tsa.sinica.edu.tw/Imforn/file1/2004meeting/paper/C4-1.pdf.

[2] Williams D. The Impact of Time Online: Social Capital and Cyberbalkanization.[J]. Cyberpsychology & Behavior the Impact of the Internet Multimedia & Virtual Reality on Behavior & Society, 2007, 10(3): 398-406.

4.2 玩家与游戏内容互动

上文探讨了玩家与玩家之间互动过程中社会资本的积累。诚然，以信任、关系网络、规范和社会支持为主要元素的社会资本的建立与积累有赖于作为互动主体的玩家之间的交流。然而，作为媒介的游戏为玩家之间互动的展开创设了独特的情境和载体。玩家与游戏的互动不仅是作为个体的玩家与游戏之间进行信息交换的过程，还是玩家通过使用和创新游戏内容建立新的人际交往、获得其他玩家的情感支持甚至是信任的过程。

在网络游戏中，玩家与游戏的互动可以进行不同的分类。著名的"用户系统体验模型"（User-System-Experience Model）是当今得到学者们认可的互动模型之一。该模型将玩家与游戏互动分为三部分，即玩家的使用者部分、游戏系统部分和体验部分[1]。游戏理论家弗里德尔从更专业的游戏设计角度将玩家与游戏的互动分为空间表示、映射、媒体个性化、气氛和内容创建[2]。以上的两种分类方法都有其合理之处。本研究着重探讨玩家如何在与游戏的互动过程中创造并积累社会资本，这与玩家对游戏内容的使用和创新紧密相关。因为正是在玩家使用与创建新内容的过程中，玩家将自己的意图、行为、目标与动作等反映到游戏中，并与其他玩家就内容使用与创建进行充分的交流，进而促进信息网络的构建和团队合作、信任、情感支持等社会资本的积累。因此，下文将分别从游戏沉浸中的社会资本积累和游戏"二度创作"中的社会资本积累两个方面进行探讨。

4.2.1 游戏沉浸

角色扮演类网络游戏因其逼真的游戏场景、带入式的感官体验以及全方位的角色互动而受到玩家的追捧，甚至使很多玩家沉迷其中。陈怡安的研究指出，网络游戏中的角色扮演、趣味性、远距离临场感、操控性、即时多人互动等特性，"使玩家沉浸于游戏世界中，在角色扮演游戏中创造'荧屏中的自

---

[1] Katalin, Nagygyörgy, Orsolya, Pápay, Róbert, Urbán, et al. Toward an Understanding of Flow in Video Games [J]. Computers in Entertainment, 2007, 6(2): 1-27.
[2] Markus Friedl. 在线游戏互动性理论 [M]. 陈宗斌，译. 北京：清华大学出版社，2006: 92-112.

社会资本的网络呈现
——基于对大型多人在线角色扮演网络游戏玩家的考察

我'，揭露潜意识里的自我欲念，尝试着不同的角色扮演，不同身份在不同视窗间的切换"[1]。当玩家全身心地进入游戏活动并沉浸于游戏互动之中时，他们很容易丧失自我意识，将全部的心思倾注于游戏本身，这在给玩家带来成就感、满足感的同时，也会使他们产生一种充满乐趣的心理状态，这种最佳正面的心理状态对于玩家积极参与游戏互动、进行人际交流、情感表达以及人际关系的建立意义深远。

根据契克森米哈伊（Csikszentmihalyi）对沉浸的理解，他认为，沉浸是"使用者进入一种共同的经验模式，在其中使用者好像被吸引进去，意识集中在一个非常狭窄的范围内，所以一些不相关的直觉和想法都被过滤掉，并且丧失自觉，只对具体目标和明确的回馈有反应，通过对环境的操控产生一种控制感"[2]。玩家对游戏产生的沉浸感使他们将自己的注意力完全放在游戏世界，心无旁骛。现实世界的纷扰与复杂于他们而言只是不相干的事物。他们完全沉浸在游戏的任务中、与其他玩家的闲谈中、交易中以及其他诸多互动活动中。这种对游戏互动感兴趣或具有热诚的情绪与全身心投入的状态使玩家感受到外在的要求与内在能力之间的平衡，进而产生一种最佳的正面心理状态［契克森米哈伊和杰克森（Csikszentihalyi & Jackson，1989）］。这种正面的心理状态给玩家带来游戏的快乐与愉悦的同时，也使玩家以一种充满乐趣的心理状态投入与其他玩家的交往中，从而有利于促进玩家之间情感的交流、战友情谊的培养以及情感支持的建立。

> 我玩游戏的时候通常都是全神贯注的，游戏发展的细节、其他玩家的发言与交流、游戏商场的最新变化我都十分关注。我会一心一意地想着如何与其他队友合作完成任务，而不是心不在焉地一边玩游戏一边看电视或者想着明天要去哪玩。我觉得那样是对其他队友的不尊重，再说，那样也没办法专注于和队友交流，人家说什么你都没听到，那还怎么一起玩，更别提让人家相信你。（M11）

对游戏的专注与否在很大程度上影响着玩家之间交流的顺畅和情感交流。

---

[1] 陈怡安. 线上游戏的魅力：以重度玩家为例 [M]. 中国台湾：复文出版社，2003：132.
[2] Csikszentmihalyi. M. Beyond Boredom and Anxiety [M]. San Francisco: Jossey-Bass, 1975: 72.

对于这一点，除了玩家 M11 以外，很多玩家也都有同感。玩家 M2 认为，特别是在团战的时候，让自己注意力集中、心无旁骛是非常重要的。因为团战对配合的要求很高，队友的走位、他们说了什么、战场的局势、小地图的变化等都要随时关注，一不小心就容易满盘皆输。更重要的是，一个人的不专注所带来的配合上的失误会影响全队的合作氛围，不利于积极的情感交流和战友情谊的建立。因此，每次参加团战或者战队活动这种互动性较强的活动时，玩家 M2 都会积极地将自己的状态调整到最佳，使自己在短时间内进入专注的沉浸状态。

网络游戏之所以能够抓住玩家的注意力使他们迅速沉浸其中，一个很重要的原因是网络营造了一个与现实并无二致的空间。在那里，玩家与现实中的人们进行交谈、嬉笑、合作与战斗；他们把角色看作自己的"第二个自我"，对角色进行装扮与塑造；把装备、宠物、魔晶等宝物看作与金钱一样等值甚至超越金钱价值的物品，或与其他玩家进行交易或在朋友之间作为礼物来赠送；他们在线上经营着"商铺"，开着"药房"，建造着自己的"住宅"和"书房"；他们与其他玩家建立友谊、义结金兰甚至"结婚"。游戏世界中的种种交往迹象都表明玩家将游戏看作真实的。按照 Poster 的说法，由于"虚拟社群被视为一般社群看待，它们衍生一些似真性，这便容许其成员把网络空间中的交流经验当作具体化了的社交互动加以体验"[1]。而网络游戏的相关研究也支持这样的结论。例如科尔伯特（Kolbert, 2001）就曾经指出，MMORPG 具有与现实世界一样的真实性。网络游戏世界是以一定的故事情节或叙述性主题为基础构建而成的，它具有再现持久稳固的、社会的、实质的世界的功能。

对于玩家而言，网络游戏空间的真实性使他们清晰地意识到虽然他们只是隔着屏幕在游戏，但那种身临其境的感觉是如此真实，就和在现实世界中一样，甚至比那更真实，这就是施托伊尔（Steuer）所说的远距离临场感。在他看来，个人可以借助传播媒介体验到一种"临场感"[2]。也就是说，经过网络提供的路径，共处于网络中的网民可以共聚在一个"地方"，进行同步与非同

---

[1] 马克•波斯特. 第二媒介时代 [M]. 范静晔, 译. 南京：南京大学出版社, 2000: 49.
[2] Steuer, J. Defining Virtual Reality: Dimensions Determining Ttelepresence [C]//F. Biocca & M. R. Levy . Communication in the Age of Virtual Reality. 1995: 35-56.

社会资本的网络呈现
——基于对大型多人在线角色扮演网络游戏玩家的考察

步的交流。这种临场感使玩家能够感受到与其他玩家在同一个虚拟环境中彼此之间互动的关系。这种真切的"临场感"使玩家不再将玩游戏看作简单的杀怪、升级、捡宝物。相反,玩家将自己的真情实感、喜怒哀乐带入游戏,与其他玩家进行与现实中同等真实的情感交流。无论是因为逼真的游戏设计还是任务的需要,玩家会沉浸在游戏之中,并产生与其他玩家即时互动的远距离临场感。这种对游戏的沉浸使玩家跳脱虚拟情境的束缚,在游戏中尽情展示真实的自我,放下不必要的伪装和防备,真诚地与他人进行交往。处于这种沉浸状态下的玩家更容易交到真心的朋友、获得其他玩家的信任,进而积累社会资本。

> 很多人都说网络游戏是虚拟的,里面发生的一切都不能当真,但我不这么觉得。相反,我的游戏经验告诉我游戏里面很多都是真实的,特别是人和人的交往。所以,大家都像在现实交往中一样把最真实的自己的那一面表现出来。这就可能是所谓的真性情吧。我这个人平时就比较讲究,从不占人便宜或者趁火打劫之类的,所以我在游戏里也这样,经常一起玩的朋友都知道我的人品。我是觉得段位没了可以再去打,人品没了就不行了。这可能是很多玩家都爱找我交易、和我做朋友的一个原因吧。(M12)

诺瓦克和霍夫曼两位学者对沉浸在网络浏览状态下的网民进行研究后发现,当使用者完全沉浸其中时,他们会暂时忘记自我甚至丧失意识。例如在沉浸状态下,自我防卫意识暂时撤离,人们平时十分注重维持的个人形象可能展露无遗[1]。正像上例中一样,这种真实自我的表露在使玩家更加轻松自在地投入游戏的同时,也有利于玩家之间的情感沟通。对此,玩家 M27 表示,他本来是一个挺爱和别人交往的人。但是听到了太多网络游戏中的骗人的故事,所以在他刚开始玩《英雄联盟》的时候,他故意将自己的游戏信息进行了修改,并尽量只和熟悉的朋友一起玩。随着对这个游戏了解的深入和朋友的介绍,他逐渐喜欢上了这个游戏,有一段时间更是包宿玩游戏。在这期间,他不

---

[1] Hoffman, D. & Novak, P. T. Marketing in Hypermedia Computer-Mediated Environments Conceptual Foundations [J]. Journal of Marketing, 1997, 60 (7): 50-68.

再抵制陌生人的邀请请求,加了很多好友,并在不知不觉中向他们敞开心扉,聊了好多自己的经历和烦恼。令他感到意外的是,这些交谈特别是很多涉及隐私的聊天内容不仅没有成为其他玩家的笑柄,反而获得了很多玩家的同情、理解和安慰,让他感受到了来自陌生人的温暖。

玩家对游戏的沉浸是一种专注的过程。在这个过程中,玩家将全部注意力放在与其他玩家的互动中。精力的专注使玩家与玩家之间的信息传输更有效、情感交流更顺畅。同时,这种专注会促进最佳心理状态的产生,使玩家在积极的、欢愉的情境中与其他玩家互动,从而使玩家之间的交往更加协调。此外,玩家对游戏的沉浸很大程度上源于玩家体验到了网络游戏带来的"临场感"。这种"临场感"使玩家如置身于现实世界一样置身于网络空间,他们将在现实中的真实情感带入游戏,并在彼此的真诚交往中建立起友谊和关系网络。

4.2.2 游戏"二度创作"

在传统的单机版游戏中,玩家与设计好的人物进行打斗,依照设计者预先设计好的模式进行游戏,这种与电脑的单纯互动无法满足玩家互动的乐趣。随着网络游戏的兴起,一种"开放式"的、以玩家为中心的游戏形式改变了传统的互动模式。在游戏中,玩家不只是对意义的确定和填充,意义也不仅仅限于"不确定性","而是文本的不确定性和作品结构的多线性造成的审美活性;它不是寻求对'意义空白'的填充,而是刺激网民对叙事文本的多向选择和能动介入"。这十分类似于康斯坦茨学派接受美学代表人物伊瑟尔(1991)提出的超文本"召唤结构"。只不过在伊瑟尔那里,意义的创造者是读者,他们靠自己丰富的想象和具体化能力对文学作品进行填充和改造,从而将作品内容转换为他们心中需要的内容,实现对文学意义的成功接受。网络游戏作为一种超文本作品,没有固定的作品结构,任何一位玩家都是游戏的创造者和改写者。因为任何一个超文本作品都是"活"的,在线空间的网民正是被活性的文本所激活,主动地参与文本的书写。在这里,固定的文本结构被网民瓦解或重新构造了,意义也被新链接的文本赋予了不同的阐释。创造性地阅读使静止的结构被召唤式结构所替代,结构成了一种在"运动"中不断发展

社会资本的网络呈现
——基于对大型多人在线角色扮演网络游戏玩家的考察

的东西[1]。

就像"文本与读者的相会使文学作品真正产生意义"（张廷琛，1981）一样，网络游戏只有在与玩家"相会"之后才有意义。也就是说，在网络游戏中，每一个玩家都是游戏的主角。即使他们是在同一时间进入游戏，他们也永远无法预见会出现哪些人、遇到哪些事。"每一个玩家都掌握着自己的脚本、自己的演出，编织属于自己的故事与完成游戏任务，网络游戏没有固定的剧本，一切等待着玩家摸索与挖掘。"[2] 正是网络游戏的"开放性"为玩家之间的互动与合作提供了机会。通过与游戏的互动，特别是对游戏"二度创作"的玩家之间可以建立亲密无间的合作关系与友谊，在惺惺相惜和志同道合的情谊中发展情感网络和获取情感支持。

网络游戏是借由互联网技术在网络空间展开的游戏模式。与现实中的游戏和单机游戏相比，它拥有更加逼真的布景和场景设计。它为玩家提供各种资源，如兵种、药水、军队设施、防御设施、建筑设施，等等。然而，无论这些资源多么繁多和齐备，都需要极具能动性和创造力的玩家这股"东风"。玩家不仅可以在游戏中创建自己喜欢的角色，从事不同的职业，还可以打造属于自己的器械、建设新的"国家"和团队、构筑自己的"城堡"。这些对游戏原有系统或内容的改造通常都需投入很大的精力、需要耗费一定的时间和物质成本，因此玩家很难依靠自己一个人的力量完成。这时，其他游戏玩家的帮助和支持就显得弥足珍贵。

> 玩《部落冲突》首先你要建造属于你自己的村庄，通过训练士兵、采金、攻打其他村庄赚取金币、圣水和宝石，这些圣水和宝石可以帮助你建工人小屋和训练营。你还可以建造法术炼炉来制造法术，这在战斗中是非常有用的。但随着你级别越升越高，所需要的宝石、圣水、重油、暗黑[3]和金币也越来越多，只靠自己积攒是不够的。这时候，一起玩的伙伴们就会互相帮助，把自己多余的资源借给别人。像我的一个朋友他级别比较高，有多余的宝石，他就主动给了我。（M1）

---

[1] 欧阳有权. 网络艺术的后审美范式 [J]. 三峡大学学报：人文社科，2003 (1): 25-30.
[2] 陈怡安. 线上游戏的魅力：以重度玩家为例 [M]. 中国台湾：复文出版社，2003: 49.
[3] 游戏《部落冲突》中的资源。

4 网络游戏玩家社会资本的积累

在对游戏进行"二度创作"的过程中，类似上例的资源的赠送和分享行为随处可见。玩家 M2 在游戏中经常使用的是战士这个角色，他就将在游戏中打到的其他角色的装备赠送给游戏好友，帮助好友装扮他们的角色；玩家 M25 在《梦想世界》游戏中建造自己的家园时，曾接受好友的帮助，搭建了自己喜欢的书房和炼金室，另外一位好友还赠送给他一个宠物。玩家对游戏进行创新的过程，可密切玩家之间的联系，促进资源赠送行为的发生。除了虚拟物品的赠送，信息资源的分享也在不知不觉中进行。因为对游戏内容的创新需要新的信息或理念的支撑。

> 这款游戏我一共玩了二十几个角色，但挑战的时候只能是三个角色进行组合。我看其他人的组合都不一样，我也想搞一个与众不同的、厉害的组合，但尝试了几次都不太满意。后来在官方群里向大神们请教了这个问题，大家一起帮我分析，看谁当队长、谁殿后效果最好。大家为我提了好多有用的建议，让我受益匪浅。
> （M26）

网络游戏中的公告板、世界、频道以及游戏外的贴吧、论坛、聊天群等就是这些创新和创意聚集的地方。针对一种新的战术、一种新的排兵布阵方法，玩家们以聊天的方式在这些互动平台上进行着头脑风暴。他们遇到与自己相似的观点会欢欣雀跃，以握手（符号表情）表示认同；遇到与自己相左的观点会出离愤怒，甚至恶语相向。但无论是哪种情况，玩家之间的交流都使游戏内的信息资源得以不断地传递和分享，新的信息网络不断建立。

除此之外，玩家还会进一步将自己的创新才能应用到对故事情节的创作中，这不仅是对原有游戏架构细枝末节的修补，还是将个人创意充分发挥出来，集合众多玩家的力量，进一步丰富和发展游戏作品。《电子游戏的互动叙事》一书的作者就认为网络游戏内容/情节是玩家不断为游戏添加故事元素的"开放式（Open-Ended）故事"。"这种'开放式故事'的乐趣在于玩家可以依据个人喜好发展人物角色和探索游戏世界的丰富细节。也就是说，玩家可以在巨大的游戏世界当中探索，将散落在互动游戏世界的故事碎片重新拼装起来

社会资本的网络呈现
——基于对大型多人在线角色扮演网络游戏玩家的考察

形成一个连贯的整体。"① 在探索与发掘的过程中，玩家与玩家之间的信息交流得以加强，这促进了信息网络的建立。同时，对游戏故事情节的创新培养了玩家之间的默契，有利于团队合作行为的发生，进而为玩家之间友谊关系、战友情谊和信任关系的发展提供了基础。

首先，玩家之间信息网络的建立与发展有赖于新鲜话题的引入，而对游戏故事情节的创新为玩家之间信息交流提供了机会，有利于信息网络的拓展。

> 在游戏中大家聊得最多的还是打法，特别是如果有谁提议一个新的打法，那大家都会跟着讨论。之前在团战的时候发现，使用法师的玩家都是等到敌人剩血不多的时候才使出眩晕或者捆绑的招数，让敌人丧失战斗力然后再补一招击杀敌人。这招很好用，但我就想如果法师早一点使出这一招虽然很难抢到人头，但可以提前削弱敌人的力量，给队友更多击杀的机会，可能更有利于团队的整体发展。有了这样的想法我就在盟频里提了出来，没想到大家都很感兴趣，就这个问题讨论了很久。那天的盟频都是这个话题。（M11）

像 M11 一样，玩家 M12 也有在创新游戏内容过程中引发"信息爆炸"的经历。"在《英雄联盟》的对战中，双方队员都是从最低等级 1 级开始发育。一般情况下，处于 1 级的玩家都是先去打野或者通过刷小兵逐渐发育到 4 级左右，然后才进行团战。但我觉得游戏没有固定的打法，玩家完全可以在 1 级时就团一波，因为对方也是 1 级，大家没有等级上的差距。但是从来没有人这么做过，我就在论坛里把自己的想法写出来，结果有几百人跟帖，最多的一个帖子写了上千字，大家都十分活跃地参与讨论。"按照汤普金斯（Tompkins，1984）对文本与读者关系的分析，他认为文本是由多种视角构成的，当读者进入后，他会将自己的观点融入其中，进而以新的视角对文本进行解读。这种解读既赋予了文本新的生命，又激活了读者本人。玩家对游戏内容的改编与创新赋予了游戏全新的意涵。同时，玩家每一次对游戏情节的"二度创作"也都面临着其他玩家的质疑和挑战，随之而引发的探讨亦在所难免。这样的讨论促进

---

① Chris Crawford. 游戏大师谈互动叙事 [M]. 方舟，译. 北京：人民邮电出版社，2015: 126.

了玩家之间信息的交流与互动，有利于信息网络的建立。

其次，网络游戏作为"开放的作品"，任何一个玩家都可以根据自己的设想为它增添新的元素。如果将网络游戏比作未建好的大楼，那么玩家就是决定这个大楼尺寸、方位、内部结构的建筑工人。可以说，这种不确定性比艾柯（2005）的"开放的作品"更加"开放"。然而，这种不确定性也不是任意的，否则这座大楼也无法建成。在网络游戏中，玩家要在发挥自己创新能力的同时，与其他玩家默契配合，共同完成任务。也就是说，玩家在"二度创作"游戏的同时，增进了与其他玩家的合作体验，使他们在默契配合中增进了情感和友谊。

> 基本玩游戏的人都想要自己的玩法与众不同，至少不是千篇一律吧。我玩《穿越火线》就总想别出心裁，比如说我很少连续两次走同一条路线。这样做的好处是，敌人摸不清你的套路，当然这就需要队友对我的打法很了解才能配合得好。举个具体的例子吧，比如说爆破模式中我是潜伏者，我必须下C4破坏指定目标才能获胜，但我有时候就是不下C4而是将C4丢在一个显眼的位置让敌人来守，这样我的队友在暗处就可以轻松地击杀敌人而获胜。如果我的队友没有觉察到我的意图，没有事先找好狙击地点，那我们就白白浪费了一次击杀敌人的好机会。但和我一起玩的队友已经熟悉我的打法，基本能配合得很默契。每次偷袭成功，我们都会开心地互相击掌以示庆祝和鼓励。因为感觉这是对我们新打法的认可，很有成就感，大家也在默契的合作中关系变得越来越好。（M9）

在 M9 看来，与传统的套路相比，这样的创新更能培养玩家之间的默契，为团队合作的开展和玩家之间的友谊关系的建立创造了条件。不仅如此，对于一些能够在"二度创作"中获得成功的玩家而言，这也是他们赢得其他玩家好感和信任的好机会。例如玩家 M9，他对《穿越火线》的掌握和娴熟程度已经达到了很高水平。在很多队友眼里，他是神出鬼没的"大神"。特别是在他的打法屡屡得手以后，他的声望在玩家之间不断提高，一些新手玩家主动找他要求他收徒弟。玩家 M33 也向研究者讲述了他游戏中的一个朋友也有相似的

社会资本的网络呈现
——基于对大型多人在线角色扮演网络游戏玩家的考察

经历。在《英雄联盟》这个游戏中，AP 英雄[①] 主要是法术伤害，按照传统打法一般是走中路，但他的这个朋友无意间发现炸弹人（吉格斯）虽然是 AP 英雄，但它具有推线快、耗塔快的特性，其实更适合走下路。他朋友的这一发现在实战中被证明是行之有效的，在随后的职业比赛以及玩家平时的游戏中都被广泛使用。此后，M33 的这位朋友声名鹊起，在游戏中结识了很多玩家好友，并用自己的创新经验赢得了他们的信任。

在巴特尔对玩家的分类中，通常把这类喜欢对游戏故事进行改变或创新的玩家称为探索型玩家，这种类型的玩家不会拘泥于现有的模式，喜欢按照自己的方式进行探索和发掘。他们尝试各种深奥的过程，寻找有趣的特性。对于他们来说，真正的乐趣来自发现以及试图完整地寻遍地图各处所在[②]。而在对游戏角色、系统乃至故事情节的创新过程中，玩家之间不断进行着信息的交换和资源的共享。正像游戏设计大师克里斯（Chris）所说，"开放式故事的优势并不在于故事本身，而是在于由此催生的宽广且细节丰富的游戏世界"[③]。在这样一个全新的世界中，玩家的想象力和创造力得以充分发挥。在全新的游戏理念的推动下，新颖的游戏信息被不断生产并分享。这在一定程度上促进了信息网络的建立和拓展。同时，玩家对游戏情节的"二度创作"也促进了玩家之间的默契合作和友谊的发展。对于那些成功实践创新理念并获得其他玩家认可的玩家而言，他们获得的远非一时的认可，而是其他玩家的信任和情感支持。由此可见，在游戏"二度创作"过程中，玩家不仅作为一个思考着的、感性的和富有创造力的人积极参与网络游戏的创作，而且也积累着关系网络、信任以及社会支持等社会资本。

[①] AP 英雄：指对目标造成法术伤害的英雄。
[②] Bartle. R. Hearts, Clubs, Diamonds, Spades: Players Who Suit MUDs [EB/OL]. http://mud.co.uk/richard/hcds.htm, 2016-10-22.
[③] Chris Crawford. 游戏大师谈互动叙事 [M]. 方舟，译. 北京：人民邮电出版社，2015: 126.

5

网络游戏玩家社会资本的转化

社会资本的网络呈现
——基于对大型多人在线角色扮演网络游戏玩家的考察

作为资本转化理论的提出者,布尔迪厄指出通过改变形式,"绝大多数的物质类型的资本(从严格意义上说是经济的资本类型),都可以表现出文化资本或社会资本的非物质形式;同样,非物质形式的资本(如文化资本和社会资本)也可以表现出物质形式"[①]。资本的三种形式之间由于本质上的差异以及可以简化为经济资本的特性,所以它们之间可以进行转化。而这种转化保障了资本的再生产以及社会空间中不同地位的行动者的社会关系、社会地位的再生产。可以说,资本在行动者的互动中完成转化,同时,转化又促进了互动的继续推进。

玩家之间频繁的互动是角色扮演类网络游戏的最大特点之一,也是它吸引玩家的最大魅力所在。在互动中,网络游戏玩家逐渐建立和积累起信任、关系网络等社会资本。同时,这些社会资本也在不断地转化为文化资本和经济资本以保证游戏互动的继续进行。

5.1 具有经济价值的信任

信任在社会资本的诸多要素中占有重要且独特的地位,很多研究甚至直接将社会资本等同于信任。特别是在弗朗西斯·福山那里,他不仅将信任看作社会资本的组成部分,而且还是社会资本产生和积累的前提条件,它是促进社会团结和特定关系的基本形式。在《信任:社会美德与创造经济繁荣》(*Trust: the Social Virtuals and the Creation of Prosperity*)一书中他曾断言,信任具有巨大的可衡量的经济价值。相反,如果信任关系难以建立,经济运作则会出现问题,最终导致成本上升,影响企业的经济效益。也就是说,作为社会资本的信任虽然是非物质形态的存在,但它具有创造经济资本的功能。

对于网络游戏玩家而言,他们在互动过程中建立起来的信任关系是最为珍贵和有价值的。因为,这种信任关系在一定情况下能够给他们带来切实的经

---

① 布尔迪厄. 布尔迪厄访谈录:文化资本与社会炼金术[M]. 包亚明,译. 上海:上海人民出版社,1997: 190-191.

济收益。

> 游戏中的信任是很重要的。我的经验告诉我虽然它对升级影响不大,但对于赚钱影响就不小了。比如说你要买东西,找自己信任的人肯定不会被骗,无形中就是在节约钱,就是在赚钱嘛。还有就是DNF中黑商越来越多,有的玩家对于价格不是太了解,会被"杀猪"[1],当然如果是找信任的朋友或者朋友介绍的人去买,自然就是平常价,关系很好的可能还会给你个友情价,你说你不就赚到了吗?(M24)

> DNF这几年黑商的数量越来越多,那些黑商通常有足够的资金可以将拍卖行的物品全部收购,然后再以数倍的价格卖出,比如说A产品的价格为2400万游戏币。但是目前拍卖行没有A产品但你又急需,这些黑商可能会以4800万游戏币的价格向你出售,可能还会更高。如果你有特别信得过的朋友正好有A产品,他肯定不会像黑商那样卖高价格给你,一般就2400万游戏币卖给你A产品,可能还会再低一些。(M31)

与玩家 M24 和 M31 一样,很多玩家都曾受益于朋友之间的信任。玩家 M3、M34 和 M39 都有找代练或帮其他玩家代练的经历。在他们看来,找代练一定要找认识的或者知根知底的人,否则练好的东西很容易被偷走,造成经济上的损失。玩家 M7 和朋友共同经营着一间专门从事刷单业务的店,如图 5.1 所示。据他介绍,他们的顾客基本是自己在游戏里面认识的朋友,或者朋友介绍来的其他玩家。一方面,因为刷单是违反游戏规范的,如果被举报那就惨了。所以如果是不认识、不信任的玩家,他们一般不敢接。另一方面,现在从事刷单业务的店比较多,质量和服务良莠不齐。玩家自然愿意找熟悉的、信得过的店帮助他们刷单。所以,M7 的店自从开业以来,业务一直不错。M7 的生意之所以兴隆在于他对大多数玩家顾客的预期,觉得他们不会举报自己;而对玩家而言,他们之所以找 M7 帮助刷单是因为信任他能够保质保量地完成任

---

[1] 杀猪:游戏中的术语,被骗的意思。

社会资本的网络呈现
——基于对大型多人在线角色扮演网络游戏玩家的考察

务。正像赖茨曼（Wrightsman，1974）对于信任的界定一样，信任是个体所有的一种构成其个人特质之一的部分信念，认为一般人都是有诚意、善良及信任别人的。也正是双方对彼此的期待和对自己义务的坚守，才使这种信任关系产生了经济价值。

图 5.1　玩家 M7 的刷单业务

社会资本向经济资本的转化不仅体现在游戏世界内部，玩家之间形成的信任关系可以延续到线下，为玩家带来额外的经济收益。

> 我当过一年多时间的主播，毕竟我玩的时间比较长，所以来看我直播的朋友就比较多，大家都给我面子吧。慢慢的，我的人气越来越好，我直播间里最多的一次同时在线人数超过了七万。我和这些人也都很聊得来，有许多人还单独找我让我帮看号，看装备搭配。那都是需要把账号和密码告诉我的，他们不担心我会偷他们的号。可能就是因为彼此都信任吧，他们很多人也会找我买东西。我自己开了家淘宝店，卖游戏点券、金币、皮肤、周边，还卖一些零食，他们都愿意到我店里买。（M9）

5.2 性别策略

5.2.1 性别转换策略

在网络这个虚拟空间里，其具有的去中心化以及匿名性的特色，让网络使用者不须透露真实身份，也可以重新塑造一个全新的性别、全新的角色。也就是说，网络空间的虚拟性可使玩家跨越样貌、服饰、声音、动作等与人身体有关的物理特征，随意选择自己喜欢的性别。网络空间的这一特性为众多网民提供了一个性别转换的场域。MMORPG 中是有固定男、女角色区分的，因此这里的性别转换是指在 MMORPG 中，玩家可以挑战或跨越原有性别角色、将自己性别角色部分或全部进行反转，这种转换过程可以从女到男，也可以从男到女。

网络空间的性别转换十分普遍，甚至已经成为网络游戏的玩法之一。特克早在对 MUD 空间的研究中就发现，"在登记成为会员的人数中，真实生活男性与真实生活女性的比率是四比一。但在这个'泥巴'的虚拟世界里，男性人物与女性人物的比例是三比一。换言之，数以万计的玩家在虚拟世界改变了性别"[1]。格里菲斯（2004）等的研究发现有 60% 左右的玩家在网络游戏中曾经尝试不同性别的角色，而侯赛因（Hussain）和格里菲斯在 2008 年的另外一项研究中发现 57% 的玩家曾在游戏中转换性别。研究者的访谈也发现，很多玩家都有尝试不同性别的角色或扮演与真实性别不同的角色的经历。玩家们为什么要转换自己的性别，这样的性别转换又对他们社会资本的转化有何影响呢？在对既往研究进行分析的基础上可以发现，很多研究 [林淳得，2006；李紫茵、王嵩音，2011；苏勒尔（Suler，2004）；林宇玲，2011] 从玩家心理、利益关系、性爱需求、享受注目等方面关注玩家的性别转换行为。特别是苏勒尔在对男性玩家为什么喜欢性别转换的研究中发现，他们进行性别转换主要出于利益和获得注意的原因，即扮演女角色更容易引起其他玩家的注意、礼遇，容易和其他玩家建立友谊甚至亲密关系，进而获得其他男性玩家的帮助，帮助

---

[1] 雪莉·特克. 虚拟化身：网路世代的身份认同 [M]. 谭天，吴佳真，译. 中国台湾：远流出版事业股份有限公司，1998: 296.

社会资本的网络呈现
——基于对大型多人在线角色扮演网络游戏玩家的考察

自己在游戏中获得好的装备,尽快升级、升阶[①]。MMORPG 中虽然同时存在着男性扮演女角色和女性扮演男角色的现象,但女性扮演男角色主要是为了避免其他男性玩家的骚扰,在游戏中体验英雄或权力的快感,因此与本研究关系不大。所以,本研究主要聚焦于男性玩家的性别转换,探究他们如何借助性别转换实现社会资本向文化资本和经济资本的转化。

MMORPG 中的角色通常都有非常鲜明的性别特征。男性角色一般高大、威猛,有力量,充满阳刚之气;而女性角色一般皮肤白皙、面容姣好、身材火辣、着装艳丽且飘逸。在本来就男多女少的网络游戏空间,女性角色的设计使男性玩家很容易为之所吸引,并与之搭讪。通常经过一段时间情感的发酵与沟通,男性(角色)就会向女性(角色)赠送装备、帮助升级甚至直接给予经济利益。

> 男生扮演女性角色这种事是很正常的,我就扮演过吉安娜。因为她长得很好看啊,白白的,眼睛大大的,蓝色的眼珠特别漂亮,标准的模特脸、模特身材,再配上她的紧身战衣真是火爆得不行。难怪我一登录这个角色就有很多人主动加我,主动靠近我。反正这个角色就是特别"拉风"。当时有一个玩家连续追了我一个月,每天都跟在我后面,和我说话,送我东西。后来经不住他软磨硬泡就加为好友。这个游戏没有结婚系统,要不就结婚了。反正差不多,就是关系特好的那种。平时他会主动送我宝石,还会帮我打经验,所以我升级升得比较快。(M18)

> 现在网络游戏很多人就是冲着扮女性角色能够获得利益去的。你看,女性角色不仅外形漂亮,动作也很柔美,说话声音又动听,经常会向男性角色送飞吻啊,给他们跳舞啊,男生当然喜欢了。一来二去,关系好了,那些人就会跟你要这要那,装备啊,宠物啊,反正只要有价值的东西都会要的。(M20)

通过访谈也发现,在 MMORPG 中,很多男性玩家转换为女性是为了在游

[①] Suler, J. Do Boys (and Girls) Just Wanna Have Fun? Gender-Switching in Cyberspace [M]//Suler, J. Gender Communication. Lowa, USA: kendall/Hunt, 2004.

戏中获得利益。例如，玩家 M6 坦言，他扮演女性角色就是觉得升级太慢了，想找个人帮着打，又不想花钱。所以就扮演了一个身材曼妙的女角，后来和一个男性玩家确立了亲密关系，那个男性玩家一直帮他打到传说。虽然一些研究指出，"男性玩家会斥责在游戏里通过扮演女性来与其他男性玩家交往，进而获得他们赠送的礼物或装备的行为，并对他们的行为感到相当不齿，认为大部分男性玩家绝对不会这样做，因为这样的行为很不得体"[①]。但是，这种策略确实能帮助玩家在短时间内将与男性玩家的情感网络、亲密关系转化为文化资本甚至是经济资本。而且以装备为代表的有实际价值的文化资本对玩家有切实的吸引力，所以基于女性角色特有的外貌魅力，男性玩家会进行性别转换以吸引其他玩家的注意力，进而获取文化资本和社会资本。虽然也有研究指出，一些性别转换的玩家并不想借此获取好处，但是在男多女少的网络游戏空间，男性玩家会特别关注女性角色，主动向"她们"传授游戏知识、提供游戏信息，与"她们"发展友谊或亲密关系，给予"她们"各种支持，甚至直接把装备等宝物给"她们"[②]。

出于性别的刻板印象，女性通常给人温柔、娇弱、较无攻击性的印象，这使女性角色在网络游戏中享有被照顾、被尊重的特权。根据访谈者，大多数人都认为女角本身在游戏中就比较弱势，男角帮助和保护她们是应该的。

> 中国的传统和我们从小受的教育就是这样的：女生是弱者，男生要帮助女生。在游戏中，自然而然就带入了这样的思想。比如说在我们战队，如果男角在团战中犯错会直接被骂，女角一般就不会，可能还会有人主动告诉她要怎么打。女角通常和大家关系处得好一些，很多男角会主动把自己的东西塞给她们。我觉得这是很平常的事啊，男生本来就要帮助女生，何况是和自己关系好的女生呢。谁管她到底是不是真的女生，只要在游戏里是女生就好了，大家玩游戏就图个乐，没必要那么认真了。（M12）

[①] 李紫茵、王嵩音. 线上游戏性别转换行为分析 [J]. 传播与社会学刊, 2011 (18): 45-78.
[②] Wu, W. Fore, S. Wang, X. Ho, P. Beyond Virtual and Masquerade: In-Game Marriage on the Chinese Internet [J]. Games and Culture, 2007, 2 (1): 59-89.

社会资本的网络呈现
——基于对大型多人在线角色扮演网络游戏玩家的考察

玩家 M18 在《魔兽世界》中也有扮演女性角色的经历。他说，女性角色使他在玩家中特别受欢迎：很多男性玩家主动加他好友；在团战中，如果处于同样需要援助的情况下，他所扮演的女性角色获得的援助更多；一般女性角色在公会频道里问有关游戏技能的问题都会很快有人帮助解答。这使他的女性角色很快就获得了第一个战场成就，游戏技能也升级得很快。

布鲁克曼（Bruckman，1999）的研究发现，很多男性都会在游戏中扮演女性角色，并且有挑逗或调情的行为以期有更进一步的关系的发展，例如浪漫关系或亲密的婚姻关系。这种亲密关系一旦建立，就可以成为玩家获取文化资本或经济资本的手段。

> 我在游戏里就喜欢扮演女角，觉得挑逗那些男角挺好玩的，还能有额外收获。上个月，我遇到一个男角对我特别好，然后我们就整天黏在一起，说情话说得比现实中的男女都肉麻，哈哈。后来就建立了亲密关系，因为我是他在游戏中第一个"老婆"，所以就对我特别好。教我怎么打游戏不说，还会送我宠物，前几天还给我邮来一套游戏周边，说是送我的结婚礼物。（M20）

研究者一直以为人的身份在世界中的位置有一个界限，而波斯特（2014）认为，网络空间的崛起使这种界限被打破，人的身份可以有无限种可能。可以说，在网络时代，持续的不稳定性使主体去中心化、分散化和多元化。网络空间的这一特性为玩家的身份转变乃至性别转换提供了绝佳的场域。在MMORPG 中，女性角色外形的柔美、受保护的性别优势使很多男性玩家倾向于将游戏中的性别转换为女性。这样的性别转换可以为玩家带来更高的人气，吸引更多男性玩家的关注和热捧，使他们能够很快成为众人的焦点，并在与其他玩家建立关系网络、信任关系和社会支持的基础上，利用自己的性别优势获得其他男性玩家在游戏知识、装备等方面的帮助，将自己的社会资本转化为文化资本和经济资本。

5.2.2 女性玩家策略

网络游戏一直都被认为是男性的"天下",这并不奇怪。因为网络游戏的诞生和发展与互联网技术的发展息息相关,程序员大多数是男性这一点,就已经决定了游戏产业从一开始就是在男性思维的牵引下发展起来的。男性设计师设计出来的游戏,由男性顾客买单,设计师再根据市场反馈的结果对游戏进行改进,使之更迎合男性玩家的口味……于是,一个男性闭环形成了,女性自然被驱逐在外。

但近年来,随着手机网络游戏的兴起与普及,女性玩家的数量逐渐增加。发生如此巨变的原因是手机网络游戏改变了传统的游戏场所。《2009年中国网络游戏市场研究报告》指出,家庭和网吧是玩家进行网络游戏的主要场所。其中,62.7%的用户以家庭为主要游戏地点,把网吧作为主要游戏地点的用户比例为29.1%[1]。而在这将近30%的比例中,男性玩家占了绝大部分。访谈中也发现,几乎所有的女性受访者都不愿意去网吧玩游戏。与男性享受网吧给他们带来的自由以及与朋友畅玩的快感相比,女性普遍讨厌网吧的嘈杂和无秩序。"网吧的味道难闻死了,弄得头发和衣服很脏,几天都去不掉""网吧里什么人都有,很多男生说脏话说得好大声,还有脱鞋的""夏天空气不流通,臭气熏天"……也许正是上述原因导致了在手机网络游戏出现之前女性接触网络游戏的机会相对较少。现在,几乎人手一部智能手机的普及率保证了相当数量的潜在女性用户。越来越多的游戏运营商也开始从心理特征、兴趣爱好等方面寻找切入点,研发女性喜爱的网络游戏。美国娱乐软件协会(Entertainment Software Association,ESA)最新发布的美国游戏人口数据统计报告显示,在美国,男性玩家与女性玩家的人数比例基本一致,成年女性玩家占据玩家总数的36%[2]。黄少华(2008)在对浙江省杭州市和舟山市、湖南省长沙市和岳阳市、甘肃省兰州市和天水市玩家的网络游戏行为进行的调查中发现,男性青少年参与角色扮演类网络游戏的比例为69.2%,女性的比例为41.7%,男女生在

---

[1] 中国互联网络信息中心.2009年中国网络游戏市场研究报告[R/OL].(2009-11-24) [2016-10-05]. https://www.cnnic.net.cn/n4/2022/0401/c121-868.html.

[2] 女性玩家异军突起 但她们究竟需要些什么? [EB/OL]. (2016-03-16)[2019-06-23]. http://games.ifeng.com/a/20160316/41563661_0.shtml.

社会资本的网络呈现
——基于对大型多人在线角色扮演网络游戏玩家的考察

参与角色扮演类网络游戏数量上的差异并不是十分明显。中国互联网络信息中心在 2015 年 5 月对中国大陆一至五线城市 2454 名网络游戏参与者的调查中发现，截至 2015 年 6 月，我国手机网络游戏用户的男女比例为 62.7 : 37.3，男性玩家依然是主要的用户群体，但是女性玩家的比例有所上升，并且调查显示，女性玩家对于移动设备上网络游戏的兴趣高于男性玩家[①]。可见，女性网络游戏玩家有逐年增多的趋势。

随着女性逐渐成为网络游戏中举足轻重的一部分，她们在游戏中的互动也逐渐为众多研究者所关注。对于女性性别特性的研究主要集中在女性对网络游戏的使用以及网络游戏对女性自我认同的影响、权力意识的塑造等方面 [祖伦（Zoonen），1994；尼文和齐尔伯（Niven & Zilber），2001；张玉佩、吕育玮，2006；叶启政，2003]。此外，在网络游戏中女性玩家可以借助其性别优势将与其他玩家（特别是男性玩家）建立的关系网络、情感支持、契约性规范甚至是信任关系转化为文化资本和经济资本。

首先，与 5.2.1 中性别转换的分析相同，女性玩家在网络游戏中倾向于选择外形甜美、惹人怜爱的女性角色，这使很多男性玩家主动向她们示好，甚至发展出浪漫关系，并且主动传授女性玩家游戏技能、赠送游戏中的虚拟物品；男性玩家出于性别上的刻板印象，普遍认为应该尊重女性角色、帮助女性角色，给予"她们"物质和情感上的支持。这两点和性别转换的情况比较相似，这里就不再赘述。需要补充的是，在网络世界，女性玩家可以通过扮演漂亮的女性角色将社会资本进行转化。在现实世界，女性玩家同样可以凭借姣好的容貌轻易地将其他玩家的信任与友谊转化为经济资本。网络直播平台的兴起，使很多女性玩家找到了新的获取经济利益的方式。一些高颜值的女性玩家会在直播平台直播游戏，借此积累很高的人气、获得其他玩家的好感，然后通过收取礼物的方式获得经济收益。

> 游戏主播想要火一般有三个原因，一是技术好，二是颜值高，三是会搞笑。女主播基本是靠颜值的，因为看直播的多数是男生，当然是挑颜值高的看了。很多玩家都是边看直播边和女主播互动，

---

① 2014—2015 中国手机游戏用户调研报告 [R/OL]. (2016-01-06)[2016-10-18]. https://www.sohu.com/a/52658428_119583.

5 网络游戏玩家社会资本的转化

有的还会加女主播好友。这些和女主播关系好的就会给她送礼物，像我经常登录的是斗鱼网站，男性玩家就会给女主播送鱼丸、鱼翅、飞机甚至是火箭①。这些礼物都可以通过主播平台兑换成人民币，颜值高的女主播收到的礼物多，钱赚得自然就多。(M31)

像众多"网红"一样，美貌的女性玩家在直播平台上拥有很多的男性粉丝。他们不仅给女性玩家捧场、帮助刷在线人数，还会与主播建立深厚的情谊，带头送她礼物。这些礼物只有少数是免费的，多数需要玩家充值购买。女主播收到的礼物会成为她们工资的一部分，成为她们重要的经济收入。

另外，与5.2.1有所不同的是，男性玩家是通过性别转换来扮演女性角色，这种身份对于他们来说是隐匿的。如果他们想要通过女性角色的身份与其他男性玩家建立关系，并从中获得收益就不得不模仿女性的言谈举止，而且时刻冒着被发现和被人揭穿的危险。女性玩家在扮演女性角色的时候不仅没有这方面的顾虑，她们还会通过语音、视频等方式"确认"或"强化"自己的性别特征。这使她们的男性朋友更倾向于与她们交往、建立关系、发展友谊、赠送物品和传授技能。

> 好像现在任何一款游戏里面女生都是少数吧，地位当然也高了。但是现在骗子太多。还好，我玩的那几款游戏大家基本都开语音，女生一听就知道啊。如果看到有女生的话，大家都愿意添加她为好友，她认识的人自然就多了，慢慢地就会有人指导她怎么玩游戏了。在我看来，女生打游戏的天赋不如男生，但有男生愿意指导她们啊。(M33)

现在很多女性玩家都是高段位的，但其实很少是自己打的，基本是男生"大神"带的或者帮着打的。我一哥们家里有钱，也舍得在游戏里花钱，所以各种装备都是顶级的。有一次在游戏里碰到一个妹子。那个妹子上来就加他微信，各种甜言蜜语后来还打飞的去见过我哥们。两人一来二去关系就不一般了，当然这一切都是为了

---

① 斗鱼直播平台上的礼物名称。

社会资本的网络呈现
——基于对大型多人在线角色扮演网络游戏玩家的考察

让我哥们帮她打游戏，我哥们也够意思，一直都她打到120级，宠物、装备、宝石、技能样样齐全样样顶级。（M26）

网络游戏中语音功能的开发不仅节约了玩家打字的时间、提高了互动的效率，加强了团队合作中的配合，而且使原本扑朔迷离的网络空间多了一些"透明"。在访谈中可以发现，很多玩家都有开语音玩游戏的习惯，如果是比较要好的男女玩家都会通过加微信、QQ等方式视频聊天。这样做有利于保证双方在性别上的真实性以及长久关系的发展，特别是对于想要发展亲密关系的男女玩家来说尤为重要。

游戏中通过扮演女角骗人钱财的事很多，之前新闻里就报道说有个男的在游戏里和"女玩家"结婚，被骗了好几万，结果发现对方是男的。说实话，这样的人也太缺德了。我和别人玩都是开语音的，让他们知道我不仅是在扮演女角，我自己也是女的。我知道很多男性玩家是冲着我的性别才加我好友，和我互密，赠送我礼物的。我觉得我一开始就表明我的身份很有必要，至少让他们没有后顾之忧，不用担心把礼物送给了男的。（F7）

几乎所有接受访谈的女性玩家都认为是否表明或者证明自己的女性身份对于她们与男性玩家的关系以及她们将友谊、信任等社会资本转化为文化资本和经济资本十分重要。玩家F9指出，如果遇到比较顺眼又聊得来的男性玩家，她就会主动要求视频聊天或语音。通常情况下，男性玩家看到她这样的举动会对她更有好感，也更信任她，自然在游戏中会给她更多的帮助。玩家M38曾给研究者讲述他的一个男性朋友在游戏中靠扮演女角骗取其他玩家的信任和钱财，结果后来被识破，被对方在游戏里连续几天追着打的例子。虽然也有女性玩家认为表明自己的女性身份可能会给自己带来被骚扰或被轻视的麻烦，但不得不说，在网络游戏中，女性玩家表明身份更能获得男性玩家的好感和信任，进而为自己的资本转化铺平道路。

其次，"女性对于网络游戏世界里的男高女低的位阶并不感到挫折或忧心；相对地，她们似乎很享受这种状态，并将自己的女性特质视为获得重视、帮助的来源"[①]。通过对女性玩家的访谈发现，她们深知男性玩家慷慨帮助她们升级打怪、赠送物品的动机并不单纯，大部分男生态度友好的目的是想在游戏里交女朋友，但是她们乐于接受这种性别互动的行为，并将其视为女性在游戏里的优势与助力。也正因如此，女性玩家才能借由性别造就的优势在与男性玩家建立情感关系的基础上获取文化资本和社会资本。

> 女生在升级打游戏方面不如男生，这是大家公认的。但是女生也有女生的好处啊，现实生活中女生就被看作弱者，游戏里面也一样，我们就可以靠这一点得到不少好处。比如，我要是在游戏里用女战士的角色，其他男性玩家就会觉得这个小女生好拼啊，我要是快死了，他们会主动冲过来救我，会帮我挡伤害，还会教我怎么打。如果发展了夫妻关系，他们还会送我虚拟金币和宝物。这没什么，我们练功升级比较差只好靠其他办法补回来。（F5）

女性玩家普遍认为在游戏里接受男性的帮助和赠送是理所当然的事情，这使她们在与男性玩家建立关系网络、情感支持、信任的同时，更易于将这些社会资本进行转化。

再次，从性格特质上来看，相对于男性玩家而言，女性玩家更加细心、认真、缺乏攻击性、注重团队协作，这使女性玩家在发展游戏中的友谊关系，获得其他玩家的信任之后更容易进一步将他们转化为文化资本和经济资本[②]。玩家F5在公会中担任秘书一职，平时公会的线下活动都是她来组织和策划。虽然当初会长让她当秘书可能是出于她是女生，组织其他人活动的时候比较方便，但F5非常认真地做着这份工作，每次的活动都搞得有声有色，获得了公会成员的一致认可和尊重。所以只要她在频道里问有关游戏的问题，大家都耐心解答。

> 女生的话一般都会温柔一些，就是不那么经常爆粗口。然后，

[①] 张玉佩、吕育玮. 网路促进女性解放的可能？从线上游戏开启的反思[J]. 中华传播学刊, 2006(9): 113-150.

[②] 姜波. 基于性别策略的社会资本积累与转化——以青少年网络游戏玩家为例[J]. 哈尔滨工业大学学报：社会科学版, 2022(1):72-78.

社会资本的网络呈现

——基于对大型多人在线角色扮演网络游戏玩家的考察

遇到类似的情况会镇静一些,会比较强调以和为贵吧。其实,女生的这个特点对自己也有好处,比较容易交到朋友,说不定还有意外收获呢。我就有过一次这样的经历。那次,游戏里的两个人不知道因为什么就吵了起来,吵得很凶,害得我们其他人也没法继续玩了。其他人就在那看热闹,后来我就劝他们,还好,最后算是平息了。其中一个人觉得我人挺好就加了我好友,后来还教我怎么用莫甘娜,我的技术在他的指导下进步了不少。(F8)

最后,从文化资本和经济资本的角度来看,女性玩家是亲密关系的最大受益者。她们在与男性玩家的交往中逐渐建立起亲密关系,并以这种关系为依托,得到男性玩家在练功升级方面的帮助和指导,或者接受他们赠送的虚拟钱币和虚拟宝物,或者直接接受他们的钱财。

我们班的女同学刚开始玩剑三的时候,不是很会玩,级别升得特别慢。后来她就在游戏里和一个男性玩家结婚了,结完婚以后立刻变成VIP,拥有情侣头像和宠物技能,基本会员装备、宠物经验都是男的做的,自己不花力气,级别和装备都很快就升上去了。后来她把那个等级高的号给卖了,据说卖了一千多呢。(M31)

宠物技能挺难打的,如果找别人打一般要花很多钱的,差不多要上千吧。但是要在游戏里找个男的结婚,就可以让自己的老公帮着打,而且还得卖力打。你说你女票[①]让你帮打,你哪好意思不帮啊。我还见过直接给女票买衣服、买鞋子的,这种现象现在已经很普遍了。(M25)

与玩家M25的表述有些相似,玩家M41曾经帮游戏中的"老婆"修炼宠物技能。宠物技能的修炼是很花时间和精力的事情。通常情况下,如果在淘宝上或者游戏里找代理一般是100~200元,而且代理用的所有金钱都要本人承担。M41用了一星期左右时间将宠物的等级升到最高,花费了大概500元。

---

① 女票:女朋友。

这对于 M41 的"老婆"来说，她从这种亲密关系中获得了游戏宠物级别的提升，也变相节省了经济资本。

从以上的分析中不难看出，性别在社会资本的转化中扮演着重要角色。特别是 MMORPG 中面容姣好的女性玩家，她们通过在直播平台做主播赚取较高人气和关系网络，进而获得玩家赠送的礼物，换取经济资本；女性玩家对自己在游戏中"弱者"地位的认可以及她们独有的细心、温柔等性格特质都使她们较易将网络中收获的友谊和信任转化为文化资本；此外，女性玩家还可以借助亲密关系获取男性玩家的技术帮助、虚拟物品赠送甚至经济支持。总之，在手机网络游戏和视频直播迅速兴起的今天，女性玩家的数量逐渐增加。女性玩家也越来越能够运用自己的性别优势将社会资本转化为文化资本和经济资本。

5.3 以文化资本为中介的转化

MMORPG 玩家在游戏中积累的信任、关系网络、社会支持和规范等社会资本只能在特殊条件下转化为经济资本。如上文所列举的两种情况。然而，大多数情况下，社会资本是借助文化资本的中介作用实现向经济资本转化的。因为不仅玩家认为游戏装备、点卡、宝物等是与实体物品一样具有相同的经济价值，而且从现在网络游戏虚拟物品交易的发展来看，它也已经成为重要的网络文化产业。数据显示，2006 年中国网络游戏虚拟物品交易额突破 20 亿元，而 2023 年这一数字达到 620 亿元左右，如图 5.2 所示。虽然增速有所放缓，但仍然保持着强劲的增长趋势。近年的研究数据显示玩家的付费能力显著提升、消费意愿逐年提高，这为网络游戏虚拟物品交易的发展创造了新的契机。尽管布尔迪厄在资本转化理论中曾经提到，经济资本可以以直接投资的方式转化为文化资本或社会资本。反之，社会资本和文化资本向经济资本的转化就没有这么容易，但是网络游戏虚拟物品交易的发展使人们清晰地意识到文化资本可以向经济资本转化。也就是说，如果玩家通过信任、关系网络等获取了文化资本，那么这种文化资本可以转化成经济资本。换句话说，文化资本可以成为玩家社会资本向经济资本转化的中介。

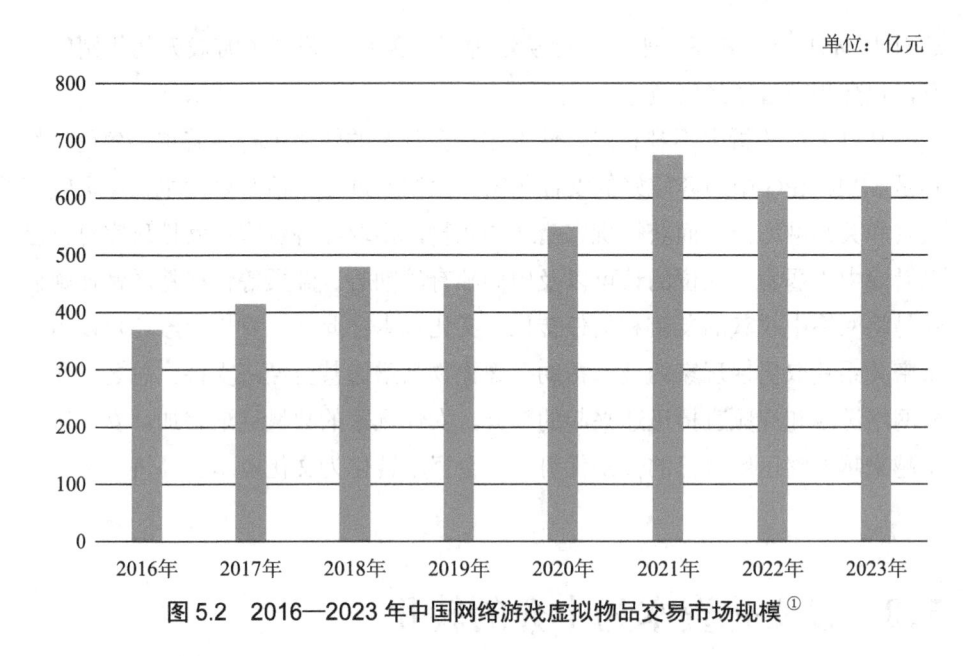

社会资本的网络呈现
——基于对大型多人在线角色扮演网络游戏玩家的考察

单位：亿元

图 5.2　2016—2023 年中国网络游戏虚拟物品交易市场规模[①]

5.3.1　文化资本成为中介的依据

在布尔迪厄的资本理论中，经济资本这一概念相当于经济学中的资本概念，因此他论述得较少，但这并不意味着它不重要。相反，在布尔迪厄看来，经济资本是基础性的资本形式，其他形式的资本（包括文化资本、社会资本、人力资本等多种形式）都先被看成经济资本，之后才从经济资本中分离出来。在《资本的形式》一文中，布尔迪厄指出，"经济资本处于所有其他形式资本"——比如文化资本、社会资本以及象征资本——"的最根本处"，而且，这些非经济的资本事实上是"经济资本的转化或伪装形式"[②]。此外，在《实践理论大纲》（*Esquisse D'une Théorie De La Pratique*）一书中，他也指出，归根结底，经济是决定性的因素。就像在对当代法国的社会阶级关系进行分析的时候，他认为虽然文化领域具有一定的自主性，但依然从属于经济。

[①] 2023 年中国虚拟物品（游戏）交易规模、游戏用户规模及游戏行业销售收入 [EB/OL]. (2023-08-01) [2024-01-02]. https://roll.sohu.com/a/708127006_121388092.

[②] 宫留记. 资本：社会实践工具——布尔迪厄的资本理论 [M]. 开封：河南大学出版社，2010: 127-128.

文化资本之所以能成为社会资本向经济资本转化的中介，是因为文化资本具有真实的价值。这种价值体现在行动者在积累文化资本的同时付出了劳动，这种特殊的劳动类似于马克思所说的无差别的人类劳动，包括花费的时间、注意力、关注甚至情感。"如果单纯从经济学角度来看，这种劳动很难以直接的经济资本形式表现出来，也很难在短期内为个体换得经济收益，但从社会交换的角度来看，文化资本是一种坚实的投资，这种投资的利润在将来最终会以金钱或其他形式表现出来。"[1]

有关网络游戏中虚拟物品交易的研究也从实践层面证明游戏账号、装备、宠物等文化资本具有与实际物品一样的价值。游戏理论家卡斯特罗诺瓦（2001）、迪贝尔（Dibbell）（2003）以及沃尔（Vol）（2003）的文章都表明虚拟世界的文化资本是真实的，具有和其他物质形式的商品一样的经济价值。这是因为，一方面，它们遵守市场的供求关系原则；另一方面，它们和其他商品一样充斥于各大购物网站，而且十分抢手。虚拟世界的物质经济不仅是真实存在的，而且规模巨大。

研究者的访谈同样支持上面的结论。几乎所有的玩家都认为游戏中的知识、装备乃至徽章等文化资本都可以给他们带来经济利益。玩家F1、F2、M4、M5都有通过微信公众号发布关于游戏经验的文章，进而获取打赏的经历。玩家M3和M34在朋友的介绍下帮别人代练，进而获取经济利益，实际上也是将自己所掌握的游戏知识转化为经济资本的一种方式。很多玩家都曾经在游戏中买卖游戏装备。可见，MMORPG中的虚拟物品交易十分活跃，玩家文化资本向经济资本转化的现象十分常见。

5.3.2 文化资本的中介作用

通过上文的分析可以看到，玩家在游戏互动中获得的游戏知识、技能、装备、级别、徽章等都倾注了玩家的精力和劳动，它们与其他物质形式的商品一样具有同等的经济价值，可以转化为经济资本。那么，玩家是如何将在游戏互动中形成和积累的关系网络、社会支持等社会资本经由文化资本转化为经济资

---

[1] 布尔迪厄. 布尔迪厄访谈录：文化资本与社会炼金术[M]. 包亚明, 译. 上海：上海人民出版社, 1997: 209.

社会资本的网络呈现
——基于对大型多人在线角色扮演网络游戏玩家的考察

本的呢？

首先，既往的 MMORPG 研究提供了可供参照的样本。张玉佩的研究发现，在网络游戏中，一些玩家特别是女性玩家或者扮演女性角色的玩家在获得其他玩家的信任以后骗取对方的点数。而这些点数是游戏橘子数位科技股份有限公司发行的 Gash 货币，可以以市值一点一元（新台币）的价值进行换算。也就是说，玩家骗取、利用其他玩家的信任获得了相当于金钱的点数，以此获得经济利益。在研究者的访谈中也接触到了这样的案例，但玩家不是通过欺骗的方式获得其他玩家的信任，而是在长久的互动中建立起真挚的情感。

> 我玩游戏的时间比较长。像《幻想三国》从电脑版到手机版我玩了6年多，积累了很多经验和游戏中的人脉，很多玩家都认识我，只要我发言，认识的人都会出来和我打招呼。这种游戏中的情谊也就逐渐发展起来，彼此也就多了几分信任。他们一般都会找我买装备，他们知道我的东西都是自己打的，货真价实，当然信任我。我现在是边玩游戏，边做商人出售道具。去年，我利用刷怪掉的装备做买卖，做了一年的游戏商人。之前玩游戏充的钱，大概几千块钱吧，都回本了。我现在也是职业刷银手了。很多人玩游戏时间久了，那种获胜的荣誉感得到了满足以后，就转向做买卖赚钱。但也不是每个人做商人都会赚钱，没人信任你，谁找你买东西。说到底，这还是得感谢游戏中那些信任我，找我买东西的玩家啊。
>
> （M3）

按照布尔迪厄对文化资本的分类，客观化文化资本是类似于文化商品一样的资本。因为它们通常具有可识别的具体形态，所以最易转化为经济资本。MMORPG 玩家正是通过以装备、魔晶、宠物等为代表的文化资本将其关系网络、信任等社会资本转化为经济资本。

其次，以游戏知识、游戏技能为代表的身体化文化资本也可以作为玩家社会资本向经济资本转化的途径。布尔迪厄在对身体化文化资本的论述中提出，身体化文化资本是以知识、修养等形式出现，它的积累过程包含行动者的外化和内化，不仅需要行动者亲力亲为，而且极费时间，这一具体化和实体化的过程十分漫长。这种时间、精力、体力甚至情感上的投入使身体化文化资本具有无法估量的价值。玩家在互动中建立的信息网络、情感网络、信任等能够帮助玩家增加游戏知识，提高游戏技能。这些游戏知识和技能又可以成为玩家向其他人提供代练服务、发布公众号、进行视频直播的资本，进而获得经济收益。

> 在游戏里面有自己的圈子是很重要的，它不仅有利于你快速上手，而且你要是玩得好，完全可以靠这个赚钱的。我最初玩《全民突击》的时候，就加了好几个这个游戏的群、论坛，还专门注册了一个虎牙直播的账号。每天都会挨个看看，和他们学怎么操作人物、怎么合理使用枪械、怎么合理利用油桶、怎么掩护队友等，所以我的技术提升得特别快。后来就把自己的一点游戏经验发到朋友圈里，居然还被打赏了几百元，真是没想到。(M4)

最后，制度化文化资本在玩家社会资本向经济资本的转化中同样可以起到中介作用。"制度性文化资本是社会个体或群体能凭借有效的象征性文化资本符号，即各种有效证书、文凭或其他说明性称号、头衔，在某个社会领域或场合获得公共性承认。"[①] 社会学家马克斯·韦伯在对教育领域的制度化文化资本即教育文凭进行论述时，曾经指出学术的和其他保护性的头衔也是收入的一种来源。因为这种代表学术资格和文化能力的证书赋予其拥有者一种文化的、约定俗成的、经久不变的、有合法保障的价值。在网络游戏中，为了增加游戏的互动性和趣味性，吸引玩家的注意力、刺激玩家的竞争意识，游戏设计者往往会在游戏中针对玩家的表现给予玩家各种奖励。例如，每通过一个关卡，游戏都会给玩家相应的奖励，关卡越难，奖励越多。游戏中的不同等级也是对玩家能力的不同表征。例如《英雄联盟》分为10个段位，依次是坚韧黑铁、英勇黄铜、不屈白银、荣耀黄金、华贵铂金、流光翡翠、璀璨钻石、超凡大师、傲世宗师和最强王者。《全民超神》的段位划分更加细致，依次是青铜、白

[①] 徐静. 权力·资本·认同：青少年网络游戏中的情感研究[D]. 杭州：浙江大学，2015: 166.

社会资本的网络呈现
——基于对大型多人在线角色扮演网络游戏玩家的考察

银、黄金、白金、钻石、金钻、铜冠、银冠、金冠和大师。很多游戏还设置了能够体现玩家特权的 VIP、心悦会员等。本研究将这些在 MMORPG 中能够体现玩家能力的积分、生命值、段位、奖品、徽章、特权等称为玩家的制度化文化资本。通过访谈发现，玩家在游戏互动中拥有越多的关系网络、建立更深厚的友谊和信任关系，他们越可能获得较多的制度化文化资本。而这种制度化文化资本越有可能给玩家带来经济利益。以上文中的段位为例，在 MMORPG 中，玩家的段位越高，他们在游戏中的地位越高，越受其他玩家的敬仰和追捧，也更有机会获取经济利益。

> 我有一个朋友，他在游戏中认识的人特别多，学校的学生、上班族、当老板的都认识，还认识好几个负责直播平台营销的。我这个朋友人实在，经常把自己的号借给他们，还会帮他们介绍交易，所以他们之间的感情相当好。在他升到大师级别以后，有个直播平台的朋友就找到他，介绍他到平台上去直播。因为他技术好，人长得也不赖，所以收视还不错。（M20）

布尔迪厄认为以学术资格为代表的制度化文化资本能够转化为文化资本和经济资本，是因为它能够保持自身的金钱价值。也就是说，在"物以稀为贵"的市场交换原则基础上，以学术资格为代表的制度化文化资本已经预先设立了其在劳动力市场用来交换的金钱价值[1]。对于玩家而言，徽章、特权、段位、积分等制度性文化资本需要玩家付出更多的心力、借助信息网络中积累的信息资源、社会支持以及其他玩家的信任才能获取，这种难以获得性使它们越发珍贵，甚至可以在一定条件下为玩家带来经济利益。因此，制度化文化资本可以作为社会资本向经济资本转化的中介。

MMORPG 玩家在互动中可建立互相沟通的信息网络，与志同道合的朋友共同杀怪、分享生活中的酸甜苦辣，结下深厚的战友情谊甚至亲密关系，发展玩家与玩家之间以及玩家对团队组织的信任。游戏信息的积累，朋友关系、信任关系的确立使玩家能够更快地获得游戏知识、提升游戏技能，斩获装备和宝

---

[1] 布尔迪厄. 布尔迪厄访谈录：文化资本与社会炼金术[M]. 包亚明，译. 上海：上海人民出版社，1997: 201.

物，实现升级、提高段位的目标。作为身体化文化资本的游戏知识、客观化文化资本的游戏装备以及制度化文化资本的级别和段位等在一定条件下能够给玩家带来经济收益。也就是说，游戏玩家的社会资本可以在文化资本的中介作用下转化为经济资本。

6

社会资本对玩家游戏参与行为的影响

社会资本的网络呈现
——基于对大型多人在线角色扮演网络游戏玩家的考察

像其他形式的资本一样，由于使用机制的不同，社会资本对个人行为以及社区发展既会产生积极的影响，又会产生消极的影响。以往的研究多关注社会资本的积极效应，如詹姆斯·科尔曼就把社会资本看作个人拥有的社会结构资源，并认为是否拥有社会资本，决定了行动者能否实现某个特定的工具性行动；经济学家格伦·洛瑞将社会资本概念引入对贫民区经济的发展中，并认为社会资本的匮乏是小型工商业发展相对缓慢的原因。自从波茨提出社会资本也会导致消极后果，研究者开始用多元的、不带偏见的立场审视社会资本对个人以及团体行为的影响。在网络游戏中，玩家通过互动积累了关系网络、信任、规范以及社会支持等社会资本。这些社会资本在激发和鼓励玩家游戏参与行为的同时，也会对这种行为产生一定的抑制和终止作用。

6.1 激发与鼓励

在访谈中可以发现，社会资本对玩家游戏参与行为的积极作用主要体现在激发和鼓励玩家更加主动地参与游戏。而这种激发和鼓励作用是通过玩家在互动过程中产生的对其他玩家的深厚情感以及玩家弥补现实缺憾的心理而实现的。

6.1.1 情感的力量

前文已经一再阐述角色扮演类网络游戏的最大特征在于其较强的互动性。无论是出于任务的需要还是为了满足多层次的游戏体验，玩家都要与其他玩家进行聊天、交易、团队合作等互动活动。这些互动使玩家彼此之间加深了解、建立情感关系网络、结成联盟甚至亲密关系，在相互合作与支持的基础上发展战斗情谊和信任关系。他们一起探索艾泽拉斯大陆的每一寸土地，为阻击燃烧军团的入侵组成新的远征军；他们面对强敌不退缩，互相鼓劲虽败犹荣；他们不分你我，互借装备打造战队最强战力；他们为了能够参加黄金联赛，一起熬夜练技术直到天亮；他们半夜组织开团，只为救回被敌对阵营守尸的队友。可以说，玩家们在长久的游戏互动中结下了深厚友谊，而这种情感成为支撑玩家游戏参与行为的主要动力。从访谈材料来看，可以将这种情感分为三种：亲人之间在游戏中结下的情感、同学之间在游戏中结下的情感以及玩家口中的"朋友"之间的情感。

首先，尽管中国的传统观念通常认为玩网络游戏是"不学好"，容易"荒废学业""上瘾"，甚至"走上犯罪的道路"，即把玩网络游戏看作"万恶深渊"[①]，但是，相关研究也指出，游戏行为不仅对玩家的家庭生活无害甚至可能产生积极的社会连接效果。例如埃格利和迈耶斯（Egli & Meyers）（1984）的研究中就已经发现电脑游戏对于正常的家庭生活没有影响，另外一项在对1304名16岁左右的青少年的调查也发现，玩电脑游戏的青少年与家人保持着更加亲密的关系，他们更愿意与家人分享他们的游戏活动[②]。

通过访谈也发现，几乎有1/4的玩家都有和家人玩游戏的经历。M7经常会和自己的兄弟姐妹一起玩；M9、M15、M16和亲戚家的兄弟姐妹一起玩；M6会和父亲一起玩游戏。这可能与M6父亲的年龄以及父子之间的亲密程度有很大关系。他的父亲还不到四十岁，父子二人平常就是有说有笑，俨然是兄弟。所以在他开始玩《穿越火线》以后，父亲也加入进来。

> 我14岁就开始玩CS了，然后我老爸看我玩了几次觉得挺有意思，就让我教他。这个游戏非常注重配合的，他和我一起玩也好，毕竟父子嘛，很多想法很像，有点心有灵犀的感觉，配合起来特别顺。我和我爸爸本来关系就不错，自从一起玩游戏以后关系变得更好了，有什么事情我都会主动和他沟通。连我妈妈都说我们俩不像爷俩，倒像是哥俩，成天打打闹闹有说有笑的。（M6）

M6坦言在最初玩游戏的时候，他也和其他人有一样的忧虑，那就是担心受到家长的阻挠。因为班级里面好几个玩游戏的同学都被家长用各种方法给强行禁止了，有的被关禁闭、收手机、不给零花钱，甚至有一个还被家长送到了

---

① 张玉佩. 游戏、人生：从线上游戏玩家探讨网路世界与日常生活的结合 [J]. 新闻学研究, 2009 (98): 1-45.

② Durkin K, Barber B. Not So Doomed: Computer Game Play and Positive Adolescent Development [J]. Journal of Applied Developmental Psychology, 2002, 23(4): 373-392.

社会资本的网络呈现
——基于对大型多人在线角色扮演网络游戏玩家的考察

戒除网瘾的学校。但他爸爸妈妈没有过多干涉，只是让他不要影响学习。自从和爸爸一起玩游戏以后，他的爸爸和妈妈对游戏有了重新的认识，不再把游戏看作"洪水猛兽"，父子之间、母子之间的感情发展到了新的阶段，这也使M6体会到了更多游戏的乐趣。现在他玩游戏也不需要躲躲藏藏，只要在不影响正常生活和学习的情况下，爸爸妈妈都会允许他玩一会儿。

网络游戏在密切亲代之间感情的同时，也为家庭内部的交流创造了轻松的环境，对玩家的游戏参与行为有一定的促进作用。虽然这样的案例在访谈中仅有两例，但部分玩家也表示现在的"90后"，特别是"00后"和亲代一起玩游戏的现象逐渐增多。未来，亲代之间共同游戏的行为会越来越多。玩家的游戏参与行为也会因此得到比现在多一些的鼓励。

此外，一些玩家把网络游戏看作亲人聚会的"必备项目"。他们的交谈基本是在游戏过程中展开的，因为在其看来，边玩游戏边闲聊显得更加随意和自然。

> 寒暑假回家的时候会经常和表哥、堂弟们玩DOTA2。因为大家平时在一起的时间很少，只有放假了才能聚在一起。刚开始的时候吧，我和表哥、堂弟们虽说是亲戚，但还是有点拘束。后来玩的次数多了，我们也就放开了。玩的时候也闲聊一下最近的情况，感觉一边玩游戏一边闲聊就很自然，如果两个20多岁的小伙子坐在一起直接聊这些就怪怪的，不知道为什么。打完了以后还会再讨论一下战术啊，出装啊，谁背锅啊。反正气氛很轻松，很愉快，不会觉得没事做很尴尬。所以，现在只要我们凑在一起就想着玩几把，比以前玩游戏的次数要多许多。（M15）

网络游戏本身不仅是一种社交活动，使玩家在与其他玩家的对战、合作中获得欢愉体验，游戏也为其他社交活动的开展创造了平台和机会，而且是以轻松自然的方式帮助人们完成日常交往。正如M15所说，由于亲戚家的兄弟姐妹不是经常在一起，自然没有很多共同话题，时间长了难免尴尬。然而，如果大家都喜欢网络游戏，以游戏为依托，几个年轻人就能边玩边聊。而且由于沉浸在游戏的欢愉中，先前的生疏感就会随之减少，游戏的氛围带动了大家的闲聊兴致。偶尔的插科打诨或者互相调侃，不仅无伤大雅，反而会拉近大家之间的心理距离。正是出于这样的考虑，现在每次与亲戚相聚时，玩家M15都会找兄弟姐妹们玩会儿游戏。可以说，玩游戏拉近了他们之间的感情，而这种感情又促使玩家增加了游戏参与行为。

其次，同学不仅在玩家的学校网络中扮演着"领路人"的角色，同时也是玩家保持游戏激情、迅速提高技能的动力来源。亦如以往研究所揭示的那样，网络游戏既是激励玩家之间竞争的场所，又是培养玩家友谊的场所（张玉佩，2013）。玩家在与同学的游戏互动中结下深厚的战友情谊，并且这种情谊成为玩家进行游戏参与行为的重要动力之一。

> 我是2013年在同学的推荐下接触《时空猎人》的，刚开始非常喜欢这个游戏，急于提高技术，赶上其他同学的水平，所以就和几个同学上课玩、下课玩、在宿舍玩、回家还玩。那段时间白天和同学待在一起，晚上还要一起玩到十点多钟，简直是到了形影不离的程度，我们的感情自然就变得特别好。记得有一次，一个同学被游戏中的人欺负了，我们几个就一起找他去理论，那气势就像电影中的古惑仔一样，为了朋友"两肋插刀"。后来有一个同学出国了，另一个也因为其他原因不玩了，我们就再也找不到原来玩游戏的感觉了，玩的次数也越来越少了。（M23）

从M23的案例中可以看出，原本普通的同学关系由于共同的爱好——玩网络游戏而得到进一步发展，甚至可以达到"生死之交"的地步。这种同学情谊在网络游戏的驱使下产生，反之，也会激发和鼓励玩家的游戏参与行为，使这种感情日益笃厚。除此之外，与同学一起玩游戏也被一些玩家看作建立友谊或者说避免被孤立的一种方式。这种友谊一旦建立起来，玩家又会以更频繁的游戏参与来维持或加深这份感情。

> 从2014年开始，《炉石传说》公测我就开始玩了，我也应该算是玩得比较早的玩家。当时一个宿舍的四个人，另外三个人都在玩，我就看他们玩了几次，觉得挺有意思的，也就开始玩了。主要

社会资本的网络呈现
——基于对大型多人在线角色扮演网络游戏玩家的考察

> 是觉得一个宿舍的都玩，你不玩也感觉怪怪的，都没什么聊的了。后来玩的次数多了，我和舍友们也能打成一片。当然了，玩的频率也越来越高。（M15）

M15是一个性格有些内向的男生，访谈过程中他一直言语不多，黑边眼镜也无法遮住他疲倦的眼神，看得出他经常熬夜玩游戏。虽然访谈的时候已临近期中考试，但他说宿舍玩游戏的氛围还是很浓，大家每天下课回来都会玩起来，熬夜玩也是常有的事。最近《炉石传说》在搞全国赛，室友们想快速提高水平，争取集体参赛，他也不想拖大家后腿，所以就和大家一起练习。虽然有些累，但能和室友们一起玩还是非常快乐的。看得出，M15非常珍惜同学之间的感情，也把和室友一起玩游戏看作建立友谊、发展友谊的一种方式。这种友谊使他感受到了游戏中以及游戏以外的快乐，而对这份快乐的追逐或者说不舍又使他沉迷于游戏之中不能自拔。

最后，"与朋友一起玩游戏才有意思"是玩家经常说的话。这里的朋友可以是游戏中结识的陌生人，也可以是现实中的朋友，或者只是现实中认识的人，通过玩游戏双方的关系拉近进而成为朋友。不管哪种，朋友都是玩家开始游戏、继续游戏、留在游戏里的重要原因。

玩家开始某个游戏一般都是通过朋友的介绍。在很多玩家看来，朋友介绍的肯定错不了，或者他们自己玩过，或者他们的朋友玩过。不管怎样，朋友推荐的游戏可信性很高。

> 我以前都是玩像《消消乐》这种小游戏，没玩过大型的角色扮演游戏，觉得它们太激烈，玩起来累得慌。后来，一个很要好的朋友推荐我玩《王者荣耀》，说这是当前最火的手游，特别好玩。我想，他是游戏高手，玩过的游戏不下十种，他推荐的游戏可玩性应该很高。后来就玩了起来。（M5）

像M5一样，玩家F3、M8、M22、M30都是因为朋友的介绍才开始玩的。特别是玩家F3，以前是不玩游戏的"乖乖女"，甚至对游戏有点排斥心理。后来，看到几个要好的朋友在玩一款叫《全民超神》的游戏，里面的英雄、背景、音乐都不错。在几个朋友的极力推荐下，F3才开启了自己的游戏之旅。

朋友之间的情谊使玩家相信朋友的推荐是靠谱的，值得相信的。相关数据调查也支持这样的结论。据《2014年中国手机游戏年度研究报告》，在影响玩家选择网络游戏的外部因素中，社交网络中的好友分享是最受玩家重视的，所占比例高达53.8%[①]。由此不难看出，对朋友之情的珍惜、重视或者是信任是玩家开始游戏行为的重要原因。不仅如此，朋友也是玩家保持游戏热情、持续参与游戏的重要推动力量。

> 我玩游戏一直到现在的原因有三。第一，游戏里面的朋友，特别是从一级一起打过来的朋友。第二，自己打造的账号有感情。第三，游戏里面的段位。要说最重要的原因当然是第一个了。大家都知道，现在的网络游戏玩的就是互动，没有朋友谁和你互动。再说，没有朋友那游戏玩得也没意思啊，谁和你一起打野，谁和你一起"侃大山"，谁和你开黑，谁借给你账号，谁拉你进群……所以说，这些朋友成了支撑我玩游戏的动力。（M33）

> 我周围玩这个游戏的特别多，不只现实中的朋友也有很多游戏中的朋友。大家一起玩很有意思不说，还能交流感情。我之前也玩过很多其他游戏，但玩的时间都不长。在这个游戏里面我们可以组队、可以加入战队，和朋友一起竞争感觉特别过瘾。可以说，如果没有这些朋友和我一起玩，我早就弃游了。（M31）

在访谈中可以发现，网络游戏玩家参与游戏活动几乎都是因为有朋友在玩或者在游戏中结识了志同道合的朋友。这种朋友情结使玩家对游戏产生一种积极的情感，"使玩家进入乐观参与的集中状态，突然之间，他们从生理上变得更愿意展开积极的思考，建立社会关系，塑造个体优势。他们主动把思维和身体都调整到了最快乐的状态"[②]。而这种积极情感的建立使玩家更乐于参与游戏。

[①] 2014年中国手机游戏年度研究报告 [R/OL].（2015-03-20）[2017-03-01]. http://www.iimedia.com.cn/.
[②] 简·麦格尼格尔. 游戏改变世界：游戏化如何让现实变得更美好 [M]. 闾佳，译. 杭州：浙江人民出版社, 2012: 29.

社会资本的网络呈现
——基于对大型多人在线角色扮演网络游戏玩家的考察

> DNF几次大改版之后升级很快的,一般来说自己单刷也可以到满级。但有朋友在最大的乐趣是玩游戏更有趣,对游戏更有感情和寄托吧。其实,装备要靠自己刷,当然有些小技巧也要有朋友告诉你,一般去刷异界装备和自己朋友组队要比随便组的要靠谱。但我觉得不管是现实中的朋友还是游戏中的朋友对我最大的影响就是让我觉得玩游戏是一件特别开心、有趣的事,让我更能享受游戏中的乐趣。(M31)

玩家与朋友之间建立的友谊关系被看作真挚的、纯洁的。正像有玩家曾经感慨的那样,"也许游戏不是友情唯一的组成,但我敢说最铁的友谊,不是一起打过架、挨过批、互相抄过作业,就是组团开黑团灭、玩密室逃脱被困在一个屋子里,所谓友情,就是我明明手残还陪你打游戏;所谓分离,就是我终于打通关了,你已经不在好友名单里"[①]。可见,玩家将游戏中的朋友之情看得非常珍贵,在访谈中经常听到玩家说这样一句话"玩的是游戏,留下的是朋友"。正是这种与朋友的深厚感情使玩家忘记现实生活中的烦恼、忘记通宵打游戏的辛劳,即使在打到了满级、遇到游戏中的挫折与不满以及受到现实压力的情况下,也会坚持继续与朋友一起打游戏。

> 现在,我的蛇女、石头人、火人、老牛、巨魔还有狂战士都是满级了,技能也都练得差不多了,但我还是一直在玩这个游戏。原因有很多,但最主要的还是游戏里的朋友让我最舍不得。当初,大家从菜鸟一起打上来,感情都很深了,每次打开游戏第一件事就是看看哪几个朋友在线。如果没有人在,那我立刻就下线。现在,他们都还继续玩这个游戏,我会一直陪他们到底的。(M8)
> 我一直都觉得自己没有游戏细胞,玩《时空猎人》的时候,周围的人几天就上路了,我默默玩了很久才大概知道怎么玩。后来,在打比尔首杀的时候,我连续打了好多次都无法通过,当时,真有点想放弃这个游戏了。游戏里的朋友都劝我慢慢来,别着急,一个

---

① 游戏给我开的最强金手指 [EB/OL].(2017-03-04)[2019-02-27]. https://www.sohu.com/a/127890509_257489.

特别热心的朋友为了把我带过去，硬是复活了好几次。我当时感动死了。心想，就冲着朋友这么够意思，我也得再坚持坚持。（M36）

　　同时，玩家的游戏活动也面临着现实中的诸多挫折。这包括世俗的眼光、父母的期待、学业与工作的压力，等等。但在网络游戏面前，特别是在朋友之间的友谊面前，这些现实的压力有时起不到应有的作用。相反，玩家在游戏中结识的朋友、积累下的深厚友谊反倒成为帮助他们缓解现实压力的重要手段。这也在一定程度上激发和鼓励着玩家的游戏参与行为。上文提到的玩家 M15 是一个性格比较内向的男生，周围的朋友不多，也不善于和别人交往，父母很是担心，一度怀疑他是不是有抑郁症。上初二时，他开始接触网络游戏。由于网络让人们能够突破现实生活中的种种限制，尝试一个改变的、完全不同的自己，因此网络上的"虚拟我"可比"现实我"更风趣、更不害羞、更有群众魅力[1]。所以，他在游戏中比在现实中放得开，能够和游戏中的其他玩家肆意交谈、互开玩笑。他也结识了好多线上的朋友，有几个还进一步发展为现实生活中的朋友。自从接触网络游戏以后，他的交往圈子扩大了，笑容也比以前多了。看到他的变化，他的父母除了给他限定一定的游戏时间以外，对他的游戏行为并没有过多的干涉。由此可见，游戏中形成的朋友情感对玩家现实的情感交往有一定的补充作用，可以在一定程度上激发玩家玩游戏的热情。

　　在网络游戏中，最让玩家们向往、为之痴迷甚至"神魂颠倒"的情感莫过于亲密关系。在经过一段时间的接触之后，玩家可以向其他玩家表白、求婚、结婚，建立亲密关系。正像前文呈现的那样，亲密关系是玩家重要的社会资本。它在拉近玩家心理距离、密切玩家之间交往的同时，使玩家体验到虚拟世界的真情实感。正是这种甚至比现实中的亲密关系更单纯、更浪漫的情感激发和鼓励了玩家的游戏参与行为，驱使着玩家忘情地投入游戏的"怀抱"。

在游戏中收获爱情实在是出乎我的预料。可能就像人们说的那样，爱情来了挡都挡不住。我主要被她的善解人意所吸引，每次我发现她上线都会@她，后来我向她求婚，她答应了，我当时真是

---

[1] Young K. S. What Make the Internet Addictive [EB/OL]. (2019-01-30)[2020-08-22]. https://www.doc88.com/p-9505084752058.html.

社会资本的网络呈现
——基于对大型多人在线角色扮演网络游戏玩家的考察

> 欣喜若狂。自从确定了关系之后，我们聊得更加频繁了。如果一天不"见面"，我就会胡思乱想，猜测她干什么去了。上班也没有精神，满脑子想的都是她。有好几次甚至以上厕所为借口打开游戏看看她在不在线。（M7）

网络游戏记录着玩家的岁月痕迹。许多年以后，也许你不记得你玩过了哪款游戏，但你一定记得游戏里的一帮朋友、一群同学、一个"伴侣"甚至一位家人。与家人以及同学在游戏中发展的情谊有十分相似的功用，它们或者加深彼此之间的情感，或者成为维持和发展情感的重要途径。不论哪种，都会改变人们对游戏的传统看法，激发玩家参与游戏的热情；与游戏中的朋友发展的情感被看作完全不求任何回报的、一心一意的战友情谊，它们成为玩家开始游戏、持续游戏的重要动力；与游戏中的"伴侣"发展的情感使玩家"茶不思饭不想"，甚至"魂不守舍"，激发和鼓励着玩家积极地参与游戏。总之，玩家在游戏中建立的情感网络、社会支持以及信任关系都是玩家之间情感的体现和表征。它们所体现出的积极情感使玩家感受到游戏世界的多姿多彩、使他们暂时远离现实烦恼、重新认识自我、找寻自我。换句话说，玩家的社会资本通过其内在的情感力量使玩家从心理上依赖网络游戏，激发和鼓励着玩家的游戏参与行为。

6.1.2 弥补现实缺憾

在互联网络盛行的今天，网络游戏已经成为人们特别是青少年日常生活的重要组成部分。网络沉迷甚至网络上瘾的现象比比皆是。一些网络游戏研究中将每周游戏时间超过20小时的玩家称为重度游戏玩家。在本研究的访谈中也发现，大约有超过一半的玩家属于重度游戏玩家。玩家 M25 由于父母在国外做生意，自己独自生活，在时间上没人管束。他曾经在暑假期间有连续两周不出门，一直在家打游戏的经历；玩家 M13、M14、M23、M32 和 M39 每天的游戏时长都在 5 个小时左右。游戏之所以有这么大的魅力使玩家长时间地沉迷其中，除了设计上的逼真、炫酷，有着强烈的视觉冲击和听觉冲击，另外很重要的一点是，在网络游戏中，玩家之间深厚的战友情谊、无私的互助与支持、分享信息与喜怒哀乐的行为等都使玩家看到了一个崭新的没有利益冲突与争夺的世界。在这样的世界里，他们不受现实生活中身份、性别、利益关系等的羁绊与束缚，能够自由、随性地发挥自我、表现自我、重塑自我。特别是在玩家建立了友谊、信任以及社会支持等关系以后，他们更加深切地感受到网络游戏空间规则清晰、简单明了，没有现实中的"钩心斗角""尔虞我诈"。在这里，他们发现了更"纯真"的自我和更"纯真"的世界，寻找到了远离现实纷扰的"出口"。这促使他们流连于此，激发和鼓励着他们的游戏参与行为。

> 我每天都会玩四五个小时吧。游戏里一大帮朋友，大家说说笑笑很热闹，互相开玩笑毫无顾忌。有什么烦恼我也喜欢找他们倾诉，不用担心被传出去，然后他们还会开导我。现实中大家都太讲究利益了，出力不讨好的事谁都不想做。游戏里面就不一样，很多玩家主动教你怎么打游戏，朋友还会送你体力和装备。现实中人与人的关系也特别复杂，不知道哪句话就得罪人。白天上班的时候，时时刻刻都提心吊胆的，生怕说错话办错事。下午下班以后就想和朋友玩玩游戏，放松一下紧绷的神经。所以，每天快到下班的时候我就特别激动，想着盼着时间过得再快点。（M39）

在 MMORPG 中，玩家之间的信息交流、资源分享和情感支持等都是出于他们的自愿行为，很多玩家把游戏中的助人、分享等看作自己的快乐源泉。玩家们经常在游戏内部的聊天系统互相沟通游戏技巧，向新手传授游戏知识、游戏内部的规范，将制作的游戏秘籍、游戏视频上传到贴吧、论坛等社交网站供其他玩家下载和学习。玩家之间的这种支持和分享互动行为几乎都是无偿的，这与现实世界奉行的"利益优先"原则不同。玩家在网络游戏空间发现更简单、真实、纯真的人际交往，这使玩家倾向于长时间地流连于网络游戏之中。特别是对于那些在现实人际交往中屡受挫折、想要暂时逃避现实的玩家来说，网络游戏中的关系网络、友谊、信任、支持等为他们提供了最好的"避难所"。

> 我以前学习成绩还可以的，后来父母离婚了我就没心思学习

社会资本的网络呈现
——基于对大型多人在线角色扮演网络游戏玩家的考察

了,自然成绩就下来了。老师总找我谈话,同学看我的眼光也怪怪的,当时就觉得没有人理解我,自己有满肚子的话不知道找谁说。后来开始玩LOL,里面很多人都特别好。因为我是新手,所以他们都当我是小弟,特别照顾我。教我怎么打,有比赛消息就第一时间告诉我。最重要的是,我可以把我的烦恼毫无保留地讲给他们,不用像在现实中那样不好意思。他们不会瞧不起我,还会安慰我,帮我出主意,有个玩家还替我介绍了一个靠谱的家教帮我提高成绩呢。虽然我都没有见过他们,但他们比现实中的朋友好多了。所以,我现在只要有心事或者想说的事情就会打开游戏,和那些朋友聊一聊。(M38)

我平时比较偏内向吧,总觉得和周围的人聊不来,朋友啥的不多。我妈经常说我"看你同学谁谁谁经常三五成群的,你怎么总是自己",不知道为什么,有时候觉得自己也挺失败的。但我在游戏中可有很多朋友,我们一起打游戏,一起谈天说地,一起哭一起笑。和他们相处我觉得特别自在,特别放得开,话也特别多,游戏里好几个朋友还夸我幽默呢。现在好几个女性玩家和我关系都挺暧昧的,这是我在现实生活中连想都不敢想的。……我喜欢这种感觉,自然玩游戏的次数就很多啦。(M7)

上例中的玩家M39、M38和M7都认为在游戏中更容易找到真正的朋友、获得现实生活中无法获得的情感体验。这与心理学中的防御机制提到的补偿作用有些类似。"补偿作用是指经由强调所想要的特质来掩饰自己的弱点,或是在另一份领域寻求满足,以补偿在这个领域所遇到的挫折"[1]。与现实中"以貌取人""以身份取人""以分数取人"的微妙人际关系和"利益优先"的交往规则相比,网络游戏空间玩家之间的交往更加简单、轻松和最小利益化。因此,对于一些玩家来说,与现实生活的某些不如意相比,他们更能够在游戏中较容易地获得游戏信息、信任、友谊等社会资本。从某种意义上来说,这些社会资本是对他们现实缺憾的某种补偿。为了获得更高的成就以补偿其真

---

[1] 陈怡安.线上游戏的魅力:以重度玩家为例[M].中国台湾:复文出版社,2003:89.

6 社会资本对玩家游戏参与行为的影响

实或想象中的缺憾,他们会运用加倍的力量和时间投入游戏中。

在访谈中研究者发现了一个特殊也可以说是相对极端的案例,即游戏以及游戏中朋友之间的感情暂时弥补亲情的缺位,成为支撑玩家精神世界的重要力量。玩家 M1 大专毕业后,在家人的推荐下只身一人来到印度尼西亚一个远房亲戚家,希望在此找份工作。然而,天不遂人愿,连续半个多月找工作屡屡碰壁,再加上初到印度尼西亚语言不通,原本有些内向的 M1 感到心中苦闷。远在国内的父母虽然时常打来电话嘘寒问暖,但出于不想让父母担心,M1 隐瞒了部分实情。印度尼西亚的亲戚也是自己开厂,每天忙里忙外,他们之间基本很少交流。在这段时间,玩家 M1 体验到了从未有过的孤独和无助。他基本是靠手机打发时间,刚开始是和国内的朋友聊天,但朋友们的时间必定有限。后来看到朋友圈里有人在玩《部落冲突》,实在无聊的 M1 就注册了这个游戏。

> 在印度尼西亚的那段时间,基本天天都会玩,一玩至少是三四个小时,因为也没有其他的事,不知道干什么。说实话,那段时间很少主动和家里联系,完全靠这个游戏打发时间。慢慢地,变得和游戏里的朋友无话不谈了,他们知道我在国外过得很郁闷,就都安慰我,劝我。每天和游戏里的朋友聊天、组部落去攻打其他的部落成为我一天中最开心的事。他们对我都特别关照,有个玩家还给我邮寄了老家的特产过来,超感动的。(M1)

在布尔迪厄的资本理论中,他以家庭教育展开关于社会资本的讨论,因此他看重的是以亲缘关系为基础的人际网络。在他看来,这种亲缘关系与人际关系网络是"一种承诺的遗产与信誉的债务,一种在连续几代的过程中积累起来的并提供了附加力量来源的权利与责任资本,当发生打破常规的意外情况时,就可以求助这种力量"[①]。家庭成员之间情感的重要性毋庸置疑,这也是家庭常被形容为"停泊的港湾"和"爱的乐园"的重要原因。但处于青春期的青少年与父母之间微妙的关系、加之环境的巨大变化容易导致上例中 M1 孤独无助情况的发生。在这样的情况下,游戏中的朋友成为缓解玩家心里苦闷、无处排

---

① Bourdieu, Pierre. Outline of a Theory of Practice [M]. Cambridge: Cambridge University Press, 1997: 178.

社会资本的网络呈现
——基于对大型多人在线角色扮演网络游戏玩家的考察

解的良药。同时,也正是在这样的情况下,玩家更容易与其他玩家建立深厚的友谊,激发游戏参与的兴趣和热情。就像玩家 M1 所说,只要一有时间就想和游戏里的朋友聊天,把一天中发生的事情告诉游戏中的好友。显然,玩家 M1 已经把游戏中的朋友看作现实生活中家庭成员暂时缺失的替代品,把游戏世界看作逃离现实的"避难所"。也难怪他把一天中的很多时间都分给了游戏和游戏中的朋友,因为对于 M1 而言,至少在那段时间之内,网络游戏以及与游戏中玩家之间建立的深厚情感已经成为填补家庭关系暂时缺失的重要部分。

一方面,MMORPG 玩家在互动中与其他玩家建立起深厚的友谊或亲密关系,这使他们对游戏、游戏中的人产生了情感上的牵挂与依赖。另一方面,对于一些在现实交往中遭受挫折的玩家来说,他们在游戏空间发展和积累的关系网络、支持与信任等社会资本成为弥补现实缺憾的重要层面。不论是上述哪种情况,都是对玩家游戏参与行为的一种激发和鼓励,玩家也会在情感力量的感召下和弥补现实缺憾的驱动下,将更多的时间和精力投入游戏。

6.2 抑制与终止

诚然,很多研究都指出社会资本具有促进经济发展、密切人与人之间的关系、增进邻里交往、促进社区和谐等积极作用。但现有的研究也指出社会资本至少有以下四个消极后果,即"排斥圈外人;对团体成员要求过多;限制个人自由以及用规范消除秀异[①]"[②]。在访谈中也发现,以关系网络、规范、信任和社会支持为主要形式的社会资本在激发和鼓励玩家游戏参与行为的同时,也对其有一定的抑制甚至终止作用。正如对社会资本的研究发现的那样,社会资本既可以是公共"善"的来源,像詹姆斯·科尔曼、卢里等赞扬的那样,又可以是公共"恶"的来源。综合以往研究成果以及访谈案例,可以发现信任、团队中派系以及亲密关系通常会对玩家的游戏参与行为带来消极影响。

[①] 秀异:突出者或与众不同的人。
[②] 亚历山德罗·波茨.社会资本:在现代社会学中的缘起与应用 [C].杨雪冬,译 // 李惠斌,杨雪冬.社会资本与社会发展.北京:社会科学文献出版社,2000: 137.

6 社会资本对玩家游戏参与行为的影响

6.2.1 信任的代价

通过前文的分析可知,信任是社会资本的重要形式,甚至很多社会资本的研究将信任等同于社会资本,足见信任的重要性。同时,信任对其他社会资本形式的积累也有十分重要的作用。如果玩家之间有一定的信任关系,那么就会自然而然地在游戏中互相合作、彼此支持、充分交流游戏信息、建立游戏规范等社会资本。也许正是信任的重要性决定了它的难以获得以及失去的严重后果。一方面,玩家在游戏中的很多互动交流都是以获取其他玩家的信任为目的。另一方面,在耗费了大量时间、精力、感情甚至金钱后获得的信任一旦失去将对玩家的游戏参与行为产生重大影响,严重的可能会导致玩家对游戏世界失去兴趣,进而不再参与游戏。

虽然网络空间存在人与人的信任,但网络的虚拟性、匿名性加之网络游戏中存在很多利益的诱惑,这些都很难保证信任关系的持续。玩家 M3 是一个有着多年游戏经验的老玩家,他自认为在游戏世界阅人无数,经验丰富。在与其他玩家交往的过程中也一直都很小心谨慎。特别是在交易方面,由于涉及现实的金钱,他更是慎之又慎。一般情况下,只和信得过的人交易。尽管如此,他还是被骗了。

> 我深知游戏交易中上当受骗的情况很多,所以我都是选择以前有过接触、信得过的人进行交易。没想到,我这么谨慎还是被骗了。我前两天和一个有过多次交易经历的玩家在线下交易游戏币,对方说用支付宝支付。我说可以的。但我之前用支付宝的次数比较少,不是很会用,而且一边做事一边弄交易就大意了,把支付宝的收款功能和转账弄混了,就点了收款。后来他把收款的截图发给我,我也没进入支付宝明细界面查看就以为对方已经付款了,然后就把游戏币邮给他了。后来才发现他根本就没付款。我一直以来都很信任他,因为我们打过好多次交道,都没出过问题。我们也曾互相借过号和装备,我觉得这个人应该值得我信任。但没想到他居然利用我的疏忽骗我。这件事对我打击很大,真的。后来我基本就不和其他玩家交易了,有种"一朝被蛇咬,十年怕井绳"的感

社会资本的网络呈现
——基于对大型多人在线角色扮演网络游戏玩家的考察

觉。慢慢地，游戏的乐趣也就没了，现在我都很少登录这个游戏了。（M3）

从 M3 的经历中可以看出，十分沉迷于游戏的他被原本信任的人欺骗，这使他对网络空间是否有真正的信任，乃至人与人之间是否有真正的信任产生了怀疑。在访谈中，当 M3 谈起那次受骗经历时，他描述得十分详细，给人历历在目的感觉，好像这件事就发生在昨天，实际上已经是 2018 年的事情了。由此足见，这次受骗给他带来的伤害有多大。M3 表示，那次受骗改变了他近二十年的游戏体验。他说，他开始对网络游戏有些失望，不再像以前那样热情地与其他玩家交流。而缺少了玩家之间互动的网络游戏也就失去了魅力，现在玩家 M3 已经很少再玩游戏了。

在网络游戏中，另外一种常见的利用信任骗取玩家装备的方法就是"打感情牌"。在很多玩家看来，这是最让人无法接受的做法，也是最为玩家所不齿的。通常情况下，这种感情牌都是以聊天开始，通过长时间、频繁的聊天互动培养好感，进而进一步发展为好友、结拜甚至夫妻。在获得对方玩家的好感、使他放松戒备后，再提出借用装备等要求，完成欺骗行为。

我原来有一套非常好的装备，直到我遇到了一个骗子。欺骗我感情，说要当我的结拜。刚开始的一个月，他每天都会找我聊天，游戏里的事、学习的事、家里的事都会聊。在这期间还通过几次电话，感觉他人蛮好的。接触时间长了我们彼此也熟悉了，互相都知道对方的游戏账户和密码。我自认为终于在游戏里结识了一个可以信赖的玩家，为此自己还沾沾自喜了一段时间。后来有一天，他和我说，要不我们不卡59[①]了吧。随后，天真的我选择相信了他，后来我开始把我的装备保护解除了。解除的最后一天，他登上了我的号。我在完全不知情的情况下，打开了游戏，突然发现，为什么我跑得这么慢。打开装备栏一看，全空了。知人知面不知心啊。我的一套红鬼装备都没了，差不多被骗了1500元吧。关键不只是钱啊，

[①] 卡 59：《QQ 三国》中的术语，即卡在 59 级不升级。

最重要的是觉得自己的内心受到了伤害，被人家利用了感情。为此我懊恼了好久，朋友找我玩游戏也提不起兴趣了。（M29）

玩家 M29 的装备被信任的朋友洗劫一空如图 6.1 所示。

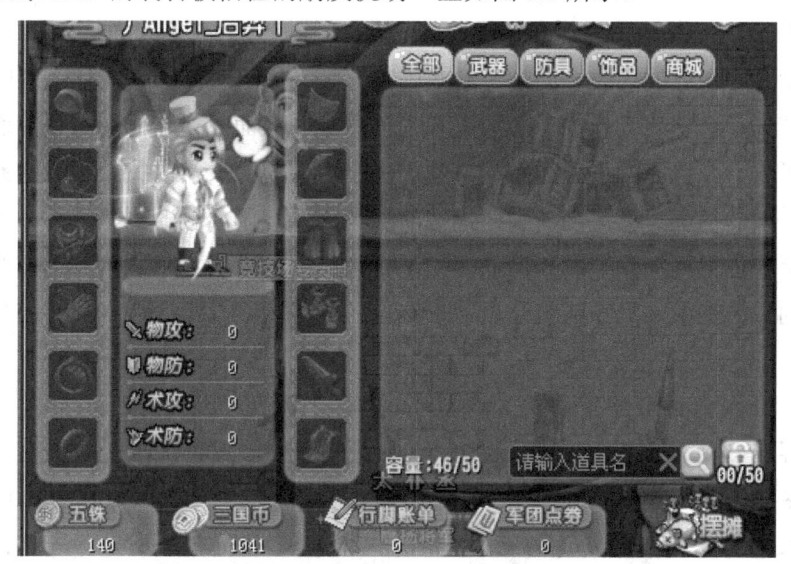

图 6.1 玩家 M29 的装备被信任的朋友洗劫一空

像玩家 M29 一样在游戏中被其他玩家打感情牌最后被骗的不在少数。在这种情况下，由于对对方的信任是建立在长久交往产生的情感基础之上的，所以很多玩家一时很难想得通，情绪低到了极点，甚至丧失玩游戏的兴趣。在访谈中，玩家 M9 就曾经被一个非常要好的朋友骗过，致使他一度怀疑其他的游戏好友是不是也对他别有用心。后来，他甚至逐渐减少了和其他好友一起玩游戏的次数，登录游戏只限于自己做做任务或者和陌生人组队打，当有陌生人加他好友，想要和他进一步发展关系时，他都一概拒绝。这样持续了一段时间以后，他开始对这个游戏失去了热情，玩的次数也越来越少。

6.2.2 团队中派系和亲密关系的危害

怀特利在《社会资本的起源》一文的开篇就提到，"社会资本产生于志愿

社会资本的网络呈现
——基于对大型多人在线角色扮演网络游戏玩家的考察

性社团内部个体之间的互动,这种志愿性社团被认为是推动公民之间合作的关键机制,并且提供了培养信任的框架"[①]。网络游戏内不仅存在诸如公会、战队、联盟等志愿性社团组织,在这些组织内部也会形成更小的志愿性组织,玩家通常把这种志愿性组织称为派系。派系的形成是网络游戏团队内部不可避免的事实。正像有着成功会长经验的M18所说,当一个玩家加入一个公会以后,就会将自己的朋友、同学、游戏中的好友介绍进来,那么,他们之间就天然地产生了一种比其他成员之间更亲密的感觉。久而久之,他们的力量逐渐壮大,形成一个自己的小派系。一方面,由于派系内部成员的关系网络更紧密,彼此之间的信任程度更高,因此他们的凝聚力要高于一般的团队成员,在团战中也会表现得更加默契和和谐,为团队合作做出更大的贡献。但另一方面,出于对利益的追求,派系成员会极力扩展自己的势力,打压团队内部其他会员。

> 我们公会中有一个由学生组成的小派系,大概有十几个人的样子。他们就是最初有一个人加入进来,然后互相介绍逐渐人数就多了。因为他们互相都认识,所以在游戏过程中他们只照顾自己的人,对其他公会成员的死活就不管不顾。比如说有一次公会活动,我们去打一个比较难的RAID副本,他们几个学生党就一起走,不管我们。他们互相熟悉配合得好,自然经验值就高,获得的装备也比我们好得多。我们几个看不过去,就说了他们几句,没想到,他们几个学生就开始一起攻击我们,后来搞得不欢而散。本来以为公会成员之间会很和睦,没想到是这样。(M9)

> 现在公会里面搞派系、拉山头的比较多,这样对整个团队非常不利。一般来自同一个地方的、同一个职业的或者使用同一个角色的玩家比较容易形成一个小派系。一旦派系形成了,有好事的时候他们会积极到场,要是触及其中任何一个人的利益,就会使派系中的其他人感到被威胁了,整个公会的气氛就很紧张,没法正常运作下去。我之前加入的一个公会就因为这个原因不得不解散了。(M16)

[①] 保罗·F. 怀特利. 社会资本的起源[C]. 冯仕政,译 // 李惠斌,杨雪冬. 社会资本与社会发展. 北京:社会科学文献出版社,2000: 45-76.

6 社会资本对玩家游戏参与行为的影响

波茨曾指出，为派系成员带来利益的强大联系通常也能够禁止其他人获得收益[①]。也就是说，派系成员之间强大的关系网络、相对高的信任和情感支持等社会资本在使他们获得行动便利、经济利益的同时，也限制了圈外人，在无形中对圈外人形成了排斥。从长远来讲，这对团体的发展十分不利，因为这会影响其他成员参与团体活动的积极性，最终影响团体发展和玩家个人的游戏参与行为。在上例中，玩家M9因为和"学生党"发生了口角，闹得很不愉快，最终被会长单独请去"聊天"。虽然能够理解会长的做法，但M9还是自动退会了。后来他也有想过是否加入其他公会，但想到派系是无处不在的，就像游戏中一定有战队、公会、部落一样，熟识的人聚在一起是不可避免的，而此前的经历让他深刻体会到了派系的危害，他觉得还是不加入为好。所以自从"学生党"事件发生以后，玩家M9都是自己一个人游戏。玩家M16的情况虽然比他要稍好一些，因为毕竟不是M16本人与派系成员起了争执，但想到加入公会的问题也使M16十分头疼。加入，就要面临派系之争；不加入，就难以升级升星，面临着退游的危险。在经过艰难抉择之后，M16还是选择了退游。他说，玩游戏就是为了快乐，如果每天想着怎么应付派系的钩心斗角，太累。

网络游戏中的亲密关系是玩家情感网络的重要组成部分。前文曾经提到，网络游戏中的亲密关系使玩家体验到被关爱、被需要的情感满足，甚至有时这种亲密关系成为现实亲密关系的延伸。网络游戏中的亲密关系在满足玩家全新的情感体验需求的同时，密切了玩家之间的交往，激发甚至鼓励了玩家的游戏参与行为。然而，团体内部的亲密关系则呈现另外一种情景。因为不管哪种类型的角色扮演类游戏，几乎都是男生占多数，女生占少数。在一个团体内部，情况也是如此。如果一个女生与团体内的多名男生保持亲密关系，那么就会在很大程度上影响团体内部的团结。这种情况在团体外部很少出现，而团体内部大家都比较熟悉，这样的"夫妻"关系会使团体成员出现分化甚至流失。

公会中的"夫妻"关系是影响公会团结的一个重要方面。听说其他公会曾经有一个特别张扬的女会员，声音非常甜，还特别喜

[①] 亚历山德罗·波茨. 社会资本：在现代社会学中的缘起与应用[C]. 杨雪冬,译//李惠斌,杨雪冬. 社会资本与社会发展. 北京：社会科学文献出版社, 2000: 137.

社会资本的网络呈现
——基于对大型多人在线角色扮演网络游戏玩家的考察

欢和别人玩暧昧，同时和多个男性角色交往。据说，有一个男性角色还因为和别人争风吃醋闹得很不愉快，直接导致那个人退会了。后来听说这个女会员和会长结为"夫妻"关系。自从她当了会长夫人，凡是女的都被她挤对走了，男的都被她老公挤对走了。所以在公会里这样的"夫妻"关系要不得。（M18）

其实，公会内部的亲密关系在正确的引导下完全可以成为维持公会团结、鼓励玩家参与游戏的重要力量。以玩家 M18 为例，在他担任会长期间，对于公会中比较活跃、人气较高的女会员，M18 希望她们不和某个特定男会员结为"夫妻"关系。正是让女会员与男会员保持正常的亲密关系，才使女会员成为团队"黏合剂"，从而提高会员参与公会活动的积极性。

就像万物都有两面性一样，玩家的社会资本也有消极的一面，使用不当，也会对玩家的游戏参与行为产生抑制甚至终止的作用。在访谈中可以发现，玩家之间即使已经建立起信任关系，但由于网络空间存在诸多的不确定性，这种信任关系也很容易被打破，进而使玩家对游戏中的人际关系产生质疑甚至否定，从而影响其游戏参与行为。此外，团体内部的派系和亲密关系具有一定的排他性，容易在团体内部形成比较紧张的人际关系，影响团体内部团结甚至影响玩家参与游戏的热情，进而减少甚至终止玩家对游戏活动的参与。

通过研究可知，一方面，这些社会资本的形成与积累可帮助玩家建立起丰富的情感网络、密切与其他玩家之间的情感互动与交流，并通过对玩家情感力量的感召和对现实缺憾的弥补，可激发和鼓励玩家更加积极地参与游戏活动。另一方面，网络游戏中建立的信任机制容易在网络的虚拟性以及游戏利益的驱使下"崩塌"，成为抑制和终止玩家游戏参与行为的关键因素。另外，由于团体内部的派系和亲密关系具有明显的"排他性"，因此也在一定程度上对玩家游戏参与行为有负面影响。

7 结语

社会资本的网络呈现
——基于对大型多人在线角色扮演网络游戏玩家的考察

社会资本这一概念自从 1916 年被提出,就因其广泛的实用性和强大的解释力为众多学科和研究者关注。其中,布尔迪厄对家庭和学校中社会资本的研究、马克·格兰诺维特对求职中关系网络的研究、普特南对意大利地区自愿社团组织的研究、弗朗西斯·福山对社会资本在经济组织中作用的研究等都是社会资本研究中的代表之作。但不难看出,以上研究的共同点是他们都基于现实生活中的情境(家庭、学校、公司、社团等)展开对社会资本的探讨。然而,互联网的兴起在改变传统的信息传递方式的同时,也改变了人与人交往互动的方式。正如黄少华所指出的那样,"互联网一经形成,就不只是一个信息交流空间,不仅仅提高了信息获取效率,其更重要的意义在于,它为人与人之间的互动提供了一个新的领域,人们可以在其中进行社会互动,而不只是查阅和交流信息"[1]。

互联网从发明至今已有近半个世纪的历史,其发展速度达到了空前的程度,对人们互动与交往的深刻影响也已经是显而易见的事实。国际电信联盟(International Telecommunication Union)发布的年度互联网调查报告显示,截至 2022 年 12 月全球已有 51.6 亿人使用互联网,占全球人口的 59.4%[2]。就中国的情况来看,进入 21 世纪以来,中国互联网基础设施建设不断完善,利好政策相继出台,中国网民的规模不断扩大。特别是随着"宽带中国"战略的深化,宽带网络的光纤化改造工作取得快速进展,具备千兆网络服务能力的 10G PON 端口数达 2029 万个,IPv6 规模部署深入推进,网民规模已经突破 10 亿人[3]。相对地,各种类型网络虚拟社区的建立、网络聊天、论坛、贴吧、网络直播等互动方式的兴起极大增强了网民之间的交流。网民的迅速激增以及随之而来的网络交往与互动的增强,使人们不能忽视互联网对社会资本形式、积累与转化的影响。

本研究以大型多人在线角色扮演网络游戏(MMORPG)玩家为研究对象,试图从互动的角度探讨玩家社会资本的形式、积累与转化。选取

---

[1] 黄少华. 网络空间的社会行为:青少年网络行为研究 [M]. 北京:人民出版社,2008: 132.

[2] We Are Social:2023 年全球数字报告 [R/OL]. (2023-04-14)[2023-11-16]. https://finance.sina.cn/tech/2023-04-14/detail-imyqhyiv2925905.d.html.

[3] 中国互联网络信息中心. 第 52 次中国互联网络发展状况统计报告 [R/OL].(2023-08-28)[2024-01-16]. https://www.cnnic.net.cn/n4/2023/0828/c88-10829.html.

MMORPG 玩家为研究对象出于以下两点考虑。一方面，很多实证研究以及相关数据都表明，网络游戏是人们使用网络的主要活动之一（陈怡安，2003；特克，1998；黄少华，2008）。有数据表明，有将近九成的青少年玩过至少一种网络游戏，其中，玩角色扮演类网络游戏的玩家在六成左右，网络游戏已经成为人们重要的休闲与娱乐手段之一。另一方面，MMORPG 以玩家之间丰富的互动著称。对于玩家而言，在游戏过程中能够与朋友结伴同行，以及能够在游戏过程中与其他玩家进行人际互动，才是他们喜欢网络游戏的主要原因之一。同时，网络游戏玩家之间的互动并非只是为了寻求战斗的胜利，他们更渴望与其他玩家进行交流以及建立战斗之外的社会关系。加斯多罗·科洛（Castulus Kolo）和蒂莫·鲍尔（Timo Baur）的研究发现，有多达 88% 的玩家与其他人互动不仅是为了"游戏"，他们还会进行交易、聊天、发展友谊、信任甚至结婚等互动行为[1]。

正是基于 MMORPG 互动丰富的特点，本研究以互动为切入点分析和探讨玩家在虚拟空间的交往中形成的关系网络、规范、信任和社会支持。在此基础上继续探析互动的哪些因素或特征影响社会资本积累，这种影响的具体机制是怎样的，以及玩家的社会资本向文化资本和经济资本转化的途径是什么。最后，分析玩家的社会资本对他们的游戏参与行为又有哪些影响。通过对以上问题的分析，试图探索性地厘清网络游戏玩家通过社会资本的积累与转化建构的网络空间的社会关系。

基于上述的逻辑和分析架构，本研究在对访谈资料进行详细研读、意义探究和类属分析的基础上发现，在 MMORPG 中玩家的社会资本主要呈现以下四种形式。第一，关系网络，包括玩家之间交流游戏信息、交易信息以及和游戏相关的其他资讯的信息网络，也包括玩家之间建立的亲密关系和团队内部战友情谊的情感网络。第二，信任关系，包括玩家与玩家之间在交易互动、团队合作和借用行为中体现的人际信任，以及对团队内部信息的信任、对团队成员的信任以及对团队组织的信任。第三，规范，包括游戏运营商发布的禁止挂机等强制性规范、玩家自行确立的装备分配与角色走位等契约性规范和使用礼貌用语与对女性玩家必要的照顾与尊重等道德性规范。第四，社会支持，包括玩家

---

[1] Castulus Kolo, Timo Baur. Living a Virtual Life: Social Dynamics of Online Gaming [J/OL]. Games Studies, 2004, 4[2016-12-12]. http://www.gamestudies.org/0401/kolo/.

社会资本的网络呈现
——基于对大型多人在线角色扮演网络游戏玩家的考察

对游戏知识、赛事等信息资源的分享，装备、宝物、金币、体力等虚拟物品的赠送，以及宽容、乐观、团结、利他等情感方面的支持。

在对玩家社会资本积累的分析中，主要从玩家与玩家之间的互动和玩家与游戏内容的互动两个方面展开。一方面，在网络游戏空间，玩家通过角色扮演，借助游戏内部和外部的多种互动方式与其他玩家展开社交互动、团队合作和交易互动，并在此过程中交流游戏信息、建立友谊、信任和社会支持等关系，积累社会资本。另一方面，玩家对游戏内容的沉浸使其获得最佳的正面心理状态，其专注以及真切的"临场感"有助于玩家情感的投入和友谊、信任关系等社会资本的积累；而对游戏内容的"二度创作"推动着玩家之间的合作与信任，进而影响他们社会资本的积累。

社会资本的转化是指资本各形式之间按照一定比率相互转换的过程。虽然布尔迪厄在资本转化理论中曾经指出，资本之间的转化很多时候是隐性的、难以察觉的，但在对访谈资料进行分析的基础上发现，社会资本向文化资本和经济资本的转化尚有一定的规律可循。首先，信任本身就是一种具有经济价值的社会资本，即信任可以直接转化为经济价值。其次，游戏中玩家的性别策略（男性玩家的性别转换策略和女性玩家的性别策略）有助于玩家将积累的友谊、亲密关系、信任等社会资本转化为文化资本和经济资本。最后，更多情况下社会资本是通过可以"量化"的文化资本（游戏装备、游戏知识和游戏中的称号、头衔、段位等）转化为经济资本。

在人际交往、组织建设和国家发展中社会资本都是重要的战略资源。同样，在MMORPG中，玩家的社会资本对他们的游戏参与行为也有着深远影响。这种影响包括对游戏参与行为的激发与鼓励，也包括对这种行为的抑制甚至终止。一方面，玩家在游戏中并肩作战、团结合作，建立起深厚的友谊、信任、社会支持等情感，这使玩家对游戏以及游戏里的朋友产生强烈的情感依赖，进而延长游戏参与的时间、提高游戏参与的频率。同时，对于一些玩家而言，游戏中的关系网络、信任等是对他们现实缺憾的一种补偿，他们在网络空间能够发现更好的自我和更好的世界，这也在一定程度上激发和鼓励了玩家的游戏参与行为。另一方面，网络的虚拟性为交往双方的互动带来了诸多不确定性。玩家在游戏互动中积累的信任、亲密关系和战友情谊也可能给玩家带来经济上和情感上的损失，影响玩家游戏参与的积极性。

7 结语

作为人们政治、经济、文化生活中不可或缺的要素，社会资本历来受到诸多学科的关注。本研究以 MMORPG 玩家为研究对象，试从网络互动的视角探析游戏玩家社会资本的形式、积累与转化，以期考察网络空间社会资本形成、积累与转化的机制。并在分析社会资本对玩家游戏参与行为影响的基础上，指导玩家理性、积极地游戏，帮助他们建立积极的社会资本，避免消极的社会资本。且帮助他们反省自己的游戏行为，使他们从积极的、健康的游戏行为中获得更多愉悦和成就感，保持身心的健康成长。

互联网技术的发明和广泛应用使人们的活动模式和交往方式发生了深刻的变革，人们的社会关系与交互活动也从传统的现实空间延伸到虚拟的网络空间。在网络空间，来自世界各地的人们可以随时交流信息、分享秘密、创建网络空间的规范、发展线上情谊和信任关系。在网络空间，人们的互动不仅在很大程度上摆脱了时间和空间的限制，而且在各个层面拓展着人们的社会关系。按照本文的界定，人们在网络空间发展的关系网络、规范、信任、社会支持属于他们的社会资本。在网络互动中，人们建立、积累和转化社会资本的过程也是建构新的社会结构关系、新的社会关系的过程。

关于资本与社会关系之间的重要联系，马克思早在《资本论》中就有具体论述。他从政治经济学的角度将资本理解为一种特定的社会关系。在他看来，无论是经济资本还是社会关系资本归根结底探讨的都是人与人之间的关系。同时，马克思也指出对资本的考察不仅要将它放入动态的社会关系之中，而且人们生产、积累和转化资本的过程"不是简单的工具性操作活动，而是以社会关系为前提并不断生产和再生产出社会关系的历史过程"[1]。因为作为社会行动主体的人是感性的、以情感为依托展开社会互动的。他们在网络互动中会带入个人的喜怒哀乐、真善美丑，会感受其他网络参与者的善意、关怀、信任与尊重。正是在人们感性的互动过程中，社会关系得以建构和发展。

与之相似，游戏玩家在网络空间经由网络互动，结成关系网络、建立规范、信任和社会支持。对于玩家而言，网络空间与现实社会一样充满着机会与挑战、人情与冷暖。为了完成任务、获得游戏互动的成就感，玩家积极与其他玩家互动，交流游戏信息，结成友谊、信任、亲密关系，建构网络空间社会关

---

[1] 孔扬. 再论资本的社会关系本质——立足历史唯物主义新世界观的重新认识 [J]. 理论探索, 2012 (2): 34-38.

社会资本的网络呈现
——基于对大型多人在线角色扮演网络游戏玩家的考察

系。与此同时，玩家通过与其他玩家的互动以及与游戏内容的互动完成社会资本的积累。在此过程中，玩家通过角色扮演、多种互动行为以及游戏内、外互动方式的运用实现与其他玩家的交流和互动，充实与丰富原有的社会关系。此外，从表面上来看，玩家对游戏内容的沉浸以及对游戏的"二度创作"似乎是玩家与游戏内容之间的关系，但实质上，其中体现的仍然是玩家与玩家之间的社会关系，这类似于马克思所说的"物的人化"。最后，玩家的社会资本可以在特定情况下转化为经济资本和文化资本。对于玩家而言，信任具有切实的经济价值；玩家可以运用性别策略获取游戏知识等文化资本甚至金钱等经济资本；玩家还可以借助文化资本的中介作用将社会资本转化为经济资本。社会资本向文化资本和经济资本的转化充分体现出社会资本是生产性的，正是社会资本的生产性促成了社会关系的再生产，进而促进社会的发展和进步。可见，玩家社会资本建立、积累与转化的过程也是他们社会关系形成、充实与再生产的过程。

人类的社会关系处于一个不断发展变化的过程之中，而与这种变迁相伴而行的正是人类改造世界的方式。互联网络的发展是21世纪最伟大的变革之一，它在改变人们生活方式和交往方式的基础上，建构着网络空间新型的社会关系。在众多网络应用中，网络游戏的使用率远远高于其他应用，是所有应用中差距最大的一个。其中，MMORPG是网络游戏中最受玩家欢迎的游戏类型之一。究其原因，MMORPG中频繁的互动满足了玩家之间相互交流、发展友谊、建立规范等需求。在MMORPG中，玩家不仅可以经由网络互动建立关系网络、信任、规范和社会支持这些社会资本，通过玩家之间互动和玩家与游戏内容的互动不断积累这些社会资本，还可以借助性别转换等策略将社会资本转化为经济资本和文化资本。不仅如此，玩家的社会关系也在其社会资本的形成、积累与转化的过程中得以形成、发展和重构。这主要体现在，玩家现实生活中的社会关系与网络空间的社会关系之间的界限逐渐模糊。一方面，游戏玩家将现实生活中的社会关系带入网络空间，按照现实生活中的规范发展网络空间的规范，以现实中的亲疏远近界定游戏中的友谊与信任等。另一方面，玩家网络空间的社会关系也会对他们现实中的社会关系产生影响，玩家将线上的情感网络延伸到线下，用游戏中建立的关系网络、信任等弥补现实的缺憾就是十分明显的案例。可见，玩家通过网络互动形成、积累和转化社会资本，并在此过程中重新建构了他们的社会关系。

附录
访谈提纲

一、玩家的基本资料

1. 玩家的基本资料：性别、年龄、学历。

2. 什么时候开始玩大型多人在线角色扮演网络游戏（以下简称"游戏"）？到目前为止玩了多久了？一般每天玩几个小时？平均一周玩几个小时？

3. 曾经玩过哪些类型的游戏？您喜欢玩哪款或哪几款角色扮演游戏？为什么？如果您玩的是手机游戏，为什么喜欢玩手机版？与电脑版相比，有哪些优点和缺点？

4. 您一般在哪里玩游戏？为什么？

二、玩家社会资本的形式、积累与转化以及社会资本对玩家游戏参与行为的影响

1. 您认为在哪些情况下需要和其他玩家互动？您在游戏中怎么和其他玩家互动？常用哪些互动方式（包括游戏内和游戏外）？为什么喜欢用这种或这些方式？会经常看游戏官网、贴吧、论坛吗？是否曾在上面发布游戏信息？如果您不知道如何打游戏，会通过哪些方式向别人求助？

2. 您会将装备、账号等借给其他玩家吗？为什么？如果借，会借给哪些人？为什么？

3. 您在游戏中会受到社会规范或道德的约束吗？如果有，包括哪些内容？为什么？如果有人不遵守会如何？

4. 您加入公会了吗？您在公会中担任什么职务？您会将自己视为公会的一部分吗？为什么？您的公会中哪个类型的人比较多（学生、上班族或者某个职业群体）？您认为他们是一个派系吗？如果是，您认为他们对公会有哪些影响？公会有哪些活动？过程如何？您经常参与公会的活动吗？为什么？与那些

社会资本的网络呈现
——基于对大型多人在线角色扮演网络游戏玩家的考察

没加入公会的人相比,您觉得公会对您有哪些好处?

5. 您和游戏里的朋友聊哪些内容?如果你心情不好的时候会和游戏中的人说吗?他们会有什么反应?您会主动关心游戏中的朋友吗?为什么?您和游戏中的朋友在现实中见过面吗?有哪些线下活动?如果有,您认为这对您们的关系有哪些影响?

6. 您在游戏中一般扮演哪个或哪几个角色?如果扮演多个角色,为什么?对您和其他玩家的交往有影响吗?在对战中,您选择某一个角色的根据是什么?如果有人先选择了这个角色,您怎么办?您会将自己喜欢的角色让给别人吗?您会怎样打扮您的角色,您对它的形象满意吗?请举例说明。

7. 您有扮演过和您性别相反的角色吗?为什么?这对您和其他玩家的交往有影响吗?有哪些影响?

8. 您在游戏中"结婚"了吗?为什么?相处了多久"结婚"的?热恋期间有哪些表现,你们又是如何互动的?经过如何?请举例说明你们的"结婚"过程?"结婚"以后对您的游戏参与有哪些影响?您会给您的"老公"/"老婆"一些游戏中的装备吗?谈谈您对游戏中亲密关系的看法?您认为游戏中有真正的爱情吗?为什么?

9. 您玩这款游戏的过程中,有中止过吗?如果有,是什么原因促使您再次玩?

10. 您一般和谁一起玩游戏?家人、同学、同事还是朋友(包括现实和网络中的)?为什么选择和他们玩?这对你们之间原有的关系有影响吗?有哪些影响?

11. 在游戏中,您是否帮助过他人,或受他人帮助?若有请详细说明情况。您又有何感受?这种帮助对您的游戏参与有影响吗?为什么?

12. 您与游戏中的好友有特殊的暗语或手势吗?为什么设立这些暗语或手势?请举例说明。

13. 您一般是根据游戏设定去玩游戏还是喜欢自己探索、创新玩法?为什么?您的游戏伙伴们如何看待这种行为?会和您一起去探索吗?

14. 您在玩游戏的时候是很专注,不受外界环境影响吗?这对您与其他玩家的互动有哪些影响?请举例说明。

15. 您会经常挂念游戏中的朋友、恋人吗?有哪些表现?请举例说明。

16. 您在游戏中的表现、结交的好友等会让您觉得比现实中的自己更有成就感？您觉得网络世界中和玩家相处比现实简单、容易吗？这是否会让您经常有上网的冲动？

16. 您在游戏中买卖过东西吗？如何交易？是否担心被骗？有被骗的经历吗？被骗以后还会继续玩游戏吗？请举例说明。

17. 您曾经赠送或接受别人赠送的装备、体力吗？赠送给谁？谁赠送给您？为什么？

18. 您有进行视频直播吗？如果有的话，您觉得直播能给您带来哪些好处？您直播的时候，哪些人会去看？您会和他们怎么交流？所获收入如何分配？周围有女性朋友做直播吗？您认为女性做直播的优势有哪些？

三、问女性玩家的问题

1. 您打得不好或失误多的时候，其他的男性玩家会爆粗口吗？如果没有或很少，您认为原因是什么？

2. 您有进行视频直播吗？如果有的话，您觉得直播能给您带来哪些好处？您直播的时候，都有哪些人会去看？您会和他们怎么交流？所获收入如何分配？您认为女性做直播的优势有哪些？

3. 您一般扮演男性角色还是女性角色？会向其他玩家表明您的女性身份吗？为什么？

参考文献

[1] 曼纽尔·卡斯特. 网络社会的崛起 [M]. 夏铸九, 等译. 北京: 社会科学文献出版社, 2003: 569.

[2] 安东尼·吉登斯. 社会的构成: 结构化理论大纲 [M]. 李康, 等译. 北京: 三联书店, 1998.

[3] 黄厚铭. 虚拟社区中的身份认同与信任 [D]. 中国台北: 台湾大学社会学研究所, 2001.

[4] 黄少华, 杨岚, 梁梅明. 网络游戏中的角色扮演与人际互动——以《魔兽世界》为例 [J]. 兰州大学学报: 社会科学版, 2015, 43(2): 93-103.

[5] 陈怡安. 线上游戏的魅力 [J]. 资讯社会研究, 2002 (3): 183-214.

[6] 黄少华. 论网络社会的结构转型 [J]. 淮阴师范学院学报: 哲学社会科学版, 2005 (27): 764-769.

[7] 中国互联网络信息中心. 第 52 次中国互联网络发展状况统计报告 [R/OL].(2023-08-28) [2023-09-09]. https://www.cnnic.net.cn/n4/2023/0828/c88-10829.html.

[8] 中国互联网络信息中心. 2015 年中国青少年上网行为研究报告 [R/OL]. (2016-08-12)[2016-10-18]. https://www.cnnic.net.cn/n4/2022/0401/c116-1097.html.

[9] 中国网络游戏市场规模及发展趋势 [EB/OL].(2024-06-03) [2024-08-07]. https://news.iresearch.cn/content/202406/500400.shtml.

[10] 新浪发布 2023 年游戏人群报告: 打游戏多为缓解压力 [R/OL]. (2023-11-23)[2023-08-18]. https://www.ali213.net/news/html/2023-11/797619.

html.

[11] 2013—2014 年中国网页游戏行业研究报告简版 [R/OL]. (2016-10-07)[2018-09-19]. http://www.iresearch.com.cn.

[12] 中国网络游戏研究报告 2017 年 [R/OL]. (2024-02-28)[2024-04-09]. https://max.book118.com/html/2024/0221/7156154004006043.shtm.

[13] 360 游戏《2016 上半年中国手游行业绿皮书》RPG 新王上位 [EB/OL]. (2016-10-18)[2021-04-23]. http://www.yxdown.com/olnews/308309_2.html.

[14] 布尔迪厄, 华康德. 反思社会学导引 [M]. 李猛, 李康, 译. 北京: 商务印书馆, 2015: 124.

[15] 张玉佩. 穿梭虚拟世界的游戏少年: 他/她们的社会资本之累积与转换 [J]. 中华传播学刊, 2013, 23(6): 195-227.

[16] Ducheneaut N, Moore R J. The Social Side of Gaming: A Study of Interaction Patterns in a Massively Multiplayer Online Game[C]. ACM Conference on Computer Supported Cooperative Work, CSCW 2004, Chicago, Illinois, USA November. 2004: 360-369.

[17] Evard, R., Churchill, E. F. & Bly. S. Social Virtual Reality at Work [C]// Churchill, E. F., Snowdon, D. N. & Munro, A. J. Collaborative Virtual Environments-Digital Places and Spaces for Interaction. Springer-Verlag, London, 2001: 265-281.

[18] Manninen T. Interaction Forms and Communicative Actions in Multiplayer Games [J]. International Journal of Computer Game Research, 2003, 3(1).

[19] 赖黎捷, 熊天越. 从竞争到互助: 单机游戏玩家互动探究 [J]. 青少年研究与实践, 2023(4): 89-99.

[20] 徐静. 权力·资本·认同: 青少年网络游戏中的情感研究 [D]. 杭州: 浙江大学, 2015: 6.

[21] 宫留记. 布尔迪厄的社会实践理论 [M]. 开封: 河南大学出版社, 2009: 49-51.

[22] 黄少华. 网络空间的族群认同——以中穆 BBS 虚拟社区的族群认同实践为例 [D]. 兰州: 兰州大学, 2008: 30.

[23] 范晓屏. 基于虚拟社区的网络互动对网络购买行为的影响研究 [D]. 杭

州：浙江大学, 2007: 3-4.

[24] 雪莉·特克. 虚拟化身：网路世代的身份认同 [M]. 谭天, 吴佳真, 译. 中国台湾：远流出版事业股份有限公司, 1998: 3-4.

[25] D. 波普诺. 社会学 [M]. 李强, 等译. 北京：中国人民大学出版社, 2000: 35.

[26] 中共中央马克思恩格斯列宁斯大林著作编译局. 马克思恩格斯选集 [M]. 北京：人民出版社, 1995.

[27] 俞吾金. 传统重估与思想移位 [M]. 哈尔滨：黑龙江大学出版社, 2007: 451.

[28] 布尔迪厄. 布尔迪厄访谈录：文化资本与社会炼金术 [M]. 包亚明, 译. 上海：上海人民出版社, 1997: 165.

[29] Bourdieu, P. The Forms of Capital [C]//J. Richardson. Handbook of Theory and Research for the Sociology of Education. New York: Greenwood, 1986: 241-258.

[30] 牛宏宝. 文化资本与文化（创意）产业 [J]. 中国人民大学学报, 2010 (1): 145-153.

[31] Portes, A. Social Capital: Its Origins and Applications in Modern Sociology [J]. Annual Review of Sociology, 1998 (24): 1-24.

[32] Hanifan, L. J. The Rural School Community Center [J]. Annuals of the American Academy of Political and Social Science, 1916 (67): 130-138.

[33] Warren, M., Phillip T. J., & Saegert, S. The Role of Social Capital in Combating Poverty [C]//Saegert, S. Thompsn, T., & Warren, M. Social Capital and Poor Communities. New York: Russell Sage Foundation, 2001.

[34] Kawachi, I., & Berkman, L. Social Cohesion, Social Capital and Health [C]//Berkman, L., & Kawachi, T. Social Epidemiology. New York: Oxford University Press, 1999.

[35] Uslaner, E. M. Trust and Social Donds: Faith in Others and Policy Outcomes Reconsidered [J]. Political Research Quarterly, 2004, 57(3): 501-507.

[36] 吴军, 夏建中. 国外社会资本理论：历史脉络与前沿动态 [J]. 学术界, 2012 (8): 67-81.

[37] James S. Coleman. Social Capital in the Creation of Human Capital [J]. American Journal of Sociology, 1988 (94): 95-120.

[38] 詹姆斯·科尔曼. 社会理论的基础（上）[M]. 邓方, 译. 北京: 社会科学文献出版社, 1999: 356.

[39] 罗伯特·普特南. 使民主运转起来: 现代意大利的公民传统 [M]. 王列, 赖海榕, 译. 南昌: 江西人民出版社, 2001: 195.

[40] Alejandro Portes. Economic Sociology and the Sociology of Immigration: A Conceptual Overview [C]//Alejandro Portes. Economic Sociology of Immigration: Essay on Networks, Ethnicity, and Entrepreneurship. New York: Russell Sage Foundation, 1995: 11-13.

[41] Paul S. Adler & Seok-Woo Kwon. Social Capital: Prospects for a New Concept [J]. Academy of Management Review, 2002, 27 (1): 17-40.

[42] Bourdieu, P. Distinction: A Social Critique of the Judgment of Taste [M]. Cambridge: Harvard University Press, 1984.

[43] Sally J. McMillan. The Researchers and the Concept: Moving Beyond a Blind Examination of Interactivity [J]. Journal of Interactive Advertising, 2005, 5 (2): 1-4.

[44] 李道明. 互动性电影叙事 [M]. 戏剧学刊. 中国台北: 台北艺术大学, 2005.

[45] Rafaeli. S. Interactivity: From New Media to Communication [C]//R. P. Hawkins, J. M. Wiemann & S. Pingree. Advancing Communication Science: Merging Mass and Interpersonal Process. Newbury Park, CA: Sage, 1988: 110-134.

[46] 黄少华, 翟本瑞. 网络社会学: 学科定位与议题 [M]. 北京: 中国社会科学出版社, 2006: 3-35.

[47] 黄少华. 网络空间的社会行为——青少年网络行为研究 [M]. 北京: 人民出版社, 2008: 127.

[48] 孟威. 网络互动: 意义诠释与规则探讨 [D]. 北京: 中国社会科学院研究生院, 2002.

[49] Hoffman, D. L. & Novak, T. P. The Influence of Goal-Directed and

Experiential Activities on Online Floe Experiences [J]. Journal of Consumer Psychology, 2002 (6): 44-50.

[50] 屈勇. 电子网络空间中人际互动的本质: 角色与去角色 [J]. 社会心理科学, 2009 (1): 34-39.

[51] 刘丹鹤. 赛博空间与网际互动 [M]. 长沙: 湖南人民出版社, 2007: 59.

[52] 林鹤龄, 郑芳芳. 线上游戏合作行为与社会组织: 以青少年玩家之血盟参与为例 [C/OL]. 2004[2016-06-21]. http://tsa.sinica.edu.tw/Imforn/file1/2004meeting/paper/C4-1.pdf.

[53] 骆少康, 方文昌, 魏志鸿, 等. 线上游戏使用者之实证人际关系与社交焦虑研究: 台湾网际网路研讨会论文集 [C/OL]. 2003 [2016-06-21]. http://www.ckitc.edu.tw/~net/tanet2003/pdf/G3/9740.PDF.

[54] 郑凯元. 线上游戏与数位世界的实在与价值 [J]. 新闻学研究, 2011 (108): 41-50.

[55] 林宇玲. 线上游戏与性别建构 [J]. 新闻学研究, 2011(108): 51-58.

[56] 张玉佩. 台湾线上游戏的在地情境与全球化文化流动 [J]. 新闻学研究, 2012 (113): 71-122.

[57] 林日璇. 社交媒体 VS. 线上游戏: 台湾成人网路使用、媒介惯习与人际互动 [J]. 中华传播学刊, 2014 (25): 99-132.

[58] 林雅容. 自我认同形塑之初探: 青少年、角色扮演与线上游戏 [J]. 资讯社会研究, 2009 (16): 197-229.

[59] 钟智锦, 刘可欣, 乔玉为. 为了部落: 集体游戏行为与玩家公共参与研究 [J]. 青年研究, 2019(4): 13-23.

[60] James D.I. A Brief History of Video Games [C]//Rachel K & Thorsten Q. The Video Game Debate: Unravelling the Physical, Social, and Psychological Effects of Video Games. New York: Routledge, 2016.

[61] 孙春在. 当数位游戏进入校园 [J]. 新闻学研究, 2011 (108): 33-39.

[62] 林鹤龄. 从玩家到研究者、从研究者到玩家: 游戏经验与游戏文化研究 [J]. 新闻学研究, 2011 (108): 19-25.

[63] 张玉佩, 邱馨玉. 游戏媒体文化之男性气概探索文本结构与玩家诠释 [J]. 传播与社会学刊, 2010 (12): 111-146.

[64] 游易霖. 数位游戏艺术之文化现象探讨 [J]. 广播与电视期刊, 2011 (32): 1-22.

[65] 柯舜智. 传播研究转向：了解电玩游戏 [J]. 新闻学研究, 2010 (102): 365-372.

[66] 2011—2012 年中国网络游戏行业年度监测报告简版 [R/OL].（2016-10-07）[2018-10-23]. http://www.iresearch.com.cn.

[67] 文化和旅游部.《网络游戏管理暂行办法》[R/OL].(2010-06-22)[2016-10-19]. http://www.gov.cn/flfg/2010-06/22/content_1633935.htm.

[68] Fitch. C. Cyberspace in the 21st Century: Mapping the Future of Massively Multiplayer Games. 转引自赖柏伟. 虚拟社群：一个想象共同体的形成——以在线角色扮演游戏《网络创世纪》为例 [D]. 中国台北：世新大学传播研究所, 2002: 10-11.

[69] 黄少华. 网络游戏意识对网络游戏行为的影响——以青少年网民为例 [J]. 新闻与传播研究, 2009, 16(2): 59-69.

[70] Mulligan, J. & Patrovsky, B. Developing online games: An insider's guide [M]. Indiana: New Riders, 2003.

[71] 杨敏杰. 线上游戏之消费者行为研究：态度、主观规范、知觉行为控制、行为意图与沉迷行为之应用 [D]. 中国台湾：台湾中兴大学, 2006.

[72] 中国互联网络信息中心.《第 26 次中国互联网络发展状况统计报告》[R/OL]. (2010-07-15)[2016-10-19]. https://www.cnnic.net.cn/n4/2022/0401/c88-909.html.

[73] 中国互联网络信息中心. 2013 年中国网民游戏行为调查研究报告 [R/OL]. (2014-02-28)[2016-10-19]. https://www.cnnic.net.cn/n4/2022/0401/c121-1055.html.

[74] Hallford. N. & Hallford. J. Swords & Circuity: A Designer's guide to Computer Role-Playing Games [M]. Course Technology PTR, 2002.

[75] Yee. N. The Demographics, Motivations and Derived Experiences of Users of Massively-Multiuser Online Graphic Environments [J]. Presence: Teleoperators and Virtual Environments, 2006 (15): 309-329.

[76] Taylor, T. Play between Worlds [M]. Cambridge, MA: MIT Press, 2006.

[77] 乔纳森·特纳. 社会学理论的结构 [M]. 吴曲辉, 等译. 杭州: 浙江人民出版社, 1987: 431.

[78] 黄少华, 陈文江. 重塑自我的游戏——网络空间的人际交往 [M]. 兰州: 兰州大学出版社, 2002: 140.

[79] 李君如, 杨棠安. 线上游戏玩家表现与其人格特质之研究——以"天堂"为例 [J]. 高雄师大学报, 2005 (19): 85-104.

[80] Griffiths M. D., Davies M. N., Chappell D. Demographic Factors and Playing Variables in Online Computer Gaming [J]. Cyberpsychology & Behavior the Impact of the Internet Multimedia & Virtual Reality on Behavior & Society, 2004, 7(4): 479-487.

[81] 中国互联网络信息中心. 2014 中国手机游戏年度研究报告 [R/OL]. (2015-07-15)[2016-10-22]. https://www.cnnic.net.cn/n4/2022/0401/c118-1081.html.

[82] Yee N. Motivations for Play in Online Games [J]. Cyberpsychology & Behavior the Impact of the Internet Multimedia & Virtual Reality on Behavior & Society, 2006, 9(6): 772-775.

[83] 钟智锦. 网络游戏玩家的基本特征及游戏中的社会化行为 [J]. 现代传播, 2011 (1): 111-115.

[84] MMORPG 网游发展历程 [EB/OL]. (2012-08-24)[2018-10-19]. http://age.uuu9.com/YXZL/201208/1072040.shtml.

[85] 全国移动游戏玩家达 15 亿人 中国人耗时最长 [EB/OL].(2015-11-17)[2019-10-23]. http://roll.sohu.com/20151117/n426746194.shtml.

[86] 中国互联网络信息中心. 2009 年中国网络游戏市场研究报告 [R/OL]. (2009-11-24) [2016-10-05]. https://www.cnnic.net.cn/n4/2022/0401/c121-868.html.

[87] 中国互联网络信息中心. 2010 年中国网络游戏市场研究报告 [R/OL]. (2011-06-20)[2016-10-05]. https://www.cnnic.net.cn/n4/2022/0401/c121-844.html.

[88] 2015 年中国游戏用户行为研究报告简版 [R/OL]. (2016-05-24)[2016-10-07]. http://www.iresearch.com.cn.

[89] 孙晓娥. 深度访谈研究方法的实证论析 [J]. 西安交通大学学报：社会科学版. 2012 (3): 101-106.

[90] 胡幼慧. 质性研究：理论、方法及本土女性研究实例 [M]. 中国台北：巨流图书股份有限公司, 2009: 29.

[91] Wengraf T. Qualitative Research Interviewing: Biographic Narrative and Semi-structured Methods [M]. Sage Pubn Inc, 2001: 6.

[92] 陈向明. 质的研究方法与社会科学研究 [M]. 北京：教育科学出版社, 2014: 109.

[93] 杨善华, 孙飞宇. 作为意义探究的深度访谈 [J]. 社会学研究, 2005 (5): 53-69.

[94] Arksey, Hilary & Peter Knight. Interviewing for Social Scientist [M]. London: Sage Publications, 1999.

[95] 黄厚铭. 网路人际关系的亲疏远近, 第三届资讯科技与社会转型研讨会论文 [C]. 中国台北：中研院社会所, 1999.

[96] Georg Simmel. The Stranger [C]//Georg Simmel, Individual and Social Forms. Chicago: University of Chicago, 1971: 143.

[97] 黄少华. 网络空间的基本议题 [M]. 杭州：浙江大学出版社, 2013: 71.

[98] Oh J H. Immigration and Social Capital in a Korean-American Women's Online Community: Supporting Acculturation, Cultural Pluralism, and Transnationalism [J]. New Media & Society, 2016, 18(10): 2224-2241.

[99] 林南. 社会资本——关于社会结构与行动的理论 [M]. 张磊, 译. 上海：上海人民出版社, 2005: 42.

[100] 奥斯特罗姆·埃莉诺. 流行的狂热抑或基本概念 [C]// 曹荣湘. 走出囚徒困境——社会资本与制度分析. 上海：上海三联书店, 2003: 27-28.

[101] 肯尼斯·纽顿. 社会资本与现代欧洲民主 [C]. 冯仕政, 译 // 李惠斌、杨雪冬. 社会资本与社会发展. 北京：社会科学文献出版社, 2000: 381.

[102] Yee N. Motivations for Play in Online Games [J]. Cyberpsychology & Behavior the Impact of the Internet Multimedia & Virtual Reality on Behavior & Society, 2006, 9(6): 772-775.

[103] 林盈廷. 社交网路游戏对使用者社会网络及线上人际互动之影响 [D]. 中

国台北 : 台湾交通大学，2011: 79.

[104] Parks, M. R., & Flord, K. Making Friends in Cyberspace [J]. Journal of Communication, 1996, 46(1): 80-97.

[105] 陈佳靖. 网路空间·人际关系：线上线下·生活世界 [J]. 资讯社会研究，2003 (4): 141-179.

[106] Wu, W. Fore, S. Wang, X. Ho, P. Beyond Virtual and Masquerade: In-Game Marriage on the Chinese Internet [J]. Games and Culture, 2007, 2 (1): 59-89.

[107] 17173 第六届中国网络游戏市场调查报告 [R/OL].（2017-02-14）[2022-09-12]. http: // report.Iresearch.cn//969.html.

[108] 黄少华. 互联网的社会意义：以网络参与和网络游戏为例 [M]. 杭州：浙江大学出版社，2015: 148.

[109] Ahmad M A. Computational Trust in Multiplayer Online Games [D]. Dissertations of the University of Minnesota, 2012.

[110] Best S J, Krueger B S. Online Interactions and Social Capital [J]. Social Science Computer Review, 2006, 24(4): 395-410.

[111] Howard Rheingold. The Virtual Community: Homesteading on the Electronic Frontier [M]. London: MIT Press, 2000.

[112] Wellman, B. Physical Place and Cyberspace: The Rise of Personalized Networks[J]. International Urban and Regional Research, 2001,25(2), 227-252.

[113] Oh J H. Immigration and Social Capital in a Korean-American Women's Online Community: Supporting Acculturation, Cultural Pluralism, and Transnationalism [J]. New Media & Society, 2016, 18(10): 2224-2241.

[114] 方亚琴，夏建中. 社会资本的来源：因果解释模型及其理论争辩 [J]. 学术交流，2013 (9): 131-136.

[115] 翟学伟，薛天山. 社会信任：理论及其应用 [M]. 北京：中国人民大学出版社，2014: 220.

[116] 保罗·F. 怀特利. 社会资本的起源 [C]. 冯仕政，译 // 李惠斌，杨雪冬. 社会资本与社会发展. 北京：社会科学文献出版社，2000: 45-76.

[117] Francis Fukuyama. Social Capital and Civil Society [M]. New York: Free

Press, 1999.

[118] K. Newton. Social Trust and Political Disaffection: Social Capital and Democracy [M]. Oxford: Oxford University Press, 2001.

[119] 托马斯·福特·布朗. 社会资本理论综述 [C]. 木子西, 译 // 李惠斌, 杨雪冬. 社会资本与社会发展. 北京: 社会科学文献出版社, 2000: 77-100.

[120] 王旭辉. 结构洞: 陷入与社会资本的运作 [J]. 中国农业大学学报: 社会科学版, 2007 (3): 188-193.

[121] 李六. 社会资本: 形成机制与作用机制研究 [D]. 上海: 复旦大学, 2010.

[122] 乔纳森·特纳. 社会资本的形成 [M]// 帕萨·达斯古普特, 伊斯梅尔·萨拉格尔丁. 社会资本: 一个多角度的观点. 张慧东, 等译. 北京: 中国人民大学出版社, 2005: 123-124.

[123] Fisher, S. The Amusement Arcade as a Social Space for Adolescents: An Empirical Study [J]. Journal of Adolescence, 1995, 18 (1): 71-86.

[124] 薛晓源, 曹荣湘. 全球化与文化资本 [M]. 北京: 社会科学文献出版社, 2005.

[126] Allport, G. W. Personality: a Psychological Interpretation [M]. New York: Holt, 1937.

[127] 黄少华, 刘赛. 青少年网络游戏行为的结构 [J]. 兰州大学学报: 社会科学版, 2013, 41(5): 55-62.

[128] Jakobsson, M., Taylor, T. L. The Sopranos Meets Everquest: Social Networking in Massively Multiuser Networking Games [C]. Melboene DAC, the 5th International Digital Arts and Culture Conference, Melbourne Australia, Fine Art Forum, 2006: 80-91.

[129] Putnam. R. Bowling Alone: The Collapse and Revival of American Community [M]. Simon and Schuster, New York, 2000.

[130] Schuller. T. Reflection on the Use of Social Capital [J]. Review of Social Economy, 2007, 65 (1): 11-28.

[131] Halpern. D. Social Capital [M]. Cambridge: Polity Press, 2005.

[132] Stanton-Salazar R D .A Social Capital Framework for Understanding the Socialization of Racial Minority Children and Youths[J]. Harvard

educational review, 1997, 67(1):1-41.

[133] Onyx J, Leonard R. The Conversion of Social Capital into Community Development: an Intervention in Australia's Outback [J]. International Journal of Urban & Regional Research, 2010, 34(2): 381–397.

[134] Staber. U. Contextualizing Research on Social Capital in Regional Cluster [J]. International Journal of Urban and Regional Research, 2007, 31(3): 505-521.

[135] Thorhauge A M. The Rules of the Game--the Rules of the Player [J]. Games and Culture, 2013, 8 (6): 371-391.

[136] 孔少华. 大型多人在线网络游戏虚拟社区用户信息行为研究——以网易大型多人在线网络游戏梦幻西游为例 [J]. 情报科学, 2013 (1): 123-128.

[137] 李紫茵, 王嵩音. 线上游戏性别转换行为分析 [J]. 传播与社会学刊, 2011 (18): 45-78.

[138] 李惠斌, 杨雪冬. 社会资本与社会发展 [M]. 北京：社会科学文献出版社, 2000.

[139] Malaby T M. Parlaying Value: Capital in and beyond Virtual Worlds [J]. Games & Culture, 2005, 1(1): 141-162.

[140] 李惠斌. 什么是社会资本 [C]// 李惠斌, 杨雪冬. 社会资本与社会发展. 北京：社会科学文献出版社, 2000: 3-18.

[141] Markus Friedl. 在线游戏互动性理论 [M]. 陈宗斌, 译. 北京：清华大学出版社, 2006: 75.

[142] 黄少华. 青少年网络游戏行为研究 [J]. 淮阴师范学院学报, 2008 (30): 115-123.

[143] 国内从事网络游戏虚拟交易网站超过 50 家 [EB/OL].（2016-11-25）[2016-12-30]. http://tech.163.com/07/0825/17/3MOP0NGO000915BF.html.

[144] Bartle. R. Hearts, Clubs, Diamonds, Spades: Players Who Suit MUDs [EB/OL].（2016-10-22）[2017-01-23]. http://mud.co.uk/richard/hcds.htm.

[145] 关萍萍. 互动媒介论——电子游戏多重互动与叙事模式 [D]. 浙江大学, 2010: 83.

[146] Cole H, Griffiths M. D. Social Interactions in Massively Multiplayer Online

Role-Playing Games [J]. CyberPsychology & Behavior, 2007 (4): 575-583.

[147] Tolstedt, B. E., & Stokes, J. P. Relation of Verbal, Affective, and Physical Intimacy to Marital Satisfaction[J]. Journal of Counseling Psychology, 1983, 30(4): 573-580.

[148] Subrahmanyam, K., & Greenfield, P. Online Communication and Adolescent Relationships [J]. The Future of Children, 2008, 18(1): 119-146.

[149] Joseph B. Walther. Interpersonal Effects in Computer-Mediated Interaction: A Relational Perspective [J]. Communication Research, 1992, 19(1): 52-90.

[150] Gosling, V. K., & Crawford, G. Game scenes: Theorizing Digital Game Audiences [J]. Games and Culture, 2011 (6): 135-154.

[152] Castronova, E. Virtual Worlds: a First-Hand Account of Market and Society on the Cyberian Frontier [J/OL].CESifo Working Paper, 2001, 618: 1-40 [2016-10-28]. https://www.doc88.com/p-073411923443.html.

[153] 吴齐殷. 虚拟社区 VS. 真实生活 [J]. 科学月刊, 1998, 29 (8): 668-673.

[154] Grabowski, A., Kruszewska, N., & Kosiński, R. A. Dynamic Phenomena and Human Activity in an Artificial Society [J]. Physical Review E, 2008, 78(6), 1-10.

[155] 克雷默·罗德里克, 汤姆·R. 泰勒. 组织中的信任 [M]. 管兵, 刘穗琴, 译. 北京: 中国城市出版社, 2003.

[156] Fukuyama, F, Zamorski, K.. "Trust : The Social Virtue and the Creation of Prosperity" [M]. New York: Free Press, 1995: 26.

[157] Tulathimutte, B. T., & Demographics, U. Trust, Cooperation, and Reputation in Massively Multiplayer Online Games[J/OL]. Game Research the Art Business and Science of Computer Games, 2006, 1–9[2017-09-23]. http://scholar.google.com/scholar?hl=en&btnG=Search&q=intitle:Trust+,+Cooperation+,+and+Reputation+in+Massively+Multiplayer+Online+Games#0.

[158] Rotter, J. B. A New Scale for the Measurement of Interpersonal Trust [J]. Journal of Personality, 1967 (35): 651-655.

[159] 尼克拉斯·卢曼. 信任: 一个社会复杂性的简化机制 [M]. 瞿铁鹏, 李强, 译. 上海: 上海人民出版社, 2005: 3.

[160] 骆少康. 线上游戏虚拟资产交易模式探索以及玩家社交关系对交易信任之影响 [J]. 咨询社会研究, 2007 (12): 87-108.

[161] Yee, N. Sharing Contact Information [J/OL]. The Daedalus Project, 2009, 7:1 [2016-06-17]. http://www.nickyee.com/daedalus/archives/000631.php.

[162] 2014 年中国客户端游戏用户行为研究报告简版 [R/OL]. (2014-07-10) [2016-10-07]. https://report.iresearch.cn/report/201407/2216.shtml?s=enable.

[163] Mark C. Meachem, Helping You to Help Me: The Effective Pursuit of Self-Interests in World of Warcraft and Its Correlation to Offline Social Capital [D]. Fielding Graduate University, Doctor dissertation, 2009: 99.

[164] Steinkuehler, C. & Williams, D. Where Everybody Knows Your (screen) Name: Online Games as "Third Places" [J]. Journal of Computer-mediated Communication, 2006, 11(4): 885-909.

[165] 翟学伟, 薛天山. 社会信任：理论及其应用 [M]. 北京：中国人民大学出版社, 2014: 204.

[166] Levy, P. Collective intelligence: Mankind's Emerging World in Cyberspace [M]. Cambridge, MA: Perseus Books, 1997.

[167] 赵雪雁. 社会资本测量研究综述 [J]. 中国人口·资源与环境, 2012, 22(7): 127-133.

[168] 约翰·赫伊津哈. 游戏的人 [M]. 傅存良, 译. 北京：北京大学出版社, 2014: 11.

[169] Juul, Jesper. Half-Real: Video Games between Real Rules and Fictional Worlds [J]. Sociological Review, 2006, 54(3): 612-614.

[170] Suits, B. The Grasshopper: Games, Life and Utopia [M]. Edinburgh, England: Scottish Academic Press, 1978: 48-49.

[171] 秦丹丹. 网络游戏中的人际传播研究——玩家在《魔兽世界》中的人际交往的个案研究 [D]. 上海：复旦大学, 2006.

[172] Steinkuehler, C. A. Learning in Massively Multiplayer Online Games [M]// Y. B. Kafai, W. A. Sandoval, N. Enyedy, et al. Proceedings of the Sixth International Conference of the Learning Sciences. Mahwah, NY: Lawrence

Erlbaum, 2004: 521-528.

[173] Gabbiadini, A., Mari, S., Volpato, C., & Monaci, M. G. Identification Processes in Online Groups: Identity Motives in the Virtual Realm of MMORPGs [J]. Journal of Media Psychology, 2014, 26(3): 141-152.

[174] Buchan A., & Taylor J. A Qualitative Exploration of Factors Affecting Group Cohesion and Team Play in Multiplayer Online Battle Arenas (MOBAs) [J]. Computer Games Journal, 2016, 5(1): 1-25.

[175] Salen, K., & Zimmerman, E. Rules of Play: Game Design Fundations [M]. Cambridge, MA: Massachusetts Institute of Technology Press, 2004.

[176] Deutch, M., & Gerard, H. B..A Study of Normative and Informational Social Influence upon Judgment [J]. Journal of Abnormal and Social Psychology, 1955 (51): 629-636.

[177] Eckert, P., & McConnell-Ginet, S. Language and Gender [M]. Cambridge: Cambridge University Press, 2003.

[178] Pankoke-Babatz, U., & Jeffrey, P. Documented Norms and Conventions on the Internet [J]. International Journal of Human Computer Interaction, 2002 (14): 219-235.

[179] 游戏大关. SuperData: 数据解读女性游戏玩家的比例 [R/OL]. (2014-10-29)[2018-11-10]. http://www.gamelook.com.cn/2014/10/185786.

[180] 有妹子吗？盘点十大女性玩家比例最高的网游 [EB/OL]. http://play.163.com/11/0407/13/711SHUKN00313OAP.html, 2011-04-07.

[181] Lisa Guernsey. Women Play Games Online in Large Numbers Than Men [N]. The New York Times, 2001-01-04.

[182] Taylor T L. Multiple Pleasures: Women and Online Gaming [J]. Convergence, 2003, 9(1): 21-46.

[183] 达尔文. 人类的由来（上）[M]. 潘光旦, 胡寿文, 译. 北京：新华出版社, 2003.

[184] 蒙培元. 人是情感的存在——儒家哲学再阐释 [J]. 社会科学战线, 2003 (2): 1-8.

[185] Belbin, R. M. Team Role at Work [M]. Oxford: Butterworth-Heinemann,

1993.

[186] Galarneau L L. Spontaneous Communities of Learning: A Social Analysis of Learning Ecosystems in Massively Multiplayer Online Gaming (MMOG) Environments [J]. Ssrn Electronic Journal, 2005, 20(6 Suppl 2): 128-131.

[187] Gee, J. P. What Video Games Have to Teach Us about Learning and Literacy [M]. New York: Palgrave Macmillam, 2003.

[188] 王喆."为了部落":多人在线游戏玩家的结盟合作行为研究 [J]. 国际新闻界, 2018(5): 40-56.

[189] 简·麦格尼格尔. 游戏改变世界:游戏如何让现实变得更美好 [M]. 闾佳, 译. 杭州:浙江人民出版社, 2012: 29.

[190] 罗伯特·普特南. 独自打保龄:美国社区的衰落与复兴 [M]. 刘波, 等译. 北京:北京大学出版社, 2011: 251-285.

[191] 张文宏. 社会资本:理论争辩与经验研究 [J]. 社会学研究, 2003 (4): 23-35.

[192] Flap. Henk D. & Nan Dirk De Graaf. Social Capital and Attained Occupational Status [J]. Netherlands Journal of Sociology, 1986 (22): 45-61.

[193] 林南. 社会资本 [M]. 张磊, 译. 北京:社会科学文献出版社, 2001.

[194] 南方, 李振刚. "90后"农民工童年经历与社会资本积累的研究 [J]. 同济大学学报:社会科学版, 2016, 27(1): 87-94.

[195] R. H. Cutler. Communication and Cyberspace: Social Interaction in an Electronic Environment [M]. Cresskill: Hampton Press, 1996.

[196] 李家嘉. 影响在线游戏参与者互动行为之因素探讨 [D]. 中国台湾:中正大学, 2002.

[197] 张静. 角色扮演类网络游戏玩家互动行为对忠诚度影响之研究 [D]. 杭州:浙江大学, 2007.

[198] B. L. Massey & M. R. Levy. Interactivity, Online Journalism and English-Language Web Newspapers in Asia [J]. Journalism & Mass Communication Quarterly, 1999, 76 (1): 138-151.

[199] 游佳萍, 陈妍伶. 虚拟社群中的组织公民行为之研究:以线上游戏团队为例 [J]. 资讯社会研究, 2006 (11): 115-144.

[200] B. Underwood & B. Moore. Perspective-Taking and Altruism[J]. Psychological Bulletin, 1982, 12: 111-116.

[201] 易观国际-17173合作调研. 2009年度17173中国网络游戏市场用户研究报告 [R/OL]. (2011-01-19)[2017-02-12]. https://max.book118.com/html/2011/0119/50761.shtm.

[202] 王佳煌. 资讯社会学 [M]. 中国台北: 学富文化出版社, 2000: 196.

[203] 权威直播大数据发布, 斗鱼强势领跑游戏直播行业 [EB/OL]. (2017-01-12)[2018-02-12]. https://www.sohu.com/a/124147485_114731.

[204] 蒂利·查尔斯. 信任与政治 [M]. 胡位钧, 译. 上海: 上海世纪出版集团, 2010.

[205] 雷丁·戈登. 华人资本主义精神 [M]. 谢婉莹, 译. 上海: 上海世纪出版集团, 2009.

[206] 翟学伟. 社会流动与关系信任 [J]. 社会学研究, 2003 (1): 1-11.

[207] Williams D. The Impact of Time Online: Social Capital and Cyberbalkanization.[J]. Cyberpsychology & Behavior the Impact of the Internet Multimedia & Virtual Reality on Behavior & Society, 2007, 10(3): 398-406.

[208] Katalin, Nagygyörgy, Orsolya, Pápay, Róbert, Urbán, et al. Toward an Understanding of Flow in Video Games [J]. Computers in Entertainment, 2007, 6(2): 1-27.

[209] Csikszentmihalyi. M. Beyond Boredom and Anxiety [M]. San Francisco: Jossey-Bass, 1975: 72.

[210] Csikszentmihalyi M & Lefevre J. Optimal Experience in Work and Leisure [J]. Journal of Personality & Social Psychology, 1989, 56(5): 815-822.

[211] 马克·波斯特. 第二媒介时代 [M]. 范静晔, 译. 南京: 南京大学出版社, 2000: 49.

[212] Steuer, J. Defining Virtual Reality: Dimensions Determining Ttelepresence [C]//F. Biocca & M. R. Levy. Communication in the Age of Virtual Reality. 1995: 35-56.

[213] Hoffman, D. & Novak, P. T. Marketing in Hypermedia Computer-Mediated

Environments Conceptual Foundations [J]. Journal of Marketing, 1997, 60 (7): 50-68.

[214] 伊瑟尔. 阅读活动审美反应理论 [M]. 金元浦，周宁，译. 北京：中国社会科学出版社, 1991.

[215] 欧阳有权. 网络艺术的后审美范式 [J]. 三峡大学学报：人文社科版, 2003 (1): 25-30.

[216] 张廷琛. 接受理论 [M]. 成都：四川文艺出版社, 1989.

[217] Chris Crawford. 游戏大师谈互动叙事 [M]. 方舟，译. 北京：人民邮电出版社, 2015: 126.

[218] Tompkins, J. P. Reader-Response Criticism: Form Formalism to Post-Structuralism [M]. Baltimore and London: The Johns Hopkins University Press, 1984.

[219] 安伯托·艾柯. 开放的作品 [M]. 刘儒庭，译. 北京：新星出版社, 2005.

[220] Wrightsman, Lawrence S. Assumptions about Humans Nature: A Sociological Analysis[M]. Monterey, CA: Brooks/Ccle, 1974.

[221] Hussain, Z. & Griffiths, M. D. Gender Swapping and Socializing in Cyberspace: An Exploratory Study [J]. CyberPsychology & Behavior, 2008 (11): 47-53.

[222] 林淳得. 电玩/线上游戏的性别影像与性别操演 [J]. 性别平等教育季刊, 2006 (8): 58-64.

[223] Suler, J. Do Boys (and Girls) Just Wanna Have Fun? Gender-Switching in Cyberspace [M]//Suler, J. Gender Communication. Lowa, USA: kendall/Hunt, 2004.

[224] Bruckman, A. S. Gender Swapping on the Internet[M]//V. J. Vitanza. Cyberreader. Boston: Allyn & Bacon, 1999.

[225] 女性玩家异军突起 但她们究竟需要些什么？[EB/OL]. (2016-03-16) [2019-06-23]. http://games.ifeng.com/a/20160316/41563661_0.shtml.

[226] Zoonen, L. V. Feminism Media Studies [M]. Thousand Oaks, CA: Sage, 1994.

[227] Niven, D. & Zilber, J. Do Women and Man in Congress Cultivate

Different Images? Evidence from Congressional Web Site [J]. Political Communication, 2001 (18): 395-405.

[228] 张玉佩、吕育玮. 网路促进女性解放的可能？从线上游戏开启的反思 [J]. 中华传播学刊, 2006 (9): 113-150.

[229] 叶启政. 传播媒介科技庇荫下的天命 [J]. 中华传播学刊, 2003 (4): 3-67.

[230] 2014—2015 中国手机游戏用户调研报告 [R/OL]. (2016-01-06)[2016-10-18]. https://www.sohu.com/a/52658428_119583.

[231] 姜波. 基于性别策略的社会资本积累与转化——以青少年网络游戏玩家为例 [J]. 哈尔滨工业大学学报：社会科学版, 2022(1):72-78.

[232] 2023 年中国虚拟物品（游戏）交易规模、游戏用户规模及游戏行业销售收入 [EB/OL]. (2023-08-01)[2024-01-02]. https://roll.sohu.com/a/708127006_121388092.

[233] Dibbell, J. The Unreal Estate Boom [J/OL]. Wired, 2003, 1[2017-03-05]. https://www.wired.com/2003/01/gaming-2/.

[234] Vol. N. The Laws of the Virtual Worlds [J]. California Law Review, 2003, 92(1): 3-73.

[235] 徐静. 权力·资本·认同：青少年网络游戏中的情感研究 [D]. 杭州：浙江大学, 2015: 166.

[236] Egli, E. & Meyers, L. The Role of Video Game Playing in Adolescent Life: Is There Reason to Be Concerned?[J]. Bulletin of Psychonomic Society, 1984, 22(4): 309-312.

[237] Durkin K, Barber B. Not So Doomed: Computer Game Play and Positive Adolescent Development [J]. Journal of Applied Developmental Psychology, 2002, 23(4): 373-392.

[238] 2014 年中国手机游戏年度研究报告 [R/OL].（2015-03-20）[2017-03-01]. http://www.iimedia.com.cn/.

[239] 游戏给我开的最强金手指 [EB/OL].(2017-03-04)[2019-02-27]. https://www.sohu.com/a/127890509_257489.

[240] Young K. S. What Make the Internet Addictive [EB/OL]. (2019-01-30)[2020-08-22]. https://www.doc88.com/p-9505084752058.html.

[241] Bourdieu, Pierre. Outline of a Theory of Practice [M]. Cambridge: Cambridge University Press, 1997: 178.

[242] We Are Social:2023年全球数字报告 [R/OL]. (2023-04-14)[2023-11-16]. https://finance.sina.cn/tech/2023-04-14/detail-imyqhyiv2925905.d.html.

[243] Castulus Kolo, Timo Baur. Living a Virtual Life: Social Dynamics of Online Gaming [J/OL].Games Studies, 2004, 4[2016-12-12]. http://www.gamestudies.org/0401/kolo/.

[244] 孔扬. 再论资本的社会关系本质——立足历史唯物主义新世界观的重新认识 [J]. 理论探索, 2012 (2): 34-38.